Religion, éducation & Démocratie

Religion, éducation & Démocratie

**Un enseignement culturel
de la religion
est-il possible ?**

Harmattan inc.
55, rue Saint-Jacques,
Montréal (Québec) H2Y 1K9

L'Harmattan
5-7, rue de l'École Polytechnique
75005 Paris France

Micheline Milot et Fernand Ouellet
Religion, éducation et démocratie
Un enseignement culturel de la religion est-il possible ?
Collection Èthikè

Diffusion Europe, Asie et Afrique :
L'Harmattan
5-7, rue de l'École Polytechnique
75005 Paris France
33 (1) 43.54.79.10

Diffusion Amériques :
Harmattan Inc.
55, rue Saint-Jacques
Montréal (Québec) Canada
H2Y 1K9
1 (514) 286-9048

Mise en pages et couverture : Trait d'Union
Imprimeur : AGMV

Sauf à des fins de citation, toute reproduction, par quelque procédé que ce soit, est interdite sans l'autorisation écrite de l'éditeur.

© Harmattan Inc., 1997
ISBN : 2-89489-012-5

Bibliothèque nationale du Québec
Bibliothèque nationale du Canada

1 2 3 4 5 01 00 99 98 97

Table des matières

Remerciements

Nous tenons à remercier le Bureau institutionnel de la recherche de l'Université de Sherbrooke pour sa contribution financière à la mise en page de cet ouvrage. Nous exprimons également notre gratitude aux personnes qui ont accepté de faire une relecture du manuscrit, mesdames Monette Jean-Louis et Solange Lettre, ainsi que monsieur Michel Pagé. Cet ouvrage a été réalisé suite à un colloque tenu dans le cadre du Congrès de l'Association canadienne-française pour l'avancement des sciences, tenu à l'Université McGill en mai 1996. Nous remercions le British Council qui a rendu possible la participation à ce colloque du professeur Robert Jackson, de l'Université Warwick.

Notices biographiques

MARCEL AUBERT est professeur titulaire à la faculté de théologie de l'Université Laval. Depuis 1966, il œuvre dans le champ de la formation des maîtres. De 1987 à 1991, il a été président de la sous-commission de la formation et du perfectionnement des enseignants de l'Université Laval. Il a fondé l'École d'application en pédagogie catéchétique (1966-1976), résultat d'une association entre la Commission des écoles catholiques de Québec et l'Université Laval.

ROBERT JACKSON enseigne à l'Institut d'éducation à l'Université Warwick où il dirige la Warwick Religions and Education Unit. Ce groupe de recherche a reçu en 1996 un prix prestigieux, la Templeton UK Award, pour sa contribution à la tolérance et à la compréhension mutuelle des groupes religieux en Grande-Bretagne. Le professeur Jackson est membre de l'International Seminar on Religious Education and Values et de l'European Association for World Religions in Education. Il a été président du Shap Working Party on World Religions in Education et de la Conference of University Lecturers in Religious Education. Il est membre du Professional Religious Education Group et auteur de plusieurs ouvrages en sciences religieuses et en éducation religieuse.

MICHELINE MILOT est professeure agrégée au département de sociologie de l'Université du Québec à Montréal. Elle a été directrice du Groupe de recherches sur la religion et les affirmations identitaires à la même université et membre du Groupe de recherches en sociologie de la religion de l'Université Laval. Ses intérêts pour la problématique des rapports entre religion et éducation l'ont amenée, depuis dix ans, à publier de nombreuses analyses sur la question. Elle est l'auteure de la principale étude menée au Québec sur le choix des parents pour l'enseignement religieux, *Une religion à transmettre ? Le choix des parents.*

FERNAND OUELLET est professeur titulaire à l'Université de Sherbrooke où il dirige, depuis 1972, le programme de Maîtrise en sciences humaines des religions. Ce programme cherche à introduire une perspective ethno-sociologique et interculturelle dans l'étude des phénomènes religieux et dans l'éducation religieuse à l'école, et comporte une concentration en formation interculturelle. Il a publié plusieurs articles et deux ouvrages sur l'étude des religions dans les écoles et sur l'éducation interculturelle. Il a dirigé la publication de trois ouvrages collectifs, à l'Institut québécois de recherche sur la culture, portant sur les défis du pluralisme ethnoculturel en éducation. Il a également traduit de l'anglais un ouvrage sur l'apprentissage en coopération et, du hindi, un recueil de nouvelles d'un auteur classique de la littérature de l'Inde contemporaine.

JEAN-PIERRE PROULX est professeur agrégé au département d'études en éducation et d'administration de l'éducation de l'Université de Montréal depuis 1991. Il est directeur adjoint du Centre de formation initiale des maîtres de la même université depuis 1995. Il a été pendant plusieurs années reporter au journal *Le Devoir* où il était chargé des secteurs de l'éducation, de la religion et des langues officielles. De 1980 à 1982, il y a assumé les fonctions de rédacteur en chef adjoint et d'éditorialiste. Il a obtenu un doctorat en théologie de l'Université de Montréal.

J. YVON THÉRIAULT est professeur de sociologie à l'Université d'Ottawa et, depuis 1992, doyen-associé (recherche) à la Faculté des sciences sociales. Il est l'auteur de plusieurs articles et de deux ouvrages dont l'un, *L'identité à l'épreuve de la modernité*, a reçu récemment le Prix France-Acadie. Ses récents travaux et publications portent principalement sur les questions de la démocratie, de l'individualisme et des mouvements sociaux dans les sociétés contemporaines, ainsi que sur la question identitaire dans la société québécoise, en Acadie et au sein de la francophonie canadienne.

Introduction

Micheline Milot et Fernand Ouellet

Est-il possible de concevoir un enseignement culturel de la religion dont les finalités seraient définies sur une base strictement éducative, en dehors de toutes visées confessionnelles ? La mise sur pied d'un tel enseignement est-elle pertinente ? Voilà des questions que l'évolution des sociétés démocratiques vers une laïcisation généralisée des institutions et une plus grande diversité culturelle et religieuse rendent de plus en plus difficile à éviter. On a vu apparaître au cours des vingt-cinq dernières années des initiatives intéressantes visant à définir les orientations d'un tel enseignement et à préciser les conditions de sa mise en oeuvre. La Grande-Bretagne est le pays où les développements dans ce domaine ont été les plus significatifs. Mais même en France, où la laïcité exclut en principe de l'école publique toute forme d'enseignement religieux, plusieurs voix se sont élevées en faveur d'un enseignement explicite sur les religions de l'humanité dans le cadre des programmes d'histoire.

Dans chaque cas, la mise en oeuvre de telles initiatives dépend largement des transactions établies entre l'État, les confessions religieuses et le monde scolaire. Au Québec, les garanties juridiques consenties il y a plus d'un siècle aux confessions catholiques et protestantes sont remises en question depuis plusieurs années par différents partenaires sociaux. L'une des causes fondamentales de ces débats réside dans le fait que la religion dans la société québécoise ne présente plus le même visage qu'au siècle dernier. En effet, depuis une trentaine d'années, le rôle de la religion au sein de la société s'est passablement modifié. Les Églises ont perdu leur influence déterminante sur les modèles sociaux et les valeurs culturelles. Les organisations religieuses ont cessé d'être au rang des grandes institutions qui façonnent la société globale. Le pluralisme social et l'immigration ont diversifié grandement le paysage religieux québécois, sans oublier la présence d'une portion non négligeable de la population se définissant désormais sans appartenance religieuse.

Dans un tel contexte, la religion a-t-elle encore sa place dans le système scolaire ? Si la question mérite qu'on s'y attarde un peu, c'est pour une raison fort simple : l'école n'est pas une entité coupée de la réalité sociale dans laquelle elle baigne. Elle y occupe une double position. D'une part, l'école doit être le reflet de la société et de la culture ambiante. D'autre part, elle doit préparer des enfants à vivre dans un environnement qui ne sera certainement pas la simple reproduction des conditions sociales qu'ils connaissent.

La sécularisation, phénomène historique selon lequel les différents domaines et institutions de la société « s'émancipent » de la tutelle religieuse, est une tendance qui a marqué le Québec comme la plupart des sociétés modernes. D'aucuns seraient tentés d'exclure du cursus scolaire un phénomène qu'ils considèrent, au mieux, relégué désormais à la vie privée des individus ou, au pire, un tissu d'illusions que les progrès de la rationalité et de la science ne cessent de découdre. Or, malgré les transformations importantes de l'expérience religieuse des Québécois, c'est un fait sociologique indéniable que la religion joue encore un rôle dans la vie des individus et dans les dynamiques sociales, bien que ses manifestations se démarquent le plus souvent des formes religieuses traditionnelles. En outre, il ne passe pas un jour sans que l'actualité nous présente des événements dans lesquels la religion, dans ses aspects moraux, dogmatiques ou politiques, tient une place centrale.

D'autres plaidoyers se présentent en faveur du maintien de l'enseignement confessionnel dans les écoles, sur la base d'arguments se référant à la majorité catholique, à l'héritage culturel et identitaire de la chrétienté et à la formation intégrale des jeunes. De plus, dans les milieux scolaires, on a pu constater que plusieurs parents, d'appartenance religieuse autres que catholique ou protestante, adressent des requêtes de nature religieuse à l'école. Ils désirent que leurs enfants aient eux aussi accès à des lieux de prières dans l'école, à des enseignements pour nourrir leur foi et renforcer leur appartenance religieuse, pour manifester la spécificité de leurs croyances et de leurs valeurs, notamment par leur habillement. Ils réclament également des jours de congé lors de leurs fêtes religieuses spécifiques. Et la liste pourrait s'allonger. Ces requêtes invoquent souvent le principe que soient étendus à tous les citoyens les droits et aménagements reconnus historiquement aux confessions catholique et protestante en matière de religion à l'école.

Le rapport final de la Commission des États généraux sur l'éducation au Québec recommandait, en octobre 1996, la déconfessionnalisation complète du système scolaire, des structures administratives du ministère de l'Éducation jusqu'à l'enseignement religieux. Cette recommandation a suscité de vives oppositions dans lesquelles les positions antagonistes que nous venons d'évoquer brièvement risquent de se polariser, soit le maintien du statut quo confessionnel ou l'élimination de la religion de la maquette horaire.

Cependant, la question de la religion à l'école ne peut plus se poser selon ces polarités extrêmes. Des réalités complexes juridiques, culturelles, historiques, éducatives et sociales s'entrecroisent dans cette problématique. Le présent ouvrage voudrait apporter une contribution au débat en soumettant à l'examen critique plusieurs facettes des rapports entre enseignement religieux et socialisation scolaire : les liens entre démocratie, laïcité, droits individuels et collectifs, les aspects historiques et juridiques de la confessionnalité scolaire, le rôle de l'école en matière de transmission religieuse dans la société contemporaine, l'affirmation de particularismes religieux dans les structures scolaires et les voies nouvelles d'aménagement de l'éducation religieuse dans diverses sociétés.

L'ensemble des réflexions réunies ici repose sur un parti pris : une éducation à la religion a sa place dans les écoles publiques d'une société pluraliste et démocratique comme le Québec. Cependant, en fournissant un cadre critique pour évaluer la pertinence, la valeur et le contenu d'une telle éducation, les auteurs veulent contribuer à redéfinir le rôle que l'on peut attendre de l'école publique en matière de religion.

La première partie de l'ouvrage traite des rapports entre la démocratie, la socialisation scolaire et la place de la religion dans l'enseignement. Joseph Yvon Thériault amorce la réflexion en examinant les répercussions pour l'école de la tension nécessaire entre deux conceptions de la démocratie, celle de l'*individualisme démocratique* qui repose sur une conception abstraite de l'individu et celle du *libéralisme communautaire* où l'individu ne peut exercer sa liberté qu'à travers son appartenance à des communautés humaines concrètes. Par la suite, Marcel Aubert situe le débat dans son contexte québécois en présentant un bref historique des décisions qui ont conduit à la législation actuelle régissant la confessionnalité scolaire et en décrivant le rôle du Comité catholique dans l'aménagement institutionnel de cette législation. Il examine également la façon dont cet organisme cherche à répondre aux demandes de changement qui se font de plus en plus pressantes. Robert Jackson nous introduit ensuite à la problématique britannique. Il décrit le contexte légal et institutionnel dans lequel s'est opérée une transformation radicale des orientations de l'enseignement religieux au cours des trente dernières années, alors que l'orientation confessionnelle a été abandonnée au profit d'une approche éducative et multireligieuse. Il fait également état des luttes qu'ont dû mener les professionnels de cette discipline contre les tactiques de la droite radicale qui voit dans cette nouvelle éducation religieuse une menace pour le « mode de vie britannique » et pour la foi chrétienne.

Jean-Pierre Proulx analyse les sondages concernant la question confessionnelle au Québec sur une période de plus de trente ans. Il essaie de dégager certaines tendances quant à l'opinion des parents. Tout en reconnaissant les limites méthodologiques d'une comparaison de sondages, l'auteur avance un certain nombre d'hypothèses pour expliquer les constantes et les variations dont témoigne la compilation qu'il nous présente. Micheline Milot aborde plus particulièrement la question du choix des parents à l'égard de la confessionnalité, pour tenter de comprendre l'utilisation qui est faite des concepts de laïcité et de liberté de choix qui sont invoqués dans les arguments des tenants de la confessionnalité. En examinant les conditions structurelles dans lesquelles s'exerce et se formule ce choix, son analyse amène à nuancer passablement la volonté apparemment monolithique des parents en faveur de la confessionnalité.

Les textes réunis dans la seconde partie portent sur

l'enseignement de la religion à l'école. Micheline Milot analyse en premier lieu les plaidoyers avancés par les défenseurs de l'enseignement confessionnel et ceux de l'enseignement culturel. Elle y examine quel statut est accordé à la religion dans chaque type d'enseignement et quelles sont les fonctions éthiques et d'intégration culturelle qui en découlent. S'inspirant de la théorie de l'éducation démocratique développée par Amy Gutmann, Fernand Ouellet rejette les arguments avancés par les défenseurs de la confessionnalité scolaire contre un enseignement culturel de la religion. Il soutient que l'école doit selon lui fournir un espace de délibération où les diverses options religieuses ou non religieuses peuvent être examinées d'une manière qui respecte les principes de non-répression et de non-discrimination. La création de cet espace suppose que les parents, les communautés dont ils font partie, de même que l'État acceptent de déléguer une partie de leur autorité sur l'éducation des enfants.

Dans sa seconde présentation, Robert Jackson donne un aperçu des résultats des principales recherches empiriques et des développements théoriques qui ont marqué l'implantation de la « nouvelle éducation religieuse » en Grande-Bretagne au cours des trente dernières années. En prenant comme exemple une recherche ethnologique à laquelle il a largement contribué, il démontre ses retombées concrètes pour la pratique pédagogique et l'élaboration de matériel d'enseignement. Il nous présente une avenue fort intéressante pour le développement d'un enseignement religieux compatible avec les exigences des familles, de l'école, des groupes religieux et des sociétés pluralistes. La seconde contribution de Fernand Ouellet s'appuie sur l'expérience québécoise de l'enseignement religieux de type culturel dans les années 1970 et sur l'expérience britannique pour démontrer qu'il existe une alternative à l'enseignement religieux confessionnel et qu'il serait possible de s'inspirer de ces expériences pour réorienter radicalement le système actuel. Cette alternative permettrait de tenir compte de la diversité idéologique et religieuse de la société et des attentes légitimes des parents en matière d'éducation religieuse, quelle que soit leur allégeance religieuse ou leur absence d'appartenance à une tradition religieuse.

En postface, les conditions structurelles d'implantation au Québec d'une nouvelle éducation religieuse sont examinées. Plusieurs facteurs, structurels et institutionnels, peuvent être de nature à freiner passablement toute tentative d'enclencher une réforme qui s'inscrirait dans la foulée des recommandations des États généraux concernant la déconfessionnalisation. Cette note finale, qui peut sembler quelque peu pessimiste, cherche à cibler de manière réaliste les différents lieux où une action doit être entreprise pour favoriser l'évolution de la problématique confessionnelle actuelle. Toutefois, ce pessimisme est tempéré quelque peu par la convergence qui semble se dégager des analyses présentées dans l'ouvrage entre les attentes des parents et les orientations de la réflexion théorique sur l'enseignement culturel de la religion. Cet optimisme modéré s'appuie également sur les acquis de l'expérience britannique qui a beaucoup contribué à définir les paramètres de cet enseignement et qui démontre l'existence d'une alternative à l'enseignement religieux confessionnel. Plusieurs indices nous amènent en effet à penser qu'une majorité des parents et des citoyens supporteraient la mise en oeuvre d'une telle alternative s'ils en connaissaient l'existence.

Première partie

Démocratie, pluralisme religieux et univers scolaires

CHAPITRE 1

Les deux écoles de la démocratie

J. YVON THÉRIAULT

L'avenir de la démocratie, si étrange ou hérétique que l'idée puisse paraître, est dans l'association de Montesquieu et de Rousseau, dans l'hybridation qui achèvera de faire entrer l'absolu de la souveraineté dans les prudentes institutions de la liberté.

(Gauchet, 1995, p. 13).

Nous nous intéressons ici à la question de la religion à l'école d'un point de vue extérieur à la problématique habituellement associée à cette question. Nous ne traitons pas de cette question, en effet, à partir d'une perspective pédagogique ou scolaire, ni d'ailleurs à partir de sa dimension religieuse. Sur ce dernier point toutefois, comme on le verra, la démarche qui est privilégiée ici, celle de la démocratie politique, n'est pas complètement étrangère à la question religieuse, à la fois par la volonté des modernes de substituer une transcendance laïque à une transcendance divine (Gauchet 1985a) et, par le fait que la démocratie moderne est en grande partie le résultat de la tentative de mettre fin à la guerre des religions qui a suivi les grandes réformes protestantes au XVIe et XVIIe siècles (Manent, 1993).

Le point de vue que nous privilégions est donc celui de l'édification de la démocratie moderne. C'est à partir de ce prisme que nous voudrions comprendre la question de l'école et du pluralisme (religieux ou autres). Nous le ferons en définissant, au départ, deux logiques de la démocratie qui s'affirment, au sein de la modernité, parfois en s'opposant, parfois en se complétant. La première perçoit la démocratie comme un lieu de construction de la citoyenneté, une logique inséparable d'une certaine idée du bien commun et qui travaille par le haut à édifier un homme nouveau, un homme démocratique. Nous pensons plus spécifiquement à l'individualisme démocratique, à sa conception de l'homme générique et au modèle de l'école républicaine qui en ressort. La deuxième conçoit la démocratie comme surgissant d'en bas, du travail de la société sur elle-même, elle vise moins à construire l'homme démocratique qu'à assurer sa liberté. Nous pensons ainsi à la démocratie libérale, à sa conception de l'homme particulier et au modèle de l'école pluraliste qui s'en dégage.

Nous présenterons ces deux conceptions de la démocratie et leur école respective de façon « idéal typique », de manière à bien dégager ce qui les oppose et à démontrer les limites inhérentes à chacun des deux modèles. Nous essaierons, par la suite, de penser la démocratie et l'école en société démocratique, comme une expérience historique qui vise justement à assumer la tension entre ces deux traditions. Nous disons bien assumer et non dépasser, ou encore mettre fin à cette tension qui nous paraît être, non pas, comme plusieurs le pensent, un mal démocratique, mais bien la vérité effective de l'école démocratique. Nous terminerons, enfin, en nous appuyant sur cette lecture, quelque peu abusive par sa généralité, pour introduire une discussion sur l'école québécoise à l'heure de la pluralité.

L'individualisme démocratique : la démocratie d'en haut et l'école républicaine

Commençons par présenter le type idéal de l'individualisme démocratique parce qu'il apparaît, effectivement, être la matrice la plus lourde de la démocratie moderne. Nous entendons par individualisme démocratique cette conception toute moderne (les Grecs, par exemple, n'avaient pas une telle conscience de l'individu) qui fonde la souveraineté politique dans l'individu. Pour l'individualisme démocratique, ce dépositaire de la souveraineté est défini abstraitement, c'est-à-dire en dehors de toute qualité proprement sociale ou culturelle. Ce sont les caractéristiques de l'appartenance de l'individu à l'humanité entière (en l'occurrence ici le fait d'être un être de raison, dans la tradition démocratique issue des Lumières) qui fondent son droit à partager égalitairement la souveraineté. La démocratie s'appuie ici sur l'homme générique et ses caractéristiques universelles, non sur l'homme particulier et ses qualités spécifiques.

L'individualisme démocratique, bien qu'il repose sur une conception abstraite de l'égalité, n'est pas sans effet sur l'égalité réelle. Comme principe actif au sein de la modernité, l'individualisme démocratique initie en effet un vaste travail d'égalisation des conditions. En observateur attentif de la révolution démocratique, Alexis de Tocqueville (1981) soulignait comment l'individualisme, le fait générateur pour lui des sociétés démocratiques, se déployait en brisant les anciennes hiérarchies qui fondaient, dans les sociétés pré-démocratiques, le lien social. Les hommes des sociétés démocratiques ont une passion pour l'égalité et ils seront prêts, pensait-il, à bien des sacrifices (dont celui de leur liberté) pour que l'égalité règne en leur sein. Cette passion démocratique de l'égalité vise, en quelque sorte, à rendre la réalité sociale conforme à l'imaginaire individualiste et égalitaire des modernes.

L'individualisme démocratique n'exclut pas, non plus, toute référence à une réalité sociale englobant les réalités individuelles. Au contraire, il conduit à concevoir la communauté démocratique comme une volonté supérieure à ses parties, un lieu abstrait autour duquel repose l'idée d'un bien commun. En effet, tout comme l'homme concret, parce que particulier, ne peut être au fondement du pouvoir moderne, la communauté qui les rassemble ne saurait reposer sur l'addition de leur humanité particulière sans qu'elle trahisse l'idéal humaniste et universel des modernes. Par exemple, le républicanisme, associé à l'individualisme démocratique, voit dans la République une volonté qui rassemble tous les individus, au-delà de leur différence. Elle est ce qui reste, pensait Rousseau, qui appelait volonté générale ce que d'autres appelleront République, après que l'on ait évacué tout ce qui nous différencie. Ce reste, pour ainsi dire, est le socle de la vertu républicaine qui s'impose par le haut à l'homme démocratique pour le transformer en citoyen.

L'individualisme démocratique opère donc à un double niveau. D'une part, il ébranle l'individu des liens ancestraux et hiérarchiques qui l'unissaient dans les temps prédémocratiques à la société comme une branche à son tronc. Dans une telle perspective la démocratie naît lorsque l'on commence à nier la naturalité des statuts sociologiques, tels ceux de femmes, de paysans, de travailleurs, d'ethniques, etc., pour leur substituer celui de citoyen. D'autre part, l'individualisme démocratique vise à recomposer, sous une forme totalement inédite, essentiellement politique, par le haut à travers la vertu républicaine, le lien social. D'un côté, le rejet violent de la tradition, de l'appartenance culturelle ou religieuse; de l'autre côté, la consécration du sens civique, de l'appartenance à la République. La société démocratique nous dit Marcel Gauchet (1985b, p. 71) est « une société qui tend par un côté à se nier idéologiquement comme société » à travers l'individualisation et qui développe de « l'autre côté l'appareil de la cohésion collective dans des proportions jamais vues », à travers notamment la culture civique.

On peut comprendre selon un tel schéma les exigences de l'école dite républicaine. Du point de vue démocratique on demande à cette école de former des citoyens, c'est-à-dire des êtres décontextualisés, disponibles à refaire société selon les nouvelles exigences individualisantes et universelles de l'individualisme démocratique. On reconnaîtra ici le modèle français, paradigme de l'école républicaine moderne[1]. L'école a comme mandat de prendre en charge le petit être humain et de détruire chez lui ce qui aurait déjà pu y être inscrit et qui l'associerait à une manière particulière d'être au monde. La guerre contre les patois locaux est l'illustration la plus parlante de ce nivellement imposé comme nécessité par la logique égalitaire de l'individualisme. Pour que tous les individus puissent également participer aux affaires de la cité il faut, selon ce paradigme, les remettre à l'heure zéro ; pour que la citoyenneté soit possible il faut, et ce sera la tâche de l'école républicaine, retourner l'individu à l'état de nature. La logique individualiste force l'égalité.

Ainsi, seulement après que le petit Breton, le petit Basque, le petit Alsacien, le petit protestant, le petit juif, le petit catholique, aura perdu sa spécificité, sera-t-il possible de le resocialiser à la culture et à la religion républicaines. Dans la logique républicaine, la démocratie ne saurait fonctionner sans la présence au sein de chaque individu des vertus républicaines. C'est pour-

---

[1] Sur l'école républicaine française et la démocratie, voir P. Raynaud et P. Thibaud (1990) et M. Gauchet (1985b).

quoi l'éducation civique, celle qui sert à former des citoyens au fait de l'histoire nationale et désireux de s'y associer est au cœur de l'école républicaine. Une telle centralité est une conséquence directe de l'individualisme démocratique.

L'école républicaine a aussi un objectif d'égalisation des conditions. Elle veut permettre à tous, sans distinction d'origines, de langues, de sexes, de religions, d'accéder à la liberté et aux chances qu'offre la nouvelle société. Elle refuse la ghetthoïsation au nom de l'intégration. Elle veut faire de chaque individu un citoyen à part entière capable de dialoguer dans l'espace public avec les autres citoyens. La généralisation en Occident de l'éducation doit beaucoup à cette conscience, dès le début de la révolution démocratique (on pense notamment à la Révolution française), de la nécessité d'un peuple lettré si l'on veut rendre vraie la démocratie. Ici gît d'ailleurs l'un des paradoxes de l'école au service de l'individualisme démocratique, elle peut châtier et châtier durement, au nom de l'égalité républicaine, les individus qui refusent, ou qui n'atteignent pas, l'idéal égalitaire républicain.

Bien qu'individualiste, l'école républicaine n'établit pas pour autant l'égalité. Elle rétablit, en effet, des distinctions mais, dorénavant, en fonction d'une norme commune dite universelle (la norme langagière, la norme mathématique), ou encore en regard des exigences de la société entière (le principe utilitaire). Qui n'a pas entendu parler de la puissance discriminante de l'excellence sous sa forme républicaine en France. La République a besoin que ses enfants performent, préférablement dans la même langue et avec le même accent.

Le modèle républicain issu de l'individualisme démocratique a ses faiblesses. En forçant l'égalité il crée, comme on vient de le souligner, de nouvelles discriminations, celles fondées sur les écarts à une normativité dite universelle. Tout écart est inacceptable du point de vue universel de l'État qui étiquettera rapidement la population déviante. L'école républicaine est aussi une école « technocratique » à population ciblée, parce que hors norme…, chose inacceptable pour la « sainte bureaucratie ». L'écart est tout autant inacceptable du point de vue des « écartés » qui crieront à la discrimination au nom de l'égalité démocratique. L'individualisme démocratique est un puissant générateur de discriminations.

Plus forte encore que la critique de l'individualisme démocratique et de son école est celle qui dénonce son universalisme comme un faux universalisme[2]. L'universel des modernes serait, nous dit-on, un universel de l'homme blanc, occidental, genré, un universel qui refoule à la marge sous le couvert de l'égalité les minorités raciales, non occidentales, sexuelles, linguistiques, etc. Particulièrement puissante aujourd'hui, cette critique affirme que l'individualisme démocratique est incapable de prendre en compte le pluralisme inhérent aux sociétés contemporaines. L'école laïque, neutre, offrant un même accès à tous sans discrimination, apparaît aujourd'hui dans les sociétés occidentales, à plusieurs, comme une nouvelle version de la tyrannie de la majorité.

Pourtant l'idéal démocratique s'était construit en grande partie contre cette possible tyrannie de la majorité. Ceci nous conduit d'ailleurs à la deuxième conception de la démocratie et à une autre façon de poser la question de l'école dans la démocratie, la démocratie libérale.

La démocratie libérale, la démocratie d'en bas et l'école plurielle

J'emploie ici l'expression de démocratie libérale dans le sens d'une conception de la démocratie qui vise moins la souveraineté populaire que l'autogouvernement ou, comme les Anglais le disent, le *self-government*. Au nom du *self-government*, la démocratie libérale, ainsi entendue, repose sur une certaine méfiance vis-à-vis de toute forme de pouvoir, même démocratique. Isaiah Berlin (1988) a appelé cette vision philosophique de la liberté, à la source de la pensée libérale moderne, liberté négative, signifiant par là qu'elle vise moins à fonder un nouveau pouvoir qu'à empêcher les pouvoirs de nuire au libre épanouissement de tous.

Une telle conception du libéralisme peut ramener la démocratie à l'idée simple d'un marché où s'affrontent

---

[2] Voir sur cette question les contributions dans l'ouvrage de Fullinwider (1996) et le débat autour de l'intervention de Charles Taylor (1994) sur le multiculturalisme.

des individus. Ce fut d'ailleurs ainsi que beaucoup de libéraux pensèrent et pensent encore la démocratie. Poussée à sa limite, comme dans l'utilitarisme classique ou le néo-libéralisme contemporain, cette idée est plus libérale que démocratique. Mais la démocratie libérale ne saurait se réduire à sa variante économique, elle a aussi un versant politique. Elle apparaît alors comme une forme inédite d'auto-organisation de la société civile dans un rapport de méfiance vis-à-vis de l'État.

Alors que l'individualisme démocratique repose sur une conception abstraite de l'individu, la démocratie libérale se réfère, pour sa part, à une conception concrète de l'individu. Si l'individualisme démocratique, comme nous l'avons rappelé plus haut, doit sa formulation à une conception philosophique neuve du pouvoir, l'application à l'ordre politique du principe de la raison, la démocratie libérale doit sa concrétisation au vaste mouvement de déploiement dans l'Europe de la fin du Moyen âge d'une sphère organisationnelle autonome, d'une société civile qui s'opposera aux pouvoirs des rois et des nobles au nom de l'autonomie, au nom du *self-government*. Ce mouvement associe étroitement l'idée de la liberté à celle de la démocratie, c'est pourquoi il fut souvent suspect aux yeux des démocrates rationalistes (chez Jean-Jacques Rousseau, par exemple). Comme le disait Tocqueville, si l'idée de l'égalité est une idée étroitement associée à la démocratie moderne, l'idée de la liberté ne lui est pas consubstantielle. C'est pourquoi d'ailleurs il voyait dans le déploiement de la société démocratique un danger pour la liberté. La liberté en fait était pour lui une vieille idée que les siècles aristocratiques connaissaient déjà et qui s'est historiquement associée à la démocratie pour faire des démocraties modernes des démocraties libérales[3].

Dans sa version politique, le *self-government* n'est pas le pouvoir aux individus, mais le pouvoir à un monde commun suffisamment restreint, homogène, pour que les individus puissent s'y sentir solidaires. Christopher Lasch (1991) a récemment rappelé, dans une intuition qui rappelle Tocqueville, comment historiquement la pratique américaine de la démocratie devait beaucoup

---

[3] En plus de *La démocratie en Amérique*, Tocqueville (1981), voir sur cette question, Pierre Manent (1992).

à un populisme communautarien fort éloigné de la vertu républicaine. C'est pour lui dans l'appartenance à un monde concret, communautaire, religieux, et non dans l'abstraction républicaine que la vertu démocratique américaine s'est alimentée. Comme le rappelle Michael J. Sandel (1996, p. 69), « De la *polis* d'Aristote, à l'idéal agrarien de Jefferson, la conception civique de la liberté trouve son habitat dans des espaces petits et relativement isolés, largement autosuffisants, habités par des gens dont les conditions de vie permettaient des activités de loisirs, d'apprentissage et une commune appartenance qui facilitait la délibération sur les affaires publiques » (notre traduction). Pour Sandel d'ailleurs, la démocratie américaine avant qu'elle soit happée par l'individualisme libéral, autour du *New deal* des années trente, était une démocratie qui prenait le parti de « la province, de la décentralisation, de la petite ville, de l'Amérique à petite échelle » (*ibid*)[4].

Dans une telle conception de la démocratie, l'État nation est habituellement une sphère trop éloignée et trop abstraite du citoyen concret pour être un lieu effectif de réalisation du *self-government*. Lorsqu'il ne peut faire autrement, le citoyen accepte de s'y faire représenter. Dans la tradition britannique, l'origine des communes (*commons*) illustre bien ce principe. C'était au départ un lieu où les représentants des communes venaient présenter, aux détenteurs du pouvoir, les griefs des ha-

---

[4] L'emprunt du vocabulaire communautarien (Sandel, Lasch) pour appuyer notre lecture de la démocratie libérale pourrait surprendre. En effet la démarche des communautariens visent explicitement à critiquer le libéralisme. Ils entendent par libéralisme toutefois la conception philosophique (atomiste) à la source de ce que nous avons appelé l'individualisme démocratique auquel ils opposent les valeurs de la communauté. Nous n'avons pas voulu reprendre cette distinction issue du débat au sein de la philosophie politique anglo-saxonne parce qu'elle tend à occulter la centralité de la démocratie dans l'histoire de la représentation de la modernité (la communauté n'est pas nécessairement démocratique). La distinction individualisme démocratique et démocratie libérale qui s'inspire largement de la lecture de Marcel Gauchet (1985;1995), bien qu'elle recoupe en partie cette autre distinction a le mérite de dévoiler deux modalités du même processus, la démocratie dans son ambition fondatrice du lien social et la démocratie comme *self-government*. L'idée libérale plus que l'idée communautarienne nous apparaît rendre compte de cette dernière modalité de la démocratie, c'est-à-dire l'affirmation par le bas de la liberté.

bitants de leur collectivité. Il ne serait jamais venu à leur esprit, comme aux membres de l'Assemblée délibérante française au moment de la Révolution de 1789 par exemple, l'idée qu'ils étaient eux-mêmes le pouvoir. Dans la conception de la démocratie libérale la pluralité des lieux organisationnels de la société civile — la pluralité des biens, en fait — a toujours prédominance sur l'abstraction d'un bien commun défini au niveau de l'État ou de la nation.

C'est ainsi qu'il faut comprendre historiquement la question de l'école dans un contexte de démocratie libérale. Elle est premièrement un outil aux mains des lieux réels de la citoyenneté. Pas de démocratie sans la capacité donnée à des collectivités de toutes sortes (religieuses, ethniques, linguistiques) et par conséquent aux individus qui s'y identifient, de reproduire la spécificité de leurs rapports au monde. L'école est modelée sur les appartenances concrètes, sa réalité est fragmentée selon les multiples contours de la société civile. Historiquement les deux plus importants de ces lieux furent la communauté locale et la communauté religieuse. En organisant l'école autour de cette double appartenance (locale et religieuse), l'école fonctionnait — tout en la reproduisant — dans une communauté étroite, relativement homogène. L'existence d'une telle communauté était par ailleurs considérée essentielle au maintien du lien social.

L'école démocratique libérale ne faisait pas pour autant que reproduire le particularisme. Elle participait aussi, pour reprendre l'expression de Sandel, d'une « mission formative ». Alors que dans la conception républicaine il s'agissait, comme on l'a vu, de littéralement créer un citoyen après l'avoir arraché à ses appartenances grégaires, dans la démocratie libérale, telle que nous l'entendons ici, il s'agit au contraire de cultiver chez les citoyens les qualités et les outils qui font d'eux de bons citoyens. Ces qualités et ces outils sont étroitement associés aux valeurs que procure l'appartenance particulière à un monde. Un bon citoyen est quelqu'un d'intégré à une communauté. L'école démocratique libérale crée de bons citoyens parce qu'elle attache fortement l'individu à sa communauté, source effective, pense-t-on, d'une citoyenneté riche, substantive. Les succès personnels qui résulteraient d'une telle formation ne pourront par ailleurs que rejaillir sur cette même communauté.

L'école démocratique libérale, solidement attachée à la pluralité des communautés réelles rend difficile la formulation d'un monde commun essentiel au fonctionnement d'une société démocratique. Comme le rappelle Jean-Jacques Simard, dans une telle perspective « la culture imprègne si entièrement la personnalité de ses membres que chacune, chacun n'est qu'un représentant de l'être collectif auquel il appartient » (Simard 1991, p. 161). On peut affirmer, d'une certaine façon, qu'une telle école a pu exister en Occident en autant qu'elle baignait dans une culture commune relativement homogène qui annulait sa tendance au fractionnement. Ce fut le cas par exemple aux États-Unis où l'école plurielle était néanmoins traversée par une culture républicaine qui, tout en associant le petit américain à sa communauté locale, blanche, noire, religieuse, etc., en faisait néanmoins un américain (Gutmann 1996, Elshtain 1993). Ce fut le cas aussi au Québec et au Canada où la prolifération des administrations et des projets scolaires régionaux, linguistiques, religieux, s'inscrivaient néanmoins dans une double tradition, soit anglo-protestante, soit franco-catholique, qui balisait un monde commun (en fait deux mondes communs).

Laissée à elle-même, en effet, l'école démocratique libérale accroît le fractionnisme et le séparatisme inhérents à une démocratie libérale ultimement fondée sur la pluralité des intérêts, ceux-ci fussent-ils communautaires. Malgré ses prétentions, la sensibilité interculturelle pense plus ce qui différencie les citoyens (la culture) que ce qui les unit (l'inter). À cet égard le multiculturalisme apparaît comme un avatar de la démocratie libérale. Il réussit difficilement à poser la question de la citoyenneté autrement qu'en tentant d'additionner des biens communs qui reposent souvent sur des valeurs contradictoires. Il participe à l'effacement d'un monde commun. Enfin, en s'appuyant sur des communautés réelles, la démocratie libérale reproduit les inégalités de la société civile et refuse par conséquent aux individus issus des groupes minoritaires une pleine et entière citoyenneté.

Confrontée aujourd'hui à des différences qui ne sont pas facilement assimilables et frappée par un affaiblissement des valeurs communes (républicaines aux États-Unis, nationalo-religieuses au Canada), l'école démocratique libérale dévoile les limites du pluralisme démocratique.

Le défi de l'école démocratique

À la lumière de ces deux types idéaux, il est possible maintenant de dégager le sens de l'expérience historique de la démocratie et les défis qu'elle pose à ses écoles.

La démocratie, dans les faits, n'a été ni purement de type individualisme démocratique, ni purement de type démocratie libérale. La démocratie comme expérience historique a pu se maintenir quand elle s'est laissée travailler par ses deux traditions. Les démocraties heureuses, si l'on peut employer cette expression qui n'est pas tout à fait juste, car les démocraties ne sauraient être satisfaites d'elles-mêmes, les démocraties heureuses néanmoins dans le sens de celles qui ont réussi à produire (par le haut) un bien commun laïque et à donner (par le bas) un pouvoir significatif à leur citoyen furent bien celles où l'égalitarisme républicain s'est arc-bouté au différencialisme libéral dans une tension créatrice. Sans cette tension, sans la limitation de l'un des pôles par l'autre, sans la jonction entre l'idée d'un pouvoir fondateur qui dépasse tous les intérêts particuliers et d'un pouvoir qui représente la multitude des intérêts, sans l'idée d'un bien commun limité par la pluralité des biens, la démocratie, comme on l'a vu, bascule dans son envers.

L'individualisme démocratique laissé à lui-même tend vers une abstraction qui substitue aux rapports sociaux réels l'absolu du bien commun (la terreur jacobine) ou encore les règles universelles du marché, du droit, de la bureaucratie. Il réintroduit une discrimination cachée sous le couvert de la norme universelle, discrimination d'autant plus pernicieuse qu'elle se drape dorénavant de l'objectivité. Elle dépossède les citoyens concrets des moyens d'agir sur leur société pour les transmettre au pouvoir anonyme des bureaucrates. Tel est le sens que donne Sandel (1996) à la République procéduriale qui s'est substituée à la vieille démocratie communautarienne (que nous nommons libérale) dans l'Amérique du *New deal*.

Les dangers qui guettent l'école républicaine sont les mêmes que les dangers qui guettent l'individualisme démocratique. Pour répondre à tous, de façon égalitaire, une telle école doit se délester de tout contenu culturel, elle doit imposer des normes qui sont vraies pour tous (la suprématie des « matheux » dans l'école républicaine, seule norme universelle), elle doit éloigner les communautés de la gestion scolaire et transmettre le pouvoir à la bureaucratie publique, ou encore, aux parents, en fonction uniquement de l'intérêt des parcours individuels de leurs enfants. L'école républicaine qui nie le particularisme de son ancrage court le danger de devenir une école procéduriale ou encore une école culturellement insipide.

De l'autre côté, laissée à elle-même, la démocratie libérale brise l'espace commun nécessaire au bon fonctionnement de la démocratie en multipliant la citoyenneté en autant d'espaces qu'il existe de lieux identitaires. Elle favorise la fragmentation et le différencialisme au sein de la société. L'école qui en ressort, en multipliant les projets scolaires, reproduit les différences inhérentes à la société civile. Elle empêche que se déploie une citoyenneté qui nécessite quelque part le partage d'un monde commun.

Ni l'école républicaine, ni l'école plurielle, mais une école qui puisse produire une conscience commune suffisante à l'organisation d'un monde commun et qui reconnaisse, en même temps, la pluralité de nos appartenances et la nécessité d'asseoir la démocratie sur une intégration à une communauté réelle.

Ni l'école républicaine, ni l'école plurielle…, mais l'école de la pluralité

Ce défi n'est pas aussi facile que l'on pourrait le penser suite à une première lecture. Les démocraties modernes ont jusqu'à maintenant fonctionné sur des traditions nationales qui camouflaient, en quelque sorte, leur tendance à l'abstraction procéduriale ou à la fragmentation libérale. En effet, l'espace national autant dans sa dimension politique que culturelle, a agi, jusqu'à tout récemment, comme un véritable médiateur entre l'abstraction universalisante et le particularisme de nos appartenances[5]. Dans les traditions républicaines, on pense notamment à la France, mais aussi à l'Argentine, le brassage républicain des populations se faisait sur un terreau suffisamment homogène pour que persiste une référence identitaire. Le petit Basque, Occitan ou Breton, en devenant Français, accédait à un universel tamisé par une culture française produite par la République mais suffisamment similaire à son ancienne culture pour qu'il puisse subjectivement y adhérer. Il y avait une manière française d'être universel. Même chose pour la République argentine qui sur fond catholique et méditerranéen construira une nation argentine. L'adhésion républicaine, dans les deux cas, se construisait sur un socle culturel déjà là qui donnait une substance à la culture universelle de la République.

Dans les démocraties de tradition plus libérale, on pense principalement au pays de culture anglo-saxonne (Angleterre, États-Unis, Canada) c'est le contraire qui se produisit. La fragmentation libérale fut limitée par une culture commune qui ouvrait le particularisme à un certain universalisme. Le libéralisme américain était accompagné d'une culture républicaine. Au Canada et au Québec, nous l'avons déjà souligné, la fragmentation libérale était modérée par une puissante référence binationale (franco-catholique et anglo-protestante). Ici aussi le différencialisme était cimenté par une référence commune qui permettait son dépassement.

Ce qui est au centre de la difficulté démocratique de nos sociétés et de ses écoles aujourd'hui, c'est cette incapacité à trouver une médiation entre la tendance à l'abstraction et la tendance à la fragmentation. Les deux écoles ne s'alimentent plus mutuellement. Ce phénomène est redevable en grande partie à la diversité de nos sociétés qui s'est, au cours des dernières années, profondément accentuée. L'individualisation, d'une part, a multiplié les points de vue et a engendré, comme le disait Weber à la suite de Nietzsche, la guerre des dieux, c'est-à-dire une bataille infinie sur les valeurs. La mondialisation, d'autre part, a mélangé des populations aux

---

[5] Sur cette question, pour le cas de l'Europe, voir l'excellent débat entre Jean-Marc Ferry et Paul Thibaud (1992).

traditions culturelles forts éloignées. Bretons, Basques ou Occitans, Polonais, Italiens ou Anglais malgré leur différence partageaient depuis des siècles une même aire culturelle (l'Europe) et une même tradition religieuse (le christianisme). Tout différent est aujourd'hui le brassage civilisationnel qui oblige la vieille culture européenne (dont nous sommes) à se confronter à des différences profondes (ce qui devrait pas pour autant nous empêcher de penser un espace commun).

Pas surprenant alors que face à l'individualisation et à la mondialisation, les seules valeurs que nous croyions posséder en commun soient les règles abstraites du marché, du droit et de la bureaucratie et que nous retournions à nos identités sectaires pour vivre dans un monde de sens. Pas étonnant alors que nous ne voyons que deux voies possibles à l'école : soit l'école républicaine réduite à l'éthique des droits de l'homme et à l'apprentissage technique des exigences du marché mondial; soit l'école plurielle qui renouerait avec des individus porteurs de sens, mais qui empêcherait par le fait même que se crée entre eux un monde commun où se déploierait la citoyenneté.

Les démocraties sont confrontées, d'une certaine façon, avec leur vérité première. Les deux types idéaux (la démocratie d'en haut et la démocratie d'en bas) sont pour ainsi dire devenus vrais, ce qui complique le fonctionnement effectif de la démocratie. Il faut donc aujourd'hui recréer politiquement ce que les réserves de traditions en Occident réalisaient spontanément, c'est-à-dire un lieu sur terre qui soit à la fois un monde accessible à tous (donc déraciné) et en même temps un monde où je peux dire nous (donc historiquement situé). Cette synthèse ne peut plus toutefois s'opérer par l'agrégation des différences autour d'une culture commune ou d'un tronc commun. Cette référence à la souche nous est d'ailleurs assez familière (et assez reprochée) pour que nous n'ayons pas à en rappeler les limites. Il s'agit plutôt de construire un monde commun, comme le suggérait Hannah Arendt (1982, 1983), sur la pluralité de nos appartenances, ou encore, comme le disait plus récemment Charles Taylor (1995), par partenariat et non par fusion.

Un tel monde commun ne serait pas l'addition de nos différences ou encore la reconnaissance égalitaire de toutes les formes de subjectivité qui habitent notre espace. Il serait toutefois un espace de compromis politiquement construit qui tiendrait compte de la pluralité inhérente à nos sociétés civiles. Il serait un compromis temporaire entre les pluralités qui habitent, à un moment donné, un lieu précis sur terre. Ni l'école républicaine, ni l'école plurielle, mais l'école de la pluralité. Une école qui sache aménager un espace entre la neutralité républicaine et nos appartenances sociologiques. Une école qui refuse de comprendre la laïcité comme une neutralité culturelle mais une école qui refuse tout autant d'être attachée à un projet culturel qui serait divisif, qui ne serait pas fondé sur la pluralité.

Pour faire référence, en terminant, au contexte québécois, l'école religieuse, il va sans dire, ne saurait dans le contexte actuel répondre à l'exigence démocratique de la pluralité culturelle. La religion n'est plus aujourd'hui, pour la grande majorité des citoyens, un lieu d'identification sociale suffisamment puissant qui exigerait une reconnaissance politique particulière. Ce qui ne veut pas dire, comme semble l'entendre certains partisans de la laïcité, que l'école québécoise moderne doit éviter la question religieuse ou toute autre référence à la diversité culturelle. L'école démocratique québécoise ne saurait reposer uniquement sur le lien ténu de la solidarité étatique. Les solidarités linguistiques, régionales, locales, etc., qui sont des lieux effectifs d'ancrage dans nos sociétés de la citoyenneté et qui peuvent accueillir une certaine pluralité, doivent avoir droit de cité. Il serait dommage que la critique de l'école religieuse au nom de l'école laïque (républicaine) amène avec elle le rejet de tout ancrage social au projet scolaire. Ce serait une perte pour la démocratie.

Références

ARENDT, H. (1982). *Les origines du totalitarisme, l'Impérialisme*, Paris, Points, Fayard.

ARENDT, H. (1983). *La condition de l'homme moderne*, Paris, Calmann-Lévy.

BERLIN, I. (1988). « Deux conceptions de la liberté », *Éloge de la liberté*, Paris, Calmann-Lévy, p. 167-218.

ELSHTAIN, J. B. (1993). *Democracy on Trial*. Anansi, Concord.

FERRY, J.-M. et THIBAUD P. (1992). *Discussion sur l'Europe*, Paris, Calmann-Lévy.

FULLINWIDER, R. K. ed. (1996). *Public Education in a Multicultural Society*. New York, Cambridge University Press.

GAUCHET, M. (1985a). *Le désenchantement du monde, une histoire politique de la religion*. Paris, Gallimard.

GAUCHET, M. (1985b). « L'école à l'école d'elle-même : Contraintes et contradictions de l'individualisme démocratique », *Le Débat*, no. 37, p. 54-86.

GAUCHET, M. (1995). *La Révolution des pouvoirs*. Paris, Gallimard.

GUTMANN, A. (1996). « Challenges of multiculturalism in democratic education », in Robert K. FULLINWIDER, (ed.) *Public Education in a Multicultural Society*, New York, Cambridge University Press, p. 156-179.

LASCH, C. (1991). *The True and Only Heaven*, Norton, New York.

MANENT, P. (1993). « La démocratie comme régime et comme religion », *La pensée politique, no. 1, Situations de la démocratie*, Paris, Gallimard, Le Seuil, p. 62-75.

MANENT, P. (1992). *Tocqueville et la nature de la démocratie*, Paris, Julliard.

RAYNAUD, P. et THIBAUD P. (1990). *La fin de l'école républicaine*, Paris, Calmann-Lévy.

SANDEL, M.1 J. (1984). « The Procedurial Republic and the Unencumbered Self », *Political Theory,*. Vol. 12, No. 1, p. 81-96.

SANDEL, M. J. (1996). « The Source of Our Discontent », *The Atlantic Monthly*, March. p. 57-74

SIMARD, J.-J. (1991). « Droits, identités et minorités : à l'arrière-plan de l'éducation interculturelle », dans F. Ouellet et M. Pagé (dirs), *Pluriethnicité, éducation et société : Construire un espace commun*, Québec, IQRC, p. 155-195.

TAYLOR, C. (1994). *Multiculturalisme, Différence et démocratie*. Paris, Aubier.

TAYLOR, C. (1995). « Les sources de l'identité moderne », dans M. Elbaz et al. (dirs.), *Les frontières de l'identité, Modernité et postmodernité au Québec*, Sainte-Foy/Paris, PUL/ L'Harmattan, p. 347-364.

TOCQUEVILLE, A. de (1981). *De la démocratie en Amérique*, Paris, Garnier-Flammarion.

Chapitre 2

Conceptions des droits en matière de transmission de la religion

Marcel Aubert

Introduction

La transmission de la religion préoccupe les organisations religieuses, et ce, en lien avec le système de croyances propre à chaque tradition et correspondant à la conception de la mission dont chacune se considère nantie. Le phénomène déborde toutefois le cadre des organisations religieuses elles-mêmes pour envahir et souvent marquer l'ensemble du contexte culturel et social dans lequel elles viennent s'insérer. Ainsi, dès que se trouve privilégiée l'étude de la transmission de la religion, l'attention doit déborder le seul aspect de la conscience individuelle et du culte des sujets croyants de tel groupe donné pour accepter de prendre en considération les questions des droits d'association et d'expression des groupes religieux eux-mêmes dans l'espace social global. C'est pourquoi l'analyse exige-t-elle d'adopter un point d'observation qui nous distancie d'une perspective qui cloisonnerait le politique, le religieux et le processus de transmission comme autant de sphères isolées les unes des autres, en les classifiant tantôt comme étatiques, tantôt comme confessionnelles, tantôt comme pédagogiques. Elle ne peut négliger de considérer la synergie des divers facteurs du processus même de transmission de la religion.

S'il convient de veiller à maintenir une perspective décloisonnée, il convient aussi de prendre en compte l'incidence des composantes historiques particulières à chaque contexte national. À cet égard, l'ouvrage *Religions et laïcité dans l'Europe des douze*, publié sous la direction de Jean Baubérot, dégage clairement que les rapports entre l'État, la société civile et la religion sont, « pour une large part, le résultat d'un processus historique qui, naturellement, continue». (1994, p. 8)

Le catholicisme québécois et l'aménagement du système scolaire public

La réalité scolaire québécoise nous met en présence d'acquis socio-historiques déterminés par une double confessionnalité (catholique et protestante) dont le profil rejoint, en gros, deux entités linguistiques (francophone et anglophone). Je me permettrai une brève évocation pour mieux situer l'arrière-fond historique et juridique qui détermine en grande partie le cadre confessionnel du système scolaire québécois.

Dans la colonie française du Nouveau-Monde, de 1534 à 1759, la transmission de la tradition catholique a accompagné et marqué le développement culturel, linguistique et socio-économique des habitants. À compter de 1759, les Canadiens français, devenus résidents d'une colonie britannique, ont appris à cohabiter avec les anglophones, en majorité anglicans, également détenteurs des principaux leviers économiques et étatiques, respectueux cependant des droits religieux des catholiques. En 1867, l'Acte de l'Amérique du Nord Britannique garantissait certaines juridictions aux provinces, dont celle du Québec, en particulier en matière d'éducation et de culture. Par ailleurs, les droits des divers groupes confessionnels placés en position de minorités par la partition provinciale étaient assurés par le pacte confédératif canadien lui-même. Les structures administratives de l'éducation en matière de régulation de la transmission de la religion ont fait en sorte que, depuis plus d'un siècle, le système scolaire public québécois s'est trouvé réparti en deux réseaux, l'un catholique, l'autre protestant. Une loi adoptée en 1988 prévoit l'instauration de deux réseaux linguistiques, l'un francophone et l'autre anglophone. Toutefois, les réseaux confessionnels sont encore reconnus, faute de latitude juridique pour que le Gouvernement du Québec puisse procéder à son remplacement.

Le réseau catholique rejoint 90 % de la population francophone des élèves du primaire et du secondaire[1]. La très forte majorité de cette population d'élèves est également francophone. Dans cette population du réseau catholique, on retrouve 93 % d'enfants déclarés catholiques, 4 % d'autres religions, 3 % n'appartenant à aucune religion et moins de 1 % de protestants. Les propriétés confessionnelles de l'encadrement administratif, des établissements scolaires et de l'enseignement religieux ont toujours fait l'objet d'une grande vigilance de la part de la hiérarchie catholique.

Le réseau protestant, plus composite sur le plan culturel et religieux, rejoint environ 10 % de la population des élèves, parmi lesquels on dénombre 42,6 % de protestants, 37,9 % d'autres religions, 11,3 % n'appartenant à aucune religion et 8,3 % de catholiques. Pendant longtemps le réseau protestant a été perçu comme étant, de fait, le réseau « anglophone » d'écoles au Québec qui se trouvait protégé par la Constitution canadienne. Le secteur francophone de ce réseau s'est cependant fortement élargi depuis une dizaine d'années.

On ne peut parler d'un contexte de laïcité ni pour le Canada ni pour le Québec. Il convient toutefois de souligner au moins un aspect de sa sécularisation directement en cause pour notre propos. Dans la foulée de la Déclaration universelle des droits de l'homme, la Canada a promulgué une Déclaration canadienne des droits en 1960. Le Québec, en 1975, a adopté une Charte des droits et libertés de la personne, et, en 1982, une Charte des droits et libertés a été enchâssée dans la Constitution canadienne. Leurs énoncés en matière de liberté de conscience et de religion démontrent à souhait le caractère séculier de l'État. L'application des Chartes des droits de la personne doit avoir prépondérance sur les lois adoptées par les assemblées législatives, à moins d'indication explicite, dans ces lois mêmes, à l'effet de vouloir y déroger.

Bien des nuances devraient être apportées à cette esquisse des traces historiques encore présentes dans l'organisation du système scolaire québécois. Retenons-en que le système est divisé en deux réseaux (catholique

---

[1] Au 30 septembre 1994, les statistiques officielles dénombrent 848,839 élèves dans le réseau des commissions scolaires catholiques et 86,197 dans le réseau des commissions scolaires protestantes.

et protestant) et que le réseau catholique atteint autour de 90 % des élèves du primaire et du secondaire. Il convient de mentionner que des changements législatifs proposés par le législateur en 1988 (Loi 107 sur l'Instruction publique) visent la division du territoire du Québec en commissions scolaires francophones et anglophones. Cependant, advenant l'application de ces dispositions légales, certains droits acquis reconnus par la Constitution de 1867 (prolongés en 1982 lors du rapatriement de la Constitution canadienne) maintiennent des commissions scolaires confessionnelles, catholique et protestante, dans les villes de Québec et de Montréal. Le droit à la dissidence se trouve également maintenu pour la minorité catholique ou protestante sur le territoire de toute commission scolaire autre que confessionnelle. La loi 107 reconnaît à tout élève le droit de choisir à chaque année entre l'enseignement moral et religieux, catholique ou protestant et l'enseignement moral. Elle reconnaît aussi le droit de choisir l'enseignement moral et religieux d'une confession autre que catholique ou protestante, lorsqu'un tel enseignement est dispensé à l'école. En outre, un mécanisme de reconnaissance officielle du statut confessionnel catholique ou protestant de chaque école est prévu. La loi assure la nomination, dans toute commission scolaire linguistique, d'un responsable du soutien à l'administration des écoles catholiques ou protestantes, aux services d'enseignement moral et religieux et d'animation pastorale dispensés aux élèves qui fréquentent ces écoles. Ce responsable fait partie du personnel cadre et, dans le cas des services pour catholiques, il doit avoir un mandat de l'évêque du diocèse où est situé le siège social de la commission scolaire. Enfin, par l'orientation donnée au projet éducatif d'une école, une population donnée peut lui conférer une couleur confessionnelle, autre que catholique ou protestante, sans toutefois que cette reconnaissance officielle soit du même type que celle d'une école catholique ou protestante.

L'organisation catholique et l'institution scolaire

Dans ce vaste ensemble, nous privilégions de traiter plus particulièrement du contexte de la transmission de la religion catholique dans les écoles publiques francophones du Québec. Depuis des siècles, la contribution de l'Église catholique, en particulier sur le plan de la socialisation des citoyens et de l'éducation, a touché toutes les sphères d'activités par le biais des institutions pourvoyeuses de services qu'elle a créées et soutenues. En tant qu'institution, il faut aussi signaler la proposition, voire l'imposition par l'Église catholique, d'un « ethos » culturel et social sur lequel la hiérarchie catholique exerçait un pouvoir continu. Certes, le phénomène de la sécularisation des institutions publiques s'est-il actualisé au Québec à partir des années 1960. L'État a pris en charge bon nombre de services aux citoyens, mais les aménagements du système scolaire public, définis par des lois adoptées au milieu des années 1960, ont été marqués par la volonté de l'institution catholique de sauvegarder dans l'école publique une voie assurée de transmission de la tradition catholique.

Il convient d'examiner de plus près ces aménagements sous leurs aspects légaux et organisationnels depuis les trente dernières années. Deux lois adoptées simultanément en 1965 ont créé, d'une part, un Ministère de l'éducation, responsable du système scolaire au nom de l'État, et, d'autre part, un Conseil supérieur de l'éducation auquel ont été greffés deux comités confessionnels, l'un catholique et l'autre protestant[2]. Le Comité catholique est devenu un organisme gouvernemental détenant une autorité réelle sur l'éducation religieuse catholique et la confessionnalité scolaire. En plus de se présenter comme le porte-parole légitime de la population catholique auprès du pouvoir civil en matière d'éducation chrétienne à l'école, il détient le pouvoir de réglementer sur l'enseignement moral et religieux catholique, sur les conditions de qualification du personnel enseignant qui assure cet enseignement et sur la reconnaissance ou la révocation des établissements

---

[2] Nous traiterons dans cet article du secteur confessionnel catholique.

d'enseignement comme confessionnels catholiques. Il approuve également les programmes d'études, les guides pédagogiques, les manuels scolaires et le matériel didactique pour l'enseignement religieux catholique.

Le Comité catholique est composé de quinze membres dont cinq sont nommés par l'Assemblée des évêques du Québec et les dix autres par le gouvernement, sur recommandation du Conseil supérieur de l'éducation, après consultation des organismes liés aux réseaux de parents et aux milieux de l'éducation. Toutes ces nominations exigent l'agrément de l'épiscopat. Malgré ces caractéristiques de sa composition, le Comité, lorsqu'il se définit lui-même dans les documents émanant de son autorité, se réclame de devoir être considéré comme un organisme distinct de l'épiscopat catholique, parfaitement autonome par rapport à celui-ci. C'est à partir des règlements, des approbations et des décisions du Comité catholique, en tant qu'autorité officielle en matière de religion dans les écoles primaires et secondaires, que se sont progressivement définis les aménagements de la transmission scolaire de la religion catholique et de la reconnaissance des écoles publiques comme confessionnelles catholiques.

Après avoir reconnu globalement et unilatéralement toutes les écoles pour catholiques comme « confessionnelles catholiques » au sens de son règlement, au début des années 1970, le Comité catholique décrétait l'enseignement religieux catholique obligatoire pour tous les élèves, obligation assortie d'une possibilité d'exemption (dispense) sur demande écrite des parents. Le cas échéant, l'élève exempté pouvait s'adonner à des apprentissages en morale ou en culture religieuse. Certaines alternatives avec l'enseignement moral ou un enseignement religieux de type culturel étaient rendues possibles pour les dernières années du secondaire. En 1985, le Comité catholique a modifié son règlement de façon à ce que les écoles catholiques offrent l'enseignement religieux catholique en option avec l'enseignement moral, selon le choix des parents exprimé annuellement (à partir de la troisième secondaire, ce choix appartient à l'élève). En 1988, la loi 107 sur l'Instruction publique est venue remplacer le règlement du Comité catholique pour reconnaître à l'élève le droit de choisir, à chaque année, entre l'enseignement moral et religieux, catholique ou protestant, et l'enseignement moral. Cette même loi reconnaît aussi à l'élève le droit de choisir, à chaque année, l'enseignement moral et religieux d'une confession autre que catholique ou protestante lorsqu'un tel enseignement est dispensé à l'école. Enfin, cette loi a précisé les mécanismes de consultation et de décision qui encadrent la demande de reconnaissance de l'école comme confessionnelle. Notons que la logique binaire d'alternative entre un enseignement religieux confessionnel et l'enseignement moral provenait du Comité catholique. Enclavée dans une loi de l'Assemblée nationale, cette logique apparaît désormais comme une norme gouvernementale et étatique, ratifiée démocratiquement et donc d'autant plus difficile à mettre en question.

En pratique, il est revenu et revient encore au Comité catholique, de concert souvent avec la hiérarchie catholique, d'exercer une juridiction exclusive pour déterminer les orientations, les visées et objectifs, de même que les contenus de l'enseignement religieux catholique dispensé dans les écoles fréquentées par 90 % des élèves québécois. À cette juridiction, correspond l'existence d'un service (exécutif) de l'enseignement catholique rattaché au ministère de l'Éducation, les liens étant assurés par un haut fonctionnaire ayant le statut de sous-ministre de foi catholique associé au ministre de l'Éducation. Ce sous-ministre est, d'office, membre du Comité catholique. Il revient également au Comité de fixer les critères de reconnaissance d'une école comme confessionnelle catholique et de décider de cette reconnaissance.

On peut donc constater la multiplicité des paliers de contrôle de l'institution religieuse catholique sur le système scolaire public, par l'intermédiaire d'une multitude de mécanismes de représentation, de reconnaissance, de définition des contenus et orientations de l'enseignement de même que d'exécution. Compte tenu du foisonnement des ramifications de l'appareil bureaucratique des états modernes, l'administration dispose d'un large éventail de leviers de contrôle et de freins devant les requêtes de changement. De façon régulière, le Comité formule des avis publics au ministre de l'Éducation et amende ses règlements modifiant ainsi tantôt les contenus de l'enseignement moral et religieux catholique, tantôt les conditions de qualification des enseignants appelés à le dispenser. Signalons que le financement de tous ces aspects de la confessionnalité scolaire est entièrement imparti aux fonds publics.

On peut noter certaines variations discursives dans les amendements au règlement apportés par le Comité et les différents avis qu'il a énoncés depuis les vingt dernières années. Situons quelques grandes phases de ces variations. En 1974, dans sa publication *Voies et impasses* qui visait à situer la pertinence éducative de l'enseignement religieux scolaire, on dénote une préoccupation « d'éducation intégrale » de l'élève, y compris sa quête de sens, qu'il convient de nourrir à l'école en puisant dans le patrimoine religieux de l'humanité. Toutefois, par une argumentation référant à la majorité catholique et aux pratiques établies dans le domaine de l'éducation, cette apparente ouverture a servi, en fait, de justification au maintien de l'enseignement catéchistique à visée d'adhésion à la foi catholique qui était déjà instauré dans les écoles depuis plus de dix ans. Tout au plus certains correctifs d'ordre éducatif, et des mécanismes de concertation avec le milieu étaient-ils proposés. Pendant une dizaine d'années, on a pu voir se développer un enseignement de culture religieuse vite désigné « enseignement religieux de type culturel » pour les dernières années du secondaire. Il a été abandonné par voie de réglementation du Comité catholique lui-même et ce, selon ce dernier, en raison de problèmes de gestion scolaire, de formation inadéquate des enseignants et du déclin des inscriptions des élèves (déclin inéluctable en raison de l'implantation du régime d'option prévoyant que le choix serait désormais entre l'enseignement religieux catholique et l'enseignement moral)[3].

Au milieu des années 1980, le passage au système d'option entre l'enseignement religieux catholique et l'enseignement moral se fit par amendement du règlement du Comité catholique, en conformité avec le contenu de la publication concomitante des orientations pastorales de l'Assemblée des évêques du Québec (1983 et 1984). Les objectifs et les contenus des programmes d'enseignement ont été explicités dans une perspective plus spécifiquement catholique tout en se préoccupant

---

[3] Voir les contributions de F. Ouellet dans cet ouvrage.

d'intégrer davantage l'éducation morale à l'enseignement religieux. C'est à ce moment qu'est apparue la nouvelle désignation « enseignement moral et religieux catholique » comme matière scolaire offerte en option avec une autre matière désignée « enseignement moral ». Les visées d'adhésion à la foi catholique, selon la perspective propre à l'éducation scolaire, ont été maintenues tandis que les communautés chrétiennes se voyaient chargées de l'initiation sacramentelle. Selon l'expression de l'Assemblée des évêques du Québec (*Orientations pastorales sur l'initiation sacramentelle des enfants*, 1983), il revenait désormais à l'école en dispensant fidèlement les programmes officiels d'enseignement religieux « d'assurer la responsabilité première de la catéchèse antécédente », tandis qu'incombe « à la communauté chrétienne la responsabilité de la catéchèse initiatique ». Notons que ces distinctions utilisées par l'épiscopat étaient elles-mêmes tirées du discours du Comité catholique.

La fonction d'initiation sacramentelle par les communautés chrétiennes a été l'occasion de la mise sur pied, dans la plupart des communautés paroissiales, de services d'initiation sacramentelle pour les sacrements de pénitence, d'eucharistie et de confirmation. Ces services étaient assurés, en quasi totalité, par la participation bénévole de fidèles rattachés aux communautés et tentaient d'associer, non sans difficultés, les parents à la démarche d'initiation des enfants. Ces activités de catéchèse initiatique, qui rejoignent une très grande majorité d'enfants à la demande des parents, durent quelques semaines, culminent avec le moment de la célébration du rite, mais n'ont pas encore trouvé de formule pour assurer un encadrement au-delà de la période subséquente à l'initiation. Du point de vue de l'organisation religieuse, on se demande ce qui se trouve ainsi transmis spécifiquement par l'organisation religieuse. On soupçonne que ce soit la signification familiale qui investit ces rites, indépendamment du sens assigné par l'institution religieuse à ces initiations visant la participation progressive dans la communauté chrétienne.

Une rhétorique nouvelle de légitimation : un statu quo servi autrement

Durant ces mêmes années, des voix se sont élevées pour mettre en question cette exclusivité confessionnelle de l'enseignement religieux et l'inadéquation de l'éducation disponible dans le système scolaire au regard des besoins des jeunes en matière d'éducation religieuse, civique et morale, du respect des droits fondamentaux de la personne et de la pluralité religieuse en présence. On peut y retrouver, entre autres, des intellectuels, des associations d'enseignants, le Mouvement laïc québécois, la Commission des droits de la personne, le Conseil supérieur de l'éducation lui-même. Certaines contestations ont pris la voie judiciaire, mais les tribunaux n'ont pu que constater le caractère inadéquat des dispositions législatives par rapport aux situations en présence, renvoyant la tâche de mise à jour aux décideurs politiques.

De son côté, dans ses avis publics périodiques, le Comité catholique ne manque pas de souligner, statistiques à l'appui, les pourcentages élevés de choix des parents ou des élèves catholiques en faveur de l'enseignement moral et religieux catholique[4]. Il évoque ces chiffres comme une donnée massive témoignant de sa qualité et de sa correspondance avec l'attente des parents. Il interprète l'augmentation du choix de l'enseignement moral, manifeste depuis quelques années, comme l'indice d'un rééquilibrage en fonction de la composition réelle de la population québécoise. Pour le Comité, il s'agit là d'une preuve manifeste de la souplesse des écoles catholiques et du respect du choix que les parents ont à exercer entre les deux types d'enseignement.

Néanmoins, au début des années 1990, le Comité catholique, sans modifier formellement les programmes

---

[4] Taux d'inscription dans le secteur catholique pour l'ensemble du Québec au 30 septembre 1994 :

Primaire : enseignement religieux catholique : 94,3 %; enseignement moral : 5,11 %

Secondaire : enseignement religieux catholique : 65,8 %; enseignement moral : 30,6 %; aucun enseignement religieux ou moral : 3,16 % (secteur de la formation professionnelle au secondaire).

Le petit pourcentage restant est le fait d'enfants dont les parents, le plus souvent d'affiliation fondamentaliste, tiennent à assurer eux-mêmes cette formation.

approuvés, reconnaissait dans différents avis la nécessité de mieux adapter l'enseignement aux jeunes et aux contextes actuels. C'est ainsi que des références à d'autres traditions religieuses, à des grandes questions existentielles et à des points chauds de l'actualité étaient ajoutées au programme en contrepartie de certains allégements des contenus plus systématiques de doctrine catholique. Nous ne ferons pas état dans le détail des déplacements d'accents mis de l'avant depuis ces dernières années en particulier parce que, dans un avis publié en avril 1995, le Comité annonce que des révisions importantes sont en cours qui vont dans le sens d'une démarcation plus nette de la nature et de la visée propre de l'enseignement religieux scolaire par rapport à l'orientation catéchistique. La visée dont s'inspirent les nouveaux programmes d'études en voie de développement comporte les dimensions suivantes :
- introduire le jeune à cette partie de son héritage culturel qu'est la tradition catholique;
- puiser dans cette tradition les ressources aptes à soutenir et à inspirer la mission éducative centrée sur le développement humain et l'insertion sociale du jeune, notamment en l'éveillant à la dimension spirituelle et religieuse de l'existence humaine;
- contribuer à la formation de sa conscience et de son jugement moral. (*Le point sur l'école catholique*, Avis, avril 1995, p. 4).

Un commentaire ponctuel s'impose dès à présent concernant la formulation de la deuxième dimension ci-dessus. On s'attendrait normalement à trouver une formule comme : « éveiller le jeune à la dimension spirituelle et religieuse de l'existence humaine », mais la formulation retenue révèle bien le statut privilégié qu'on entend accorder à la tradition catholique comme inspiratrice du développement humain et de l'insertion sociale du jeune. La portion de l'héritage culturel qu'est la tradition catholique et auquel on veut introduire le jeune devient la tradition de référence qui oriente la mission éducative, laquelle vient prendre le relais de la mission évangélisatrice ou catéchistique. Le moins que l'on puisse dire, c'est que cette formulation comporte une forte dose d'ambiguïté. Dans un autre passage de l'avis, le Comité précise que la contribution de l'école « consiste à approfondir les contenus doctrinaux de la foi, d'une manière méthodique, informée des renouveaux de la pensée chrétienne, ouverte aux questionnements parfois difficiles, avec ouverture et sens critique. C'est pourquoi l'école apparaît à la grande majorité des parents comme le lieu qui dispose tout particulièrement des compétences requises pour fournir les bases académiques d'une éducation religieuse large et éclairée, dans le respect des divers types de rapport que les parents et les élèves peuvent entretenir avec la foi catholique » (p. 9). Par ailleurs, le Comité ajoute : « La perspective de foi demeure donc présente, assortie d'ouverture et de sens critique. L'enseignement moral et religieux catholique [...] veut rendre possible une étude objective de la religion et de ses principaux éléments, tout en favorisant une recherche personnelle de signification. [...] Il s'agit d'une éducation religieuse ouverte, où la foi catholique sert de référence principale à la formation intégrale du jeune, notamment dans ses dimensions spirituelle, morale et religieuse. Cet enseignement n'a pas pour but d'imposer une doctrine ou des pratiques. Il permet au jeune de découvrir et d'apprécier une manière d'être humain qui porte la marque de l'héritage chrétien, sans négliger l'apport des autres grandes traditions spirituelles de l'humanité » (p. 5).

Un indicateur d'une certaine inadéquation du système avec le contexte social et culturel réside dans le fait que la loi de 1988 a dû prévoir une clause de dérogation aux Chartes canadienne et québécoise des droits de la personne pour prévenir que ses dispositions soient contestées par des procédures judiciaires. Le ministre de l'Éducation de l'époque motive cette dérogation en se référant à une entente conclue en 1964 entre les autorités religieuses et les autorités gouvernementales pour garantir les droits religieux des citoyens. Ce sont d'ailleurs les autorités religieuses qui ont fortement insisté auprès du gouvernement pour qu'une clause de dérogation soit inscrite dans le projet de loi parce les privilèges de la majorité catholique, consentis il y a plus d'un siècle, risquaient d'être remis en question à la faveur d'un jugement inattendu qui aurait pu être institué par toute personne contestant de telles prérogatives à des confessions religieuses particulières[5].

---

[5] Discours de Claude Ryan, ministre de l'Éducation, prononcé à l'Assemblée nationale le 9 décembre 1986.

Conclusion

Manifestement, se vérifie au Québec le constat émis par les auteurs de l'ouvrage *Religions et laïcité dans l'Europe des douze*, cité en introduction, à l'effet que les rapports entre l'État, la société civile et les religions sont le résultat d'un processus historique qui tend à se perpétuer « naturellement ». La question consiste à savoir si la promulgation des chartes et déclarations des droits fondamentaux de la personne en matière de liberté de conscience et de religion aurait quelque chose de moins « naturel » que la continuité des acquis historiques confessionnels en matière de régulation de l'enseignement de la religion dans les écoles publiques. Nous devons distinguer, en matière de droits à l'égalité, entre les droits fondamentaux de la personne et les droits collectifs. L'affirmation d'un droit fondamental signifie que chaque personne doit être traitée de la même façon, qu'elle appartienne ou non à un groupe identifiable particulier. L'affirmation des droits collectifs, quant à elle, est fondée sur la revendication des d'individus basée sur leur appartenance à un groupe identifiable. Même s'il est vrai que les libertés fondamentales d'expression, de religion, de réunion et d'association doivent être exercées par plusieurs individus en commun, ou à des fins de communication, chacune de ces libertés doit être exercée également par tous les individus. Si on garantit la liberté du culte dans les limites de la loi, cette liberté est garantie, que la personne soit chrétienne, juive, musulmane ou hindoue. Toutefois, dans la mesure où certains droits religieux varient à cause de la protection spéciale accordée à certains groupes religieux, de tels droits ne sont pas des droits individuels mais des droits collectifs.

L'ouverture, la souplesse, la capacité d'accueil, voire la charité universelle, dont peut faire preuve une école confessionnelle catholique dans les aménagements auxquels elle s'astreint volontairement, ne sauraient équivaloir à la reconnaissance du droit fondamental de l'autre, en toute égalité. Ici intervient la différence entre « droit » et « privilège ». Si cet écart saute aux yeux du spécialiste des droits, un intérêt sociologique certain réside dans le fait d'identifier comment cette conception peut se structurer chez les membres d'une confession religieuse majoritaire, surtout si celle-ci détient des droits collectifs acquis historiquement dans un État donné. En guise d'illustration de la perception des acteurs sociaux, mentionnons que face à un mouvement récent préconisant le remplacement de l'enseignement religieux confessionnel (en option avec l'enseignement moral) par un enseignement civique et culturel de la religion, il s'est trouvé des gens pour formuler publiquement une objection à l'effet qu'un tel changement les priverait désormais du droit de choisir entre un enseignement religieux confessionnel et un enseignement moral. Ce droit de choisir est très souvent désigné comme un droit fondamental. Force est de reconnaître, d'un point de vue analytique, que le système confessionnel en place au Québec apparaît aux catholiques majoritaires comme offrant les meilleures garanties de la liberté de conscience et de religion. Une telle présomption représente peut-être ce que l'institution religieuse transmet avec le plus d'efficacité. Par ailleurs, il faut bien constater que le principe de réciprocité des droits, corrélatif de l'égalité entre tous les citoyens, se trouve ainsi nié.

Un effet paradoxal des chartes de droits fondamentaux en matière de liberté de conscience et de religion concernant la transmission de la religion réside dans le fait que leurs formulations cristallisent un concept d'enseignement religieux ou moral relié aux convictions des parents. Par exemple, l'article 41 de la Charte des droits et libertés de la personne du Québec se formule comme suit: « Les parents ou les personnes qui en tiennent lieu ont le droit d'exiger que, dans les établissements d'enseignement publics, leurs enfants reçoivent un enseignement religieux ou moral conforme à leurs convictions, dans le cadre des programmes prévus par la loi. » La reconnaissance de ce droit, telle que formulée, apparaît donner un aval à un type d'enseignement religieux conçu uniquement comme un procédé de transmission des croyances des familles. Cet article de la Charte ne doit pas cependant, à notre avis, faire l'objet d'une interprétation restrictive au point qu'il impliquerait l'impossibilité légale que soit introduit dans le système scolaire une éducation à la religion dont les fondements reposeraient sur les connaissances, la compréhension et la saisie des religions en tant que phénomène.

Il faut reconnaître que les organisations religieuses détiennent une certaine vision de l'être humain et une certaine conception de l'ordonnancement des réalités de l'univers dans lequel cet être humain est appelé à s'accomplir. Cette vision et cette conception font partie de ce que les organisations transmettent à leurs fidèles. Elles président aussi aux stratégies éducatives qu'elles choisissent de mettre en œuvre. Les progrès manifestes de l'individualisme religieux et de l'indifférence religieuse des acteurs sociaux à l'égard des organisations ne semblent pas modifier substantiellement les visées de celles-ci en matière de transmission. Leurs discours se modulent selon des thématiques de pertinence sociale et culturelle sans toutefois que soit modifiée la mission spécifique dont l'organisation se trouve nantie. Quant aux capacités des hommes politiques de légiférer en matière de transmission scolaire de la religion, il semble bien qu'ils soient, sous l'angle idéologique ou électoral, vulnérables aux influences des organisations religieuses qui représentent des groupes majoritaires dans la société civile.

L'organisation religieuse catholique, qui contrôle la quasi totalité de l'enseignement religieux scolaire au Québec, prend appui sur les taux élevés de faveur pour l'enseignement catholique et les écoles confessionnelles de la part des familles pour interpréter cette demande dans le sens de sa conception institutionnelle de l'éducation religieuse scolaire. Comme l'institution détient aussi les leviers de décision en matière d'orientation de l'enseignement scolaire, la conception de la transmission qui caractérise l'institution englobe la fonction spécifique qui pourrait être dévolue à l'école comme instance d'éducation destinée à préparer tous les citoyens à vivre dans la société. Ainsi se trouvent mis sur le même pied les effets éducatifs imputables à chaque agent particulier de transmission que sont la famille, l'école et l'organisation religieuse, au profit d'une dominante scolaire contrôlée par l'institution religieuse catholique. Celle-ci prend appui sur une volonté implicite d'une majorité de parents pour une éducation religieuse scolaire de leurs enfants dont, par contre, les paramètres sont définis par l'organisation confessionnelle. Cette « construction culturelle » des paramètres en jeu, étant donné sa continuité historique, valorise la protection

du choix des parents entre un enseignement confessionnel et un enseignement moral pour leurs enfants. Toutefois, elle masque la limitation du choix offert aux parents. Elle maintient une alternative qui, en plus de
priver l'enfant inscrit en enseignement religieux d'une
formation morale non assujettie à la vision chrétienne
de l'homme, rejette une éducation à la religion qui valo-
riserait la compréhension du phénomène religieux selon une autre approche que celle du *credo* ou du *non
credo* catholiques.

Références

Assemblée des évêques du Québec (1983). *Orientations pastorales sur
l'initiation sacramentelle.*

Assemblée des évêques du Québec (1984). *Orientations pastorales sur
l'enseignement religieux catholique.*

Assemblée nationale du Québec (1988). *Loi sur l'Instruction publique*
(107).

Assemblée nationale du Québec (1975). *Charte des droits et libertés de
la personne du Québec.*

Assemblée nationale du Québec (1965). *Loi du Ministère de l'Éducation.*

Assemblée nationale du Québec (1965). *Loi du Conseil supérieur de
l'Éducation.*

BEAUBÉROT, J. (1994). *Religions et laïcité dans l'Europe des douze*, Paris,
Syros.

Comité catholique du Conseil supérieur de l'Éducation du Québec
(1996). *L'évaluation du vécu confessionnel, L'école catholique, un choix
éducatif et culturel*, 35 pages.

Comité catholique du Conseil supérieur de l'Éducation du Québec
(1995). *Le point sur l'école catholique, Avis au ministre de l'Éducation,*
40 pages (annexes).

Comité catholique du Conseil supérieur de l'Éducation du Québec
(1994). *L'enseignement moral et religieux catholique au primaire. Pour
un enseignement mieux adapté aux jeunes et aux contextes actuels*, Avis au
ministre de l'Éducation, avril, 29 pages.

Comité catholique du Conseil supérieur de l'Éducation du Québec
(1992). *L'enseignement moral et religieux catholique au secondaire. Pour
un enseignement mieux adapté aux jeunes et aux contextes actuels*, Avis au
ministre de l'Éducation, avril.

Comité catholique du Conseil supérieur de l'Éducation du Québec
(1974). *Voies et Impasses*, Volumes 1 et 2.

Conseil supérieur de l'Éducation (1987). *Les défis éducatifs de la pluralité*, Avis au ministre de l'Éducation.

Conseil supérieur de l'Éducation (1982). « La confessionnalité scolaire », Rapport d'activités 1991-1992.

Parlement du Canada (1867). *Acte de l'Amérique du Nord Britannique*,
Constitution canadienne.

Chapitre 3

L'expérience britannique en enseignement religieux : structures institutionnelles et débats politiques[1]

Robert Jackson

Introduction

L'expérience britannique en enseignement religieux est souvent considérée comme un modèle de réalisation interculturelle. Il est vrai que l'enseignement religieux a connu des changements dramatiques en Grande-Bretagne, partiellement en réponse à la sécularisation (Cox, 1966), partiellement sous l'influence de la discipline nouvelle des sciences religieuses en émergence à la fin des années 1960 et au début des années 1970 (Smart, 1967, 1968; Schools Council, 1971; Hinnnells, 1970) et partiellement suite à la reconnaissance de la nature multireligieuse et multiculturelle de la société (Cole, 1972).

Cependant, la transition n'a pas été facile et les batailles ne sont pas terminées. Depuis le milieu des années 1980, alors que le Tatcherisme était à son apogée, il y a eu une réaction de la droite contre toute forme de « multiculturalisme », en éducation comme ailleurs. En éducation, on a vu apparaître plusieurs groupes de pression voués à la préservation de ce qu'ils considèrent être l'héritage culturel chrétien de la Grande-Bretagne et de ce qu'ils perçoivent comme les vieilles certitudes morales qui servaient à maintenir l'ordre social. Le passé de la Grande-Bretagne est idéalisé et décrit comme une culture stable et bien délimitée. On considère toutes les cultures comme fixes et fermées et on décrit généralement les groupes d'immigrants et leurs descendants

---

[1] Traduction française par Fernand Ouellet.

comme appartenant à une culture et à une religion étrangères, comme une menace à l'héritage et au mode de vie « national (Burn & Hart, 1988, Hart & Hollway, 1991). Les éducateurs qui supportent les approches multireligieuses sont considérés comme de dangereux radicaux, comme des « progressistes » qui prolongent les tendances dangereuses des années 1960 et qui font la promotion d'un relativisme selon lequel personne ne peut prétendre posséder la vérité. À l'occasion, certains de ces groupes radicaux ont réussi à exercer une influence sur la politique et la législation du gouvernement. Cependant, les points de vue professionnels des spécialistes de l'éducation religieuse ont jusqu'ici réussi à prévaloir et ils ont le support de divers groupes religieux, y compris celui du Bureau de l'Éducation de l'Église d'Angleterre. Néanmoins, la contestation se poursuit.

Comme on peut s'y attendre, les spécialistes de l'éducation religieuse qui supportent des approches multireligieuses ne partagent pas tous les mêmes vues et la tendance de leurs opposants à en faire un bloc homogène est une fausseté. On trouve parmi eux des croyants de divers courants religieux de même que des agnostiques et des non-croyants qui soutiennent l'importance de l'étude des religions dans les écoles. De plus, ils ne sont pas tous libéraux en ce qui a trait à la religion ou à la théologie. Par exemple, il y a eu des travaux très valables réalisés par des écrivains et des enseignants de l'aile évangéliste du christianisme (King & Helme, 1994; Wilkins, 1991).

Plusieurs des développements évoqués plus haut se sont produits sous la vieille législation de 1944 que plusieurs commissions scolaires (*Local Education Autorities*) ont interprétée d'une manière souple. En Angleterre et au pays de Galles, les changements de 1988 ont été principalement une réaffirmation de certains principes-clé et de certaines structures-clé de la Loi de 1944, avec une reconnaissance des changements sociaux et des changements survenus dans l'environnement religieux en Angleterre et au pays de Galles. Depuis lors, il y a eu un certain glissement à droite dans les directives envoyées aux écoles en 1994, tandis que la délégation de l'élaboration des syllabus aux autorités locales a permis d'assurer une variété de styles d'enseignement religieux et de maintenir une variété d'approches multireligieuses.

Entre-temps, des innovations dans la recherche et le développement du curriculum ont commencé à avoir un impact sur les syllabus les plus récents. Pour fournir plus de détails sur l'histoire de l'éducation religieuse en Angleterre et au pays de Galles (l'Écosse et l'Irlande du Nord ont leurs propres systèmes), il nous faut examiner le développement de la loi sur l'enseignement religieux.

Le cadre légal

La législation de 1944 : l'instauration des Agreed Syllabuses

L'éducation religieuse a été une composante de l'éducation d'État en Angleterre et au pays de Galles depuis la première Loi de l'Éducation de 1870 qui a mis sur pied le premier réseau d'écoles publiques (*Board Schools*) entièrement financées par l'État. Les commissions scolaires (*Local Education Authorities*) pouvaient opter pour l'enseignement de la Bible sans instruction confessionnelle, en conformité avec la célèbre clause Cowper-Temple qui stipulait : « Aucun catéchisme religieux ou formulaire religieux propre à une dénomination particulière ne sera enseigné à l'école ». Cette clause influence la législation encore aujourd'hui. La Loi incluait aussi une clause de respect de la liberté de conscience qui permettait aux parents de dispenser leurs enfants de l'instruction religieuse. La Loi de l'Éducation de 1902 confirma l'arrangement de 1870 sur l'instruction religieuse, ajoutant une clause additionnelle de respect de la liberté de conscience pour les enseignants et établissant le système de partenariat (*Dual System*) entre l'État et les Églises pour créer un système d'éducation national.

La Loi de 1944 clarifia le *Dual system* en distinguant différents types d'écoles supportées par l'État (*maintained*), par opposition aux écoles faisant l'objet d'un financement privé. Les écoles de comté étaient entièrement financées par l'État. Les écoles partiellement financées par des groupes religieux (*voluntary schools*) étaient de trois types : les écoles « aidées », les écoles « contrôlées » et les écoles faisant l'objet d'un « arrangement spécial »[2]. Pour les écoles aidées (les écoles

---

[2] Le *Dual system* fut conservé intact en 1988, sans qu'il y ait de différence significative pour l'éducation religieuse dans les *voluntary aided schools*. Nous nous concentrerons ici sur les écoles de comté qui sont pleinement subventionnées par l'État.

anglicanes, catholiques, celles de quelques autres dénominations chrétiennes et quelques écoles juives), la plupart des gouverneurs étaient désignés par l'organisme religieux dont elles relevaient et le caractère de l'instruction religieuse était déterminé par les gouverneurs de chaque école. Dans les écoles soumises à un arrangement spécial, l'instruction religieuse suivait généralement le modèle des écoles aidées. Dans les écoles « contrôlées », l'instruction religieuse était identique à celle des écoles de comté, à moins que les parents n'aient opté pour une instruction religieuse d'une dénomination particulière enseignée par des « enseignants réservés ».

La Loi de 1944 rendit obligatoire l'utilisation d'*Agreed Syllabuses* en instruction religieuse dans les écoles de comté (et, normalement, dans les écoles contrôlées). Ces syllabus visaient à permettre aux différentes dénominations chrétiennes de se mettre d'accord localement sur le contenu de l'instruction religieuse. Les premières versions avaient été utilisées dans certaines commissions scolaires depuis le début des années 1920. La Loi de 1944 stipulait que chaque commission scolaire devait mettre sur pied une Conférence du Syllabus comprenant quatre comités qui représentaient l'église d'Angleterre, les autres dénominations chrétiennes, la commission scolaire et les organisations d'enseignants. Dans le pays de Galles, il y avait trois comités, la représentation anglicane étant incluse dans le comité représentant les dénominations religieuses.

En pratique, les « autres dénominations » se limitèrent aux dénominations protestantes, les catholiques ayant concentré leurs énergies sur leurs écoles volontaires (aidées et faisant l'objet d'un arrangement spécial). Aucune autre religion n'était représentée. C'est seulement dans les années 1970 que certaines commissions scolaires interprétèrent la Loi d'une manière libérale comme permettant d'inclure des religions non chrétiennes dans les « autres dénominations ». Entre la publication de l'*Agreed Syllabus* de la ville de Birmingham en 1975 et l'apparition de nouveaux syllabus suite à la Loi sur la Réforme de l'Éducation de 1988, plusieurs nouveaux syllabus incluaient une quantité significative de matériel sur des religions autres que le christianisme en plus d'une étude de la tradition chrétienne reflétant à la fois les changements sociaux en Grande-Bretagne qui résultaient en partie de l'immigration et l'émergence dans les institutions d'enseignement supérieur des sciences religieuses comme discipline séculière avec une orientation globale.

La Loi de 1988 : l'éducation plutôt que l'instruction religieuse

Il faut considérer les changements apportés par la Loi sur la Réforme de l'Éducation de 1988 dans le contexte de l'introduction par le gouvernement d'un curriculum national comportant des disciplines essentielles (*core*) et des disciplines fondamentales (*foundation*) obligatoires. Plusieurs commentateurs ont vu la décision de maintenir des arrangements locaux pour définir les syllabus en éducation religieuse comme une manifestation du manque d'intérêt du gouvernement pour cette discipline. Tel n'était pas le cas. Compte tenu de la diversité religieuse dans différentes parties du pays, on a cru approprié d'adapter le système déjà en place depuis 1944. Le terme « curriculum de base » (*basic curriculum*) fut utilisé pour englober le curriculum national et l'enseignement religieux; c'est au curriculum de base qu'ont droit tous les élèves des écoles publiques (*maintained*) d'Angleterre et du pays de Galles. Rétrospectivement, on a observé qu'immédiatement après 1988, plusieurs écoles se sont concentrées sur les matières essentielles et sur les matières fondamentales du curriculum national, au détriment de l'éducation religieuse.

La Loi de 1988 a retenu plusieurs traits de la Loi de 1944, mais elle a introduit des changements qui renforcent la place de l'éducation religieuse dans le curriculum et reconnaissent certains développements récents dans cette discipline scolaire. Un changement significatif est l'utilisation du terme « éducation religieuse » pour remplacer le terme « instruction religieuse » qui suggérait la transmission délibérée de croyances religieuses. L'enseignement religieux doit maintenant être pleinement éducatif et ses buts et processus doivent être justifiés sur le terrain éducatif. Reconnaissant le besoin pour les différents groupes d'intérêt d'avoir leur mot à dire dans la production des syllabus et la nécessité de tenir compte des circonstances locales, on a retenu en la modifiant la mécanique des *Agreed Syllabuses*. Pour la première fois, la Loi accorde aux représentants de croyances autres que le christianisme une place dans ce qui était autrefois le comité des « autres dénominations » lors des conférences sur les *Agreed Syllabuses*. On a également mis sur pied des Conseils consultatifs permanents sur l'éducation religieuse (*Standing Advisatory Councils on Religious Education, SACRE*) dont les fonctions incluent la surveillance de l'utilisation des *Agreed Syllabuses* et le pouvoir d'exiger qu'une commission scolaire organise une conférence pour réviser l'*Agreed Syllabus* local. Les SACRE ont une composition qui reflète celle des conférences sur les *Agreed Syllabuses* et ils peuvent coopter des membres additionnels.

Parce qu'elle est située à l'extérieur du curriculum national, l'éducation religieuse n'a pas été soumise aux procédures nationales d'évaluation et n'est pas devenue une matière fondamentale. Cela a permis de garantir que les *Agreed Syllabuses* reflètent les situations locales et qu'ils soient le produit de la contribution des différents groupes d'intérêts qui constituent la conférence locale du syllabus. Les directives non statutaires du Département de l'Éducation et de la Science (DES, 1989) stipulaient que les conférences sur l'*Agreed Syllabus* pourraient décider d'inclure dans le syllabus des procédures d'évaluation semblables à celles établies pour les disciplines du curriculum national. Plusieurs projets sont apparus, particulièrement au Collège Westhill à Birmingham et à l'Université d'Exeter pour explorer les questions que soulève l'évaluation de l'éducation religieuse (FARE, 1991; Westhill College, 1989, 1991).

La Loi de 1988 exige que tout nouvel *Agreed Syllabus* « reflète le fait que les traditions religieuses en Grande-Bretagne sont chrétiennes pour la plupart, tout en tenant compte de l'enseignement et des pratiques des autres principales religions représentées en Grande-Bretagne » (Education Reform Act, section 8.3). Il n'est pas dit que l'enseignement religieux doit devenir de l'instruction chrétienne. D'ailleurs, la Loi interdit explicitement l'endoctrinement. Les nouveaux *Agreed Syllabuses* devaient à la fois accorder à l'étude du christianisme l'attention qu'elle mérite, quel que soit l'endroit où on se trouve dans le pays, et ils devaient aussi prendre en considération les autres principales religions représentées en Grande-Bretagne. Ce n'était plus une décision laissée aux commissions scolaires.

La Loi place également l'éducation religieuse dans le contexte de l'ensemble du curriculum des écoles publiques (*maintained*) qui « doit être équilibré et englobant » et qui doit promouvoir « le développement spirituel, moral, culturel, mental et physique des élèves à l'école et dans la société... » (Education Reform Act, 1, 2, par. 2). Ainsi, l'éducation religieuse, en plus d'être équilibrée et ouverte, ne devrait pas être simplement l'étude des religions, mais, tout comme le reste du curriculum, elle devrait rejoindre l'expérience des élèves de manière à contribuer à leur développement personnel.

L'absence d'attention des politiciens à la recherche et à la réflexion sur l'éducation religieuse qui se poursuit depuis le début des années 1960 constitue une caractéristique troublante du débat sur l'éducation religieuse qui a eu lieu lors de la passation de la Loi sur la Réforme de l'Éducation au Parlement. Le débat de 1988 a souvent été réduit à une dispute simpliste sur le contenu de l'éducation religieuse : devrait-il être « chrétien » ou devenir un *mishmash* multireligieux (Alves, 1991) ? Un des effets de cette situation a été l'apparition d'une avalanche de prises de positions de certains politiciens supportant une forme d'exclusivisme religio-culturel et réclamant un enseignement confessionnel du christianisme comme un moyen de préserver la « culture britannique » et de maintenir l'ordre moral de la société (Coombs, 1988; Jackson 1989).

Outre le désarroi ressenti par les professionnels de l'éducation religieuse devant la transformation en arène théologique et politique d'une partie vitale du curriculum, le débat occultait le fait que la crise réelle de l'éducation religieuse en Angleterre et dans le pays de Galles résidait dans la pénurie chronique de ressources pour le personnel enseignant, la formation des maîtres et le matériel pédagogique[3]. Cette situation catastrophique fut confirmée par une enquête sur les écoles secondaires menée par le Culham College Institute (Christianity RE Programme News, 1989) et se dégageait des rapports

---

[3] Cette pénurie est démontrée, statistiques à l'appui, dans une publication du Conseil sur l'éducation religieuse en Angleterre et au Pays de Galles (REC, 1988, 1990).

des inspecteurs d'écoles de Sa Majesté et, récemment, de ceux des équipes d'inspection de l'Office pour les standards en éducation (OFSTED, 1994, 1995; Orchard, 1991). En 1996, le Département de l'éducation et de l'emploi (la nouvelle appellation du Département de l'Éducation et de la Science) a finalement reconnu que l'enseignement religieux était une matière sous financée, au moins au niveau secondaire, et l'Agence de la formation des maîtres, un organisme gouvernemental, a augmenté le nombre de places dans les programmes de formation en enseignement religieux des institutions d'enseignement supérieur. Il reste à voir quels seront les effets de ce changement récent de politique.

Le trait le plus positif de la législation de 1988, même s'il s'agissait d'un compromis, fut de confirmer la nature éducative de l'éducation religieuse et de garantir que les religions principales de la Grande-Bretagne soient étudiées comme une partie du programme de tous les élèves dans les écoles de comté subventionnées par l'État.

Développements politiques depuis 1988 : les pressions de la droite chrétienne

Depuis 1988, l'éducation religieuse a été considérée par la droite radicale comme un moyen potentiel pour régénérer les valeurs morales, l'identité culturelle « British » chez les jeunes et le christianisme comme religion et force morale de l'État. On rejette l'idée que des citoyens britanniques apprennent des valeurs personnelles et sociales de citoyens britanniques qui sont affiliés à des religions autres que le christianisme. Les partisans de cette position ont tenté de donner une orientation conservatrice à la Loi de 1988 et à promouvoir des vues étroites dans les directives et les lois non statutaires subséquentes. La position de la droite radicale est implicite dans les positions du Centre for Policy Studies qui a influencé la politique gouvernementale en éducation et elle a été diffusée dans des écrits généraux sur l'éducation par des membres de groupes de pression de droite, restreints mais très actifs, qui ont pris comme cible l'enseignement religieux ou des champs connexes comme les célébrations collectives, l'établissement d'écoles religieuses séparées pour les minorités religieuses et le développement spirituel. Le Christian Institute (Burn, Hart & Holloway, 1991, Hart, 1991), la Campagne pour l'éducation véritable (Flew & Naylor, 1996) et l'Alliance des parents pour le choix en éducation (PACE) occupent une place centrale dans ces débats.

Concernant plus spécifiquement l'éducation religieuse, la réaction s'est amorcée par une attaque virulente de « l'éducation multireligieuse » (*multifaith RE*) et des syllabus multireligieux qui avaient fait leur apparition à partir du milieu des années 1970 après celui de Birmingham et qui s'étaient répandus dans les années 1980. Burn & Hart (1988) combinèrent les idées politiques de la droite radicale et celles de la théologie évangélique. Les éducateurs « libéraux » engagés dans l'éducation religieuse furent plutôt lents à prendre au sérieux ce mouvement réactionnaire, en particulier parce que les arguments de la droite étaient souvent pauvres, reposant sur l'invective politique plutôt que sur l'expertise scientifique. Cependant, Burn et Hart ne manquaient pas d'astuce politique, distribuant leur littérature aux membres des deux Chambres du Parlement et cultivant leurs relations avec des politiciens comme la baronne Cox à la Chambre des Lords et Lady Olga Maitland et Michael Allison aux Communes.

De leur côté, les professionnels de l'éducation religieuse ont commencé à se mobiliser. Le Professional Religious Education Group (PREG) a été formé en 1991. Il réunissait les membres du Religious Education Council of England and Wales, le Professional Council for Religious Education (l'association nationale des spécialistes en enseignement religieux), la section des sciences religieuses de la National Association of Teacher in Further and Higher Education (NATFHE), l'Association of Religious Education Advisers and Inspectors et la Conference of University Lecturers in Religious Education. Le PREG a joué plusieurs rôles dont les interventions auprès des politiciens des deux Chambres : la coordination des réponses aux consultations sur le Livre Blanc de 1992 sur l'éducation et au projet de circulaire soumis à la consultation par le Département de l'éducation en 1993, l'organisation de rencontres avec le Ministre d'État à l'Éducation de l'époque, la baronne Blatch, et la réponse aux arguments du lobby du Christian Institute (Jackson, 1992).

Parallèlement, d'autres acteurs du monde de l'éducation religieuse ont cherché à répondre aux arguments de la droite radicale. Il faut souligner tout particulièrement le travail de John Hull, professeur d'éducation religieuse à l'Université de Birmingham, dont les commentaires furent si efficaces qu'il fut l'objet de diffamation par un collègue d'extrême droite à la Chambre des Lords. Les commentaires de Hull sur l'enseignement religieux et sur la célébration collective[4] constituaient une interprétation libérale habile qui fut endossée dans l'avis légal réclamé par Kenneth Clarke en 1990 lorsqu'il était Secrétaire d'État pour l'Éducation et qui est discuté plus loin (Hull, 1989). Hull publia par la suite une analyse dévastatrice du langage utilisé par les critiques de « l'éducation multireligieuse », en particulier de leur utilisation de métaphores méprisantes. Suite à la publication de la Circulaire 1/94 qui interprétait la Loi de 1988 d'une manière fortement réactionnaire, il exprima des regrets de ne pas avoir attaqué plus tôt les clauses de la Loi sur la célébration collective[5]. Parmi les critiques de la ligne de pensée de Burn et Hart, il faut mentionner Trevor Cooling (1994), un auteur chrétien évangélique qui adopte sur l'éducation religieuse une

---

[4] Il n'y a pas d'espace ici pour traiter en détail de la célébration collective. La Loi de 1944 exigeait des actes quotidiens de « célébration *(worship)* collective », mais elle ne spécifiait pas l'objet de la célébration. En plus de la législation sur l'éducation religieuse, la Loi de 1988 ajoutait des clauses nouvelles sur la célébration collective. Dans les années 1970, plusieurs écoles organisaient des « assemblées » qui traitaient parfois des sujets religieux, mais qui souvent exploraient des questions morales ou des questions qui touchaient la communauté. Si l'on fait exception de l'utilisation d'hymnes, de chants et de prières occasionnelles, plusieurs assemblées pouvaient difficilement être décrites comme des « célébrations » au sens conventionnel. La Loi de 1988 changea cela en exigeant que les actes quotidiens de célébration collective soient « pleinement ou principalement de caractère largement chrétien » (Section 8.3) Les directives non statutaires qui ont suivi la loi (DES, 1989) permettaient une interprétation libérale des exigences de la Loi; des matériaux séculiers, ainsi que des matériaux empruntés aux religions autres que le christianisme furent considérés comme appropriés dans les célébrations collectives, pourvu qu'ils soit compatibles avec « les traditions de la foi chrétienne entendues au sens large ». Dans son commentaire sur la Loi, John Hull (1989) a soutenu des vues similaires. Comme on le verra, la Circulaire 1/94 opta pour une voie beaucoup plus dure (DES, 1994).

[5] Voir les éditoriaux du *British Journal of Religious Education* en 1994-95 et Copley, 1996.

position très différente de celle de la droite évangélique.

Il faut également mentionner des porte-paroles de l'Église d'Angleterre sur l'éducation. L'Église, par la voix de Graham Leonard alors évêque de Londres, défendit une éducation religieuse pluraliste contre la baronne Cox et d'autres à la Chambre des Lords, ce qui a permis un compromis dans la Loi de 1988. Alan Brown, officier d'éducation pour l'Église d'Angleterre, s'impliqua activement dans la recherche d'une solution juste et multireligieuse pendant et après le débat sur la Loi. La position de l'Église d'Angleterre avait suscité les critiques du lobby du Christian Institute.

Il y a beaucoup d'autres complots secondaires. Entre autres, les Ministres ont placé des membres du *Christian Institute* sur des organisations quasigouvernementales influentes (quangos), mais non élues. Jonh Burn fut désigné comme membre du National Curriculum Council (NCC) et devint subséquemment (et est encore) membre du School Curriculum and Assessment Authority Council (SCAA) (Robson, 1996). Colin Hart fut nommé membre du Religious Studies Panel du Schools Examinations and Assessment Council (SEAC) jusqu'à la fusion du SEAC et du National Curriculum Council pour former la School Curriculum and Assesment Authority, même s'il n'avait jamais été enseignant en éducation religieuse ni même examinateur dans cette matière[6].

Quelques exemples de ces confrontations

Pour illustrer la politique depuis 1988, j'ai choisi cinq « anecdotes » impliquant des confrontations entre la droite chrétienne et les professionnels de l'éducation religieuse ou qui indiquent un durcissement et un rétrécissement de la politique gouvernementale sur l'éducation religieuse depuis 1993-94.

---

[6] Voir Robson (1996) pour un compte rendu plus détaillé. Voir aussi Palmer (1993,1994) pour une discussion plus générale des politiques d'éducation religieuse pendant cette période.

Les *Agreed Sylabuses* de Ealing et de Newham

En 1990, l'école chrétienne et l'école Tyneside, les précurseurs du soi-disant Christian Institute, ont contribué à orchestrer une plainte au Secrétaire d'État à l'Éducation concernant les nouveaux *Agreed Syllabuses* dans les quartiers londoniens très multiethniques d'Ealing et de Newham alléguant que les syllabus n'étaient pas « principalement chrétiens » et ne respectaient donc pas la lettre de la clause 8.3 de la Loi de 1988. Avant de répondre, le Secrétaire d'État, Kenneth Clarke demanda un avis légal sur l'interprétation de la section 8.3. Les points suivants sont tirés du rapport de l'avocat qui fut consulté. Les passages en italiques sont des citations directes de ce rapport :

- On ne devrait pas utiliser des expressions restrictives, comme par exemple « avec une prédominance chrétienne », pour décrire le caractère de l'éducation religieuse.

  Toute expression restrictive reflétera les vues de l'auteur sur la signification de la Section 8.3 et a des chances d'introduire des éléments de hiérarchie, comme le fait l'expression « avec une prédominance chrétienne ».

- L'éducation religieuse doit inclure de l'information sur toutes les religions principales représentées en Grande-Bretagne :

  ...Il faut donner de l'information sur toutes les principales religions. En outre, selon moi, une commission scolaire ne peut (a) adopter un point de vue purement local, (b) se confiner à l'éducation religieuse basée sur les traditions chrétiennes ou (c) exclure de son enseignement l'une ou l'autre des principales religions représentées en Grande Bretagne.

- Les *Agreed Syllabuses* devraient inclure suffisamment de contenu pour que les enseignants sachent ce qui devrait faire partie des schémas de travail en éducation religieuse[7].

L'opinion de l'avocat représentait essentiellement l'interprétation de la clause 8.3 que la plupart des professionnels de l'éducation religieuse avaient déjà adoptée et elle n'aurait pas pu être plus favorable à l'approche multireligieuse. Le bureau du Secrétaire d'État envoya une lettre à tous les principaux officiers d'éducation,

---

[7] Opinion légale non publiée datée du 12.6.90.

faisant mention de certains des points mentionnés ci-dessus[8]. Cependant, des parlementaires de droite émirent des communiqués de presse déformant le contenu de la lettre du Département d'Éducation qui aurait selon eux supporté une politique « d'éducation religieuse chrétienne ». Ces communiqués, diffusés avant même que les officiers d'éducation aient reçu la lettre, ont servi de base à des comptes rendus de la radio et des journaux, donnant l'impression erronée que la politique avait changé. Le seul changement significatif indiqué dans la lettre et intégré plus tard dans la législation concerne les détails exigés dans un *Agreed Syllabus*. Dorénavant, ceux-ci ne peuvent plus se contenter de brèves indications de principes et à quelques exemples de mise en œuvre de ces principes. Ils doivent inclure suffisamment de contenu pour que les enseignants sachent ce que doivent contenir les plans de travail en éducation religieuse élaborés dans l'école.

Une seconde attaque des nouveaux syllabus

Avec le départ de Kenneth Clarke du Département d'Éducation et l'arrivée de John Patten comme Secrétaire d'État et de la baronne Blatch comme Ministre d'État, la voix de la droite radicale avait une oreille plus sympathique à ses vues sur l'éducation religieuse. Suite à une analyse des nouveaux *Agreed Syllabuses* par le National Curriculum Council, le Département d'Éducation, à la demande de la baronne Blatch, exigea de certaines commissions scolaires qu'elles précisent les actions qu'elles entendaient prendre pour s'assurer que leur syllabus « soit clairement en conformité avec les exigences de la loi ». Encore une fois les journaux (s'appuyant sur des communiqués de presse) ont déformé les faits et ont répandu la perception erronée que certaines commissions scolaires avaient enfreint la loi. Les syllabus en question avaient été rédigés après la Loi de 1988, mais avant la lettre du Département d'éducation de mars 1992 qui incorporait des points de l'avis légal cité ci-dessus. Ainsi, si certains des syllabus avaient besoin d'une révision, c'était simplement pour ajouter plus de

---

[8] Lettre du Département d'Éducation aux officiers d'éducation datée du 18 mars 1991. La lettre inclut des extraits de l'avis légal donné au Secrétaire d'État, Kenneth Clarke.

détails pour les enseignants et non pour changer l'équilibre de leur contenu.

Le Livre Blanc et la Législation de 1993

En préparant sa politique encourageant la formation d'écoles publiques subventionnées (*Grant Maintained Schools*), le gouvernement publia en juillet 1992 un document de consultation intitulé « Choix et diversité ». Même si le « Livre Blanc » concernait principalement la question des écoles publiques subventionnées, il comprenait quelques points concernant l'éducation religieuse, en particulier une clause controversée proposant que ces écoles puissent choisir un *Agreed Syllabus* de n'importe où dans le pays, peu importe si cette école se trouve dans une région urbaine ou rurale. La proposition laissait ainsi ouverte à ces écoles, situées dans une localité fortement multireligieuse, la possibilité de choisir un syllabus d'une région rurale « monoculturelle ». Plusieurs corps professionnels ont signalé leurs objections à cette proposition, soulignant les dangers d'une possible utilisation raciste de la loi, mais on les a ignorés et la proposition est réapparue dans le projet de loi de 1992 et dans la législation subséquente de 1993.

Le projet de loi sur l'éducation de 1992, fondé sur le Livre Blanc, fut débattu au Parlement. Lors des débats, la baronne Cox introduisit un amendement préliminaire visant à modifier la loi pour que le contenu chrétien soit plus important dans l'éducation religieuse. Lord Judd, le porte-parole de l'oppositon travailliste, résista vigoureusement à ses arguments et défendit une conception « professionnelle » et englobante de l'éducation religieuse. La baronne retira son amendement, mais encore une fois, il y a eu beaucoup de publicité faite à ceux qui défendent « l'héritage culturel » chrétien.

La Loi de l'éducation de 1993 incluait le point sur les *Agreed Syllabuses* mentionné plus haut et exigeait que les commissions scolaires désignent un représentant des écoles publiques subventionnées (*Grant maintained schools*) de leur région au SACRE local et aux conférences sur les *Agreed Syllabuses*. De plus, la nouvelle loi exigeait une révision des *Agreed Syllabuses* tous les cinq ans. Deux autres exigences furent introduites sous la pression du lobby du Christian Institute et de ses supporteurs. Tout d'abord, les rencontres du SACRE devraient être ouvertes au public. En second lieu, tant dans le SACRE que dans les conférences sur les *Agreed Syllabuses*, la composition du comité A, celui qui inclut des représentants des autres dénominations et des autres religions, devrait refléter largement l'importance relative des groupes religieux locaux (Education Act, 1993, para. 26-27). Ni l'une ni l'autre de ces exigences n'eut l'effet espéré par le Christian Institute. Les membres du public n'ont pas fait la file pour assister aux rencontres du SACRE et certaines des conférences du SACRE et celle portant sur les *Agreed Syllabuses* ont utilisé leurs pouvoirs pour coopter des membres non votants afin d'assurer la contribution des représentants des minorités religieuses.

Les syllabus nationaux modèles

Une autre anecdote concerne le rôle de Barbara Wintersgill, l'officier professionnel en éducation religieuse au National Curriculum Council, qui occupa jusqu'en 1996 une fonction équivalente à la School Curriculum and Assessment Authority. Wintersgill a réussi à maintenir une orientation libérale à travers tous ces débats politiques et elle a réalisé un exploit remarquable en réunissant des représentants de plusieurs traditions religieuses pour produire des « syllabus modèles » nationaux qui incluent du matériel sur six religions présentes en Grande-Bretagne (le christianisme, le judaïsme, l'islam, l'hindouisme, le bouddhisme et le sikkhisme). La production de ces syllabus modèles est largement le résultat d'un coup de tête de John Patten, alors Secrétaire d'État à l'Éducation, dont le scepticisme sur les arrangements locaux pour élaborer les syllabus en éducation religieuse l'amena à penser que des modèles nationaux pourraient produire plus d'uniformité et des standards plus élevés. Les deux modèles (SCAA, 1994) ne sont pas statutaires et sont mis à la disposition des conférences sur les *Agreed Syllabuses* qui peuvent choisir d'en emprunter ou d'en modifier des parties ou de les ignorer. Le processus de production des syllabus était dicté par les échéances prescrites par les politiciens. Le choix et la consultation des membres des groupes religieux en ont été affectés et la SCAA n'a pu réaliser « l'éventail » de modèles qu'elle avait comme mission de produire. La vive opposition de la droite radicale à tout modèle « thématique » qui juxtaposait du matériel emprunté à différentes religions[9] et sa volonté d'avoir un haut pourcentage d'études chrétiennes spécifié pour chaque stade de développement (*key stage*)[10] ont influencé le processus. Vers la fin, il y eut une forte intervention du lobby de la droite, ce qui a conduit à une interférence politique claire du Département d'Éducation. Cependant, il y eut aussi des pressions politiques intenses des membres des groupes religieux présents sur le groupe responsable de la rédaction des syllabus, ce qui se solda par un résultat d'une certaine qualité, quoique peu inspirant.

Pour protester contre la marginalisation des représentants de l'enseignement supérieur dans l'élaboration des syllabus et pour tenter d'élargir l'éventail des approches offertes dans les syllabus de la SCAA, un groupe de professeurs rédigèrent un modèle « alternatif » de syllabus qu'ils ont publié et commenté (Baumfield, Bowness & *al.*, 1994a, 1994b, 1995). En réponse, Barbara Wintergill (1995) fit une défense inspirée de l'approche de la SCAA.

Les modèles de syllabus ont de fait eu une influence plutôt limitée et les conférences sur les Agreed Syllabuses mises sur pied par les commissions scolaires ont eu tendance à les utiliser d'une manière très sélective qui fait place à la créativité. Par exemple, le syllabus de Warwickshire utilise une version modifiée des buts définis dans un des syllabus pour produire un syllabus entièrement original qui inclut en annexe le glossaire très utile de la SCAA (Warwickshire, 1996). L'élément-clé de cet exercice fut l'implication de différents groupes religieux au niveau national, mais la façon dont les traditions sont représentées dans les modèles tend vers l'essentialisme et soulève des problèmes sérieux d'interprétation (Everington, 1996).

---

[9] Voir Hull (1991) sur leur crainte de « pollution ».

[10] Les stades de développement furent introduits lorsque le National Curriculum fut établi en 1988. Le stade 1 comprend les enfants de 5-7 ans, le stade 2, ceux de 7-11 ans, le stade 3, ceux de 11-14 ans et le stade 4, ceux de 14-16 ans.

La circulaire de 1994 : la prédominance du christianisme

La dernière anecdote concerne la publication de directives non statutaires par le Département d'Éducation en 1994. Des circulaires envoyées à chaque école constituent le moyen habituel de communiquer les interprétations courantes de la loi par le gouvernement, mais, comme on le lit dans ces circulaires, « ces documents ne constituent pas une interprétation légale autorisée de la Loi sur l'éducation; c'est là une question pour les cours de justice » (DFE, 1994). La première circulaire distribuée peu de temps après la publication de la Loi de 1988 (DES, 1989) en donnait une interprétation libérale. Mais la version préliminaire de la seconde circulaire soumise pour commentaire à l'automne 1993 causa une grande consternation parmi les professionnels et plusieurs organismes firent parvenir des commentaires critiques au Département d'Éducation. La Circulaire 1/1994 fut publiée le 31 janvier 1994 et le manque de considération par le Département des avis des organismes professionnels, des associations d'enseignants et des groupes religieux causa un grand désarroi. La circulaire infléchissait un virage à droite plus marqué que la version préliminaire dans l'interprétation des clauses sur l'enseignement religieux et la célébration collective dans la Loi sur la réforme de l'éducation.

L'interprétation de la section 8.3 de la Loi de 1988 donnée dans la Circulaire 1/94 est très différente en effet de celle donnée par l'avocat qui avait été consulté par le Département d'Éducation lorsque Kenneth Clarke était Secrétaire d'État. On introduit plusieurs expressions qui reflètent le langage des supporteurs parlementaires du Christian Institute. Par exemple, on introduit la notion « d'héritage chrétien » qui n'est pas mentionnée dans la législation :

> La législation gouvernant l'éducation religieuse...est conçue...pour assurer que les élèves acquièrent une connaissance approfondie du christianisme reflétant l'héritage chrétien de ce pays et une connaissance des autres religions principales représentées en Grande-Bretagne (Circular 1/94....)

Plus important encore, les termes « prédominant » et « prédomine » utilisés pour déterminer la place du christianisme dans les syllabus. Cette terminologie avec ses connotations de pouvoir supérieur et de domination provient directement de la littérature du Christian Institute (Burn & Hart, 1988). On se rappellera que l'avis légal cité par le Département d'Éducation dans sa lettre aux officiers d'éducation le 18 mars 1991 s'élevait spécifiquement contre l'utilisation d'expressions restrictives comme « avec une prédominance chrétienne » dans son interprétation de la section 8.3 de la Loi. La circulaire inclut pourtant les passages suivants :

> L'éducation religieuse dans les écoles devrait chercher : à développer la connaissance, la compréhension et la sensibilité des élèves par rapport au christianisme comme religion prédominante en Grande-Bretagne et par rapport aux autres principales religions représentées dans le pays; encourager le respect de ceux qui ont des croyances différentes; et promouvoir le développement spirituel, moral, culturel et mental des élèves (para. 16, p. 12).

> Dans l'ensemble et à chaque stade de développement, la portion relative du contenu consacré au christianisme dans le syllabus devrait prédominer. Le syllabus dans son ensemble doit aussi inclure toutes les principales religions représentées dans le pays (para. 35).

Dans ce second passage, on donne une interprétation très étroite de la section 8.3 de la Loi et, encore une fois, cette interprétation est très différente de celle de l'avocat du Département d'Éducation; cette interprétation est en outre si directe et si spécifique qu'elle apparaît s'éloigner de la signification claire de la loi.

En ce qui a trait à la célébration collective, certaines interprétations nouvelles sont avancées et les écoles sont aux prises avec des avis paradoxaux. Pour qu'une célébration soit reconnue comme telle, il faut qu'elle « soit liée à la révérence ou à la vénération accordée à un être ou à un pouvoir divin », mais cette célébration « aura nécessairement un caractère différent de celle des membres d'un groupe qui partagent des croyances communes » (57). La participation à la célébration collective signifie plus qu'une assistance passive; elle devrait permettre « de susciter une réponse des élèves » (59). Les actes de célébration collective devraient viser à fournir aux élèves l'opportunité d'adorer Dieu (50); ils doivent aussi contenir des éléments qui « accordent un statut spécial à Jésus Christ » (63). Et pourtant, les actes de célébration collective ne devraient pas inclure « des éléments qui pourraient compromettre l'intégrité religieuse des élèves des autres traditions religieuses qui y participent » !

Ces contradictions étaient présentes dans la version préliminaire de la circulaire qui avait été fortement critiquée lorsque soumise à la consultation. Par exemple, le Board of Deputies of British Jews avait souligné la nature offensante de la section du document référant à « Jésus Christ » :

> Ce paragraphe… a causé un désarroi général dans la communauté juive. Même si nous pouvons accepter que la célébration collective ait un caractère largement chrétien en soulignant un code éthique et moral acceptable et universel, l'inclusion d'une référence spécifique à Jésus de Nazareth est inacceptable pour les élèves de traditions familiales non chrétiennes (Board of Deputies of British Jews, 1993).

Le Board of Deputies of British Jews suggérait la reformulation suivante pour enlever le passage offensant :

À la lumière de la Loi sur Réforme de l'Éducation de 1988 qui stipule que la célébration collective organisée par l'école doit être « totalement ou principalement de caractère largement chrétien », l'acte de célébration doit mettre principalement l'accent sur les grandes traditions du christianisme (*Ibid.*)

Toutefois, le passage original a été retenu sans changement dans la version publiée de la Circulaire 1/94. Voilà ce qu'on appelle de la consultation! Les paragraphes sur la célébration collective de la Circulaire 1/94 ont suscité beaucoup de colère dans la profession enseignante, entre autres par ce qu'elle laisse sous-entendre sur les élèves et les enseignants sans appartenance religieuse, et beaucoup d'indices laissent croire qu'ils ne sont pas observés[11]. Le débat n'est certainement pas prêt de s'éteindre (ATL, 1995; Dainton, 1995).

---

[11] Sur cette question, voir Cooper (1995).

Conclusion

Si on reste en surface, les anecdotes racontées ici pourraient apparaître comme une série décourageante de batailles, de victoires héroïques, d'impasses et de tragédies teintées de comédie. Mais il faut se rappeler qu'en dépit d'un conflit permanent, l'éducation religieuse en Angleterre et au pays de Galles a connu une révolution s'y rapportant au moins dans la législation. Selon la loi, cette matière scolaire est sans équivoque « éducative » et « non endoctrinante ». Les « principales religions » doivent être étudiées par chaque enfant, où qu'il soit dans le pays et, dans les syllabus nationaux modèles, il y a une reconnaissance officielle d'au moins six traditions religieuses majeures.

S'il est un message qu'on peut adresser à un autre pays (ou province) démocratique dont le système d'éducation diffère du système britannique, c'est que le passage d'un programme d'éducation religieuse étroitement confessionnel à un programme plus ouvert et d'une approche centrée sur une seule religion à une approche multireligieuse sera inévitablement contesté à toutes les étapes et c'est peut-être bon qu'il en soit ainsi.

Il faut prendre un recul par rapport à l'actualité immédiate de l'activité politique pour analyser ce qui s'est passé en Angleterre et au pays de Galles. La question fondamentale semble être celle de définir la composante religieuse et culturelle de l'identité nationale. La droite radicale voit une culture monolithique menacée par l'influence des cultures et des religions étrangères. Dans ses formes les plus extrêmes, la position de la droite radicale est profondément raciste. Le racisme n'est en aucune manière un phénomène nouveau au Royaume-Uni et, bien sûr, le caractère particulier de la situation britannique a son origine dans le passé colonial. La plupart des citoyens noirs et asiatiques sont des descendants de peuples colonisés et les attitudes populaires que reflètent les médias ont tendance à être conditionnées et influencées par la mémoire d'un sentiment de supériorité culturelle et raciale (Said, 1981). Je dis bien « culturel » ainsi que « racial », car pendant les années 1980, il y a eu une augmentation marquée de ce que certains auteurs appelle le « racisme culturel » (Modod, 1992) ou le « nouveau racisme » (Barker, 1981) qui se fonde sur une supposée incompatibilité des traditions culturelles plutôt que sur la supériorité « biologique ». Il y a eu plusieurs cas patents de cette forme de racisme dans le débat sur l'éducation religieuse. Un bon exemple est l'affirmation suivante d'un membre de la Chambre des Lords pendant le débat de 1988 sur la Loi sur la Réforme de l'Éducation :

> Si nous considérons la foi et les préceptes religieux comme le principe spirituel vital (*spiritual life-blood*) de la nation et de tous ses citoyens, l'instruction religieuse ne peut pas plus être administrée efficacement par et à des personnes de religions différentes de la même manière qu'une transfusion sanguine ne peut être donnée de façon sécuritaire sans s'assurer d'abord de la compatibilité des groupes sanguins… Le mélange sans discrimination du sang peut s'avérer dangereux, tout comme celui des religions en éducation (Chambre des Lords, 3 mai, 1988, col. 419. Cité dans Hull, 1991, p. 17)

On trouve ici une association de la religion et de la « race » dans l'utilisation d'une métaphore puissante, une conception explicitement « fermée » de la culture et de la religion et le postulat d'une relation étroite entre la citoyenneté dans l'État et une forme particulière de foi religieuse.

La façon de s'attaquer à l'apartheid culturel de la droite radicale est de démontrer sa fausseté. Non seulement y a-t-il une abondance de données empiriques qui montrent que les cultures de la majorité et de minorités sont marquées par la diversité interne, par la négociation et la contestation (Said, 1978; Clifford, 1986; Jackson, 1995), mais il est aussi de plus en plus clair que les descendants de migrants ne sont pas « pris entre » deux cultures, mais deviennent souvent des « navigateurs culturels habiles » (Ballard, 1994) et compétents dans tout un éventail de sphères culturelles (Jackson, 1997; Jackson & Nesbitt, 1993). Les composantes de leur identité sociale incluent le fait d'être anglais, britanniques, gallois, canadien, québécois ou quoi que ce soit (même si ces catégories ethniques elles-mêmes ne sont pas fixes) ainsi que le fait d'être chrétien, humaniste, musulman ou sikh et il y a beaucoup d'autres ingrédients et d'influences potentiels qui n'ont aucune raison de menacer le sentiment d'identité nationale (Bauman, 1996; Gillespie, 1995; Jacobson, 1996).

Les luttes politiques sont inévitables, mais elles ne

devraient pas empêcher la recherche d'une éducation religieuse socialement juste. Si l'on veut que la discipline se développe, les travaux théoriques, les recherches empiriques et le développement du curriculum doivent se poursuivre, tout comme le débat politique. Pour ce qui est des structures, il faut être pragmatique et partir du point où l'on est dans le système où on se trouve. Si ce système est confessionnel, on aura besoin d'un support théologique en faveur d'une approche multireligieuse, en plus des justifications éducatives, sociales et morales, et les minorités religieuses doivent avoir la possibilité de faire entendre leur voix dans ce processus de développement. Dans le cas des aumôneries financées par les fonds publics dans les prisons et les hôpitaux du Royaume-Uni, une recherche a montré que les structures de l'Église d'Angleterre peuvent faciliter l'accès au rôle d'aumônier pour des membres des minorités (Bechford & Gilliat, 1996), même si le danger de paternalisme est toujours présent.

Si l'on veut que l'éducation financée par les fonds publics contribue à la promotion de la justice et de l'équité (comme valeurs d'une démocratie libérale pluraliste), la forme idéale d'éducation religieuse dans les écoles financées par l'État serait peut-être celle qui serait « séculière » sans être « séculariste ». L'éducation religieuse devrait être séculière de la même manière que l'Inde se considère comme un pays séculier plutôt que comme un pays faisant la promotion du sécularisme; cela ne devrait pas impliquer une interprétation générale de la religion comme humanisme séculier. En Inde, le fait de se définir comme un État séculier est entendu comme une garantie de liberté religieuse et de l'impartialité de l'État à l'égard de la diversité religieuse et autre. Adopter un point de vue semblable dans le domaine de l'éducation religieuse, c'est prendre une position pragmatique plutôt qu'idéologique. C'est peut-être la seule façon de s'assurer que les diverses religions feront l'objet d'un traitement équitable dans les écoles.

La difficulté est que certains participants au débat sur l'éducation religieuse auront des vues religieuses qui rejettent la notion d'ouverture et d'impartialité. Une épistémologie fondée sur l'autorité de la révélation est en tension avec une conception de la connaissance fondée sur la raison et l'expérience. Il n'y a pas de moyen de surmonter cette difficulté et de maintenir une approche multireligieuse équitable et juste. Il y a cependant des façons meilleures que d'autres d'en tenir compte. Une solution pragmatique impliquerait que ceux qui soutiennent la vérité et l'application universelle d'un mode de vie particulier devraient reconnaître qu'il y a d'autres personnes qui adhèrent avec une égale sincérité à des croyances différentes ou qui vivent selon d'autres modes de vie. Cette approche pourrait fonctionner sans qu'on ait besoin d'un ensemble de valeurs partagées. Par exemple, un principe fondamental d'une société ouverte — la liberté de suivre un mode de vie religieux ou séculier particulier — devrait être accepté comme base pragmatique, sinon théologique ou épistémologique, de l'éducation religieuse. On devrait également se mettre d'accord pour appliquer avec sensibilité des méthodes et des standards académiques, même si ces méthodes sont elles-mêmes ouvertes à l'examen critique des commentateurs situés à l'intérieur des traditions religieuses et séculières. Par exemple, le débat sur la relation entre l'autonomie personnelle et diverses formes d'éducation religieuse serait informé et enrichi par différentes perspectives séculières et religieuses sur l'individualisme, la responsabilité et l'autorité.

Les ressources reflétant la compréhension de différentes disciplines académiques devraient être utilisées en même temps que celles qui présentent les perceptions de divers adeptes des traditions religieuses. Pour les élèves, le développement des habiletés nécessaires pour comprendre divers modes de vie serait essentiel, de même que la capacité de se former des jugements qui tiennent compte de la perspective de chaque personne[12].

Des enseignants spécialistes seraient exigés à chaque niveau pour enseigner, pour coordonner les contributions des communautés religieuses et pour organiser la formation en cours d'emploi. Ils devraient être recrutés pour leurs connaissances et leurs habiletés professionnelles, sans égard au fait qu'ils soient affiliés ou non à une tradition religieuse ou séculière. L'école devrait avoir

---

[12] Je soutiendrais que le but principal est de promouvoir une compréhension du matériel religieux en permettant en particulier de saisir la « grammaire » du discours de groupes religieux et de traditions religieuses.

une politique commune reconnaissant le caractère central de la foi et de la pratique religieuse dans la vie de certains de ses élèves et affirmant la valeur de tous les enfants, que leurs racines soient religieuses ou séculières. Certains ne voudront jamais prendre part à une telle approche impliquant l'échange d'expériences religieuses (*conversational*), mais je crois que des éducateurs et des parents représentant un large éventail de positions religieuses — particulièrement ceux qui ont des positions conservatrices et qui se sentent présentement marginalisés ou exclus de l'élaboration des politiques en éducation religieuse — pourraient décider d'y apporter leur contribution.

Nous n'en sommes pas encore là en Grande-Bretagne. Les débats sur l'héritage et la culture se poursuivront et nous devons vivre avec le paradoxe de l'exigence légale d'une célébration collective et d'une loi qui dit qu'il ne devrait pas y avoir d'endoctrinement en éducation religieuse. Toutefois, je soutiendrais que la section 8.3 de la Loi de 1988, en dépit de quelques problèmes de formulation, constitue un pas important dans une direction qui, en principe, permet cette sorte d'éducation religieuse. De plus, même si les aménagements structuraux ont besoin de quelques réformes, l'établissement dans chaque commission scolaire de Comités consultatifs permanents sur l'éducation religieuse fournit l'opportunité d'influencer et de développer des formes d'éducation religieuse qui permettent des échanges d'expériences authentiques. Les éducateurs et les politiciens du Québec peuvent peut-être trouver des voies permettant d'avancer vers l'idéal en militant pour une réforme des structures actuelles.

L'éducation multireligieuse est un champ en émergence, un débat continu en même temps qu'une discipline plutôt qu'un corpus d'informations factuelles et elle reflète la situation historique et politique de chacune des sociétés où on la trouve. Il y aura des questions communes, mais les lignes d'argumentation varieront selon les sociétés, comme on peut le voir dans le débat actuel en Afrique du Sud (Chidester, Mitchell *et al.*, 1992) ou dans les débats ailleurs au Canada (Watson, 1990).

Cependant, quel que soit le système dans lequel s'insère l'éducation multireligieuse, il faut remettre en question l'idée que les religions et les cultures sont monolithiques et immuables et la croyance que de tels monolithes peuvent servir d'indicateurs de l'identité nationale. Si on ne le fait pas, les minorités religieuses de diverses traditions culturelles seront au mieux l'objet d'un traitement paternaliste tout en étant reléguées aux marges de la société.

Références

ALVES, C. (1991). « Just a Matter of Words? The Religious Education Debates in the House of Lords », *British Journal of Religious Education*, 13, 3, Summer, pp 168-74.

ATL (1995). *Collective Worship:Policy and Practice*, London, Association of Teachers and Lecturers (available from Publications Unit, ATL, 7 Northumberland St, London WC2A 5 DA, UK).

BALLARD, R. (ed) (1994). *Desh Pardesh: The South Asian Presence in Britain*, London, Hurst and Co.

BARKER, M. (1981). *The New Racism*, London, Junction Books.

BAUMANN, G. (1966). *Contesting Culture: Discourses of Identity in Multi-ethnic London*, Cambridge, Cambridge University Press.

BAUMFIELD, V., Bowness, K., Cush, D., et Miller, J. (1994a). *A Third Perspective*, Exeter (available from Ms K Bowness, School of Education, University of Exeter, Heavitree Rd, Exeter, UK).

BAUMFIELD, V., Bowness, K., Cush, D., et Miller, J. (1994b). « Model Syllabuses: a Contribution », *Journal of Beliefs and Values*, 15 (1).

BAUMFIELD, V., Bowness, K., Cush, D., et Miller, J. (1995). « Model Syllabuses: the Debate Continues » *Resource*, 18 (1) pp 3-6.

BECKFORD, J. et Gilliat, S. (1996). *The Church of England and Other Faiths in a Multi-Faith Society*, (2 volumes), Coventry, University of Warwic, Department of Sociology.

Board of Deputies of British Jews (1993). Unpublished submission to the DFE as part of the consultation on the Draft Circular on Religious Education and Collective Worship, London, Board of Deputies of British Jews.

BIRMINGHAM (1975). *Agreed Syllabus for Religious Instruction*, City of Birmingham Education Authority.

BROWN, A. (1995). « Changing the Agenda: Whose Agenda? » *British Journal of Religious Education*, 17 (3), 148-156.

BURN, J. and HART, C. (1988). *The Crisis In Religious Education* (London, Educational Research Trust).

BURN, J., HART, C et HOLLOWAY, D (1991). *From Acts to Action*, Newcastle upon Tyne, The Christian Institute.

CHIDESTER, M. *et al* (1992). *Religion in Public Education: Policy Options for a New South Africa*, Cape Town, Institute for Comparative Religion in Southern Africa.

CLIFFORD, J. (1986). « Introduction: Partial Truths » in Clifford, J. and Marcus, G. (eds) *Writing Culture: The Poetics and Politics of Ethnography* (Berkeley, University of California Press), 1-26.

COLE, W. O. (ed) (1972). *Religion in the Multifaith School*, Bradford, Yorkshire Committee for Community Relations.

COOLING, T. (1994). *A Christian Vision for State Education*, London, SPCK.

COOMBS, A. (1988). « Diluting the Faith », *Education*, 26 August.

COOPER, D. (1995). « Defiance and Non-Compliance: Religious Education and the Implementation Problem », *Current Legal Problems*, 253-279.

COPLEY, T. (1996). « A Tribute to John Hull: A Review of Editorials in Learning for Living and the British Journal of Religious Education, 1971-1996 », *British Journal of Religious Education*, 19 (1), 5-12.

DAINTON, S (1995). « Collective Worship: Reaching a Consensus » *Resource*, 18 (1), 11-16.

DES (1989). « The Education Reform Act 1988: Religious Education and Collective Worship », *Circular 3/89*, London, Department of Education and Science.

DFE (1994). « Religious Education and Collective Worship », *Circular 1/94*, London, Department for Education.

EVERINGTON, J. (1996). « A Question of Authenticity: The Relationship between Educators and Practitioners in the Representation of Religious Traditions », *British Journal of Religious Education*, 18 (2), 69-77.

FARE (1991). *Forms of Assessment in Religious Education*, Exeter, University of Exeter.

FLEW, A. et NAYLOR, F. (1996). *Spiritual Development and All That Jazz*, Paper 25, York, Campaign for Real Education.

GILLESPIE, Marie (1995). *Television, Ethnicity and Cultural Change*, London, Routledge.

HART, C. (1991). *From Acts to Action*, Newcastle, Christians and Tyneside Schools.

HART, C. (1994). *RE: Changing the Agenda*, Newcastle, The Christian Institute.

HINNELLS, J. R. (ed) (1970). *Comparative Religion in Education*, Newcastle upon Tyne, Oriel Press.

HULL, J. (1989). *The Act Unpacked*, Derby, Christian Education Movement.

HULL, J. (1991). *Mish Mash: Religious Education in Multi-Cultural Britain: A Study in Metaphor*, Birmingham Papers in Religious Education, Derby, Christian Education Movement.

HULL, J. (1996). « Editorial », *British Journal of Religious Education*, 18 (3).

JACKSON, R. (1989). « Fortifying Religious Education », *Resource*, 11 (3), 5-6.

JACKSON, R. (1990). « Religious Studies and Developments in Religious Education in England and Wales » in King, U. (ed) *Turning Points in Religious Studies*, Edinburgh, T&T Clark, 102-117.

JACKSON, R. (1992). « The Misrepresentation of Religious Education » in M. Leicester et M. Taylor (eds) *Ethics, Ethnicity and Education*, London, Kogan Page, 100-13.

JACKSON, R. (1995). « Religious Education's Representation of Religions and Cultures », *British Journal of Educational Studies*, XXXXIII (3), 272-289.

JACKSON, R, (1997). *Religious Education: an Interpretive Approach*, London, Hodder and Stoughton.

JACKSON, R, et NESBITT, E. (1993). *Hindu Children in Britain*, Stoke on Trent, Trentham.

JACOBSON, J. (1996). « British National Identity and Young Pakistani Muslim », Unpublished Paper, Conference on « Multicultultural Competence: a Resource for Tomorrow », Bergen, August 1996.

KING, J. with HELME, D. (eds) (1994). *Teaching RE in Secondary Schools: Ideas from the Classroom*, Crowborough, Monarch.

MARRATT, H. (1996). « Letter to the Editor », *British Journal of Religious Education*, 19 (1), 32.

MODOOD, T. (1992). « On Not Being White in Britain: Discrimination, Diversity and Commonality » in M. Leicester and M. Taylor (eds) *Ethics, Ethnicity and Education*, London, Kogan Page, 72-87.

OFSTED (1994). *Religious Education and Collective Worship 1992-3*, London, HMSO.

OFSTED (1995). *Religious Education: A Review of Inspection Findings 1993/94*, London, HMSO.

ORCHARD, S. (1991). « What Was Wrong with Religious Education? an Analysis of HMI Reports 1985-1988 », *British Journal of Religious Education*, 14, (1), 15-21.

PALMER, G. (1993). « Politics and Religious Education », *Resource*, 16 (1), 2-6.

PALMER, G. (1994). « Religious Education: Over to You! », *Resource*, 17 (1), 2-5.

Religious Education Council (REC) (1988). *Religious Education: Supply of Teachers for the 1990s*, The Religious Education Council of England and Wales.

Religious Education Council (REC) (1990). *What Conspired Against RE Specialist Teacher Supply?* The Religious Education Council of England and Wales.

ROBSON, G (1996). « Religious Education, Government Policy and Professional Practice, 1988-9 » *British Journal of Religious Education* 19 (1), Autumn, 13-23.

SAID, E. (1978). *Orientalism*, London, Routledge and Kegan Paul.

SAID, E. (1981). *Covering Islam*, London, Routledge and Kegan Paul.

SCAA (1994). *Model Syllabuses for Religious Education*, London, Schools Curriculum and Assessment Authority.

Schools Council (1971). *Religious Education in Secondary Schools*, (Schools Council Working Paper No 36), London, Evans/Methuen.

SMART, N. (1967). « A New Look at Religious Studies: the Lancaster Idea », *Learning for Living*, 7 (1), pp27-29.

SMART, N. (1968). *Secular Education and the Logic of Religion*, London, Faber.

Warwickshire (1996). *Warwickshire Agreed Syllabus for Religious Education*, Warwick, Warwickshire County Council.

WATSON, G. (1990). *The Report of the Ministerial Inquiry on Religious Education in Ontario Public Elementary Schools*, Toronto, Government of Ontario.

Westhill College (1989). *Attainment in RE*, Birmingham, Westhill College.

Westhill College (1991). *Assessing, Recording and Reporting RE*, Birmingham, Westhill College.

WILKINS, R. (1991). « How Can an Evangelical Christian Teach Multi-Faith RE? », *Resource*, 13, 3, Summer, 1-3.

WINTERSGILL, B. (1995). « The Case of the Missing Models: Exploding the Myths », *Resource*, 18 (1), 6-11.

CHAPITRE 4

La religion à l'école québécoise l'évolution de l'opinion publique (1964-1996)

JEAN-PIERRE PROULX

Introduction

La place de la religion dans les structures scolaires en général et dans l'école en particulier n'a pas cessé, depuis le milieu des années 1960, de soulever des débats dans l'opinion publique. Le système scolaire québécois, marqué dès l'origine par les valeurs religieuses et l'influence de l'Église catholique, est depuis le début de la Révolution tranquille en équilibre instable à cet égard en raison de la double poussée de la sécularisation, tant des consciences individuelles que des institutions, et de la montée du pluralisme religieux, en particulier dans la région métropolitaine de Montréal.

Le présent article s'intéresse à l'évolution de l'opinion publique québécoise relative à la place de la religion à l'école sous deux aspects : à l'égard de l'école elle-même en tant qu'institution, puis, plus spécifiquement, par rapport à l'enseignement religieux. Nous avons analysé, pour ce faire, un corpus de 23 sondages[1] menés depuis 1964 jusqu'en 1996 et dans lesquels on s'est notamment, et dans certains cas, exclusivement, intéressé à la confessionnalité scolaire. Notre objectif est, dans cette métaanalyse, d'observer l'évolution des consensus sur le sujet, c'est-à-dire, selon la définition reçue, ce qui fait l'« accord d'une forte majorité de l'opinion publique » (Petit Robert). Il s'inscrit dans une perspective

---

[1] Ces sondages sont archivés dans la banque informatisée *Opinéduq* (Proulx, en préparation).

politique, dans la mesure où le consensus constitue un des fondements de la démocratie libérale.

La distribution des sondages dans le temps montre que c'est à compter de 1974 que la question religieuse prend de l'importance dans l'opinion puisque 19 des 23 sondages sont menés après cette date. Durant cet intervalle de 22 ans qui court de 1974 à 1996, on compte 15 années où les Québécois ou des groupes de Québécois ont été sondés sur le sujet, dont quatre fois au cours de la seule année 1982. On dira pourquoi plus loin.

D'un point de vue méthodologique, il ne saurait être question de comparer un à un les résultats chiffrés de chaque sondage, car ils ne sont pas strictement comparables : les populations visées ne sont pas toutes les mêmes et on n'a pas, de l'un à l'autre, posé exactement les mêmes questions. En revanche, les tendances générales sont tout à fait perceptibles car on dispose d'un nombre significatif de sondages qui portent sur un même objet. Cette étude se divise en deux parties qui renvoient aux deux questions suivantes : qui a voulu savoir ? Qu'a-t-on voulu savoir et, par conséquent, qu'a-t-on appris ?

Qui a voulu savoir ?

Le sondage d'opinion, généralement, ne vise pas la seule connaissance. Il concerne aussi l'action, sinon la décision. Bref, il est souvent un acte politique (Bourdieu, 1972). Il est donc opportun, dans cette perspective, d'observer qui a voulu savoir et, si possible, dans quelles circonstances. Les mandataires, avons-nous constaté, se divisent en cinq grandes catégories : les médias (7), l'État québécois (4) et, au premier chef, le ministère de l'Éducation, les commissions scolaires (9), les chercheurs universitaires (2) et les groupes de pression (1).

Les médias

C'est le magazine *McClean* qui, en 1964, a, pour la première fois, pris la mesure de l'opinion sur la place de la religion à l'école (Groupe de recherche sociale, 1964). C'était dans le contexte des travaux de la Commission Parent et la problématique du sondage s'inspirait explicitement des revendications du Mouvement laïque de langue française[2]. *Le Devoir* (Proulx, 1984) commande un sondage vingt ans plus tard sur la religion des Québécois dans le cadre de la visite de Jean-Paul II au Canada et pose notamment des questions sur l'éducation religieuse. Au même moment, se déroule un débat politique sur la restructuration scolaire autour du projet de loi 40, Loi sur l'enseignement primaire et secondaire public (Milner, 1984), projet qui est abandonné pour être remplacé par le projet de loi 3 voté en décembre de la même année et déclaré inconstitutionnel en juin 1985.

À l'occasion des élections scolaires de l'automne de 1987, *La Presse* (CROP, 1987) sonde pour sa part les parents du Québec sur l'ensemble de la vie scolaire et notamment sur l'enseignement religieux. Le journal profite à nouveau des élections scolaires de l'automne 1990 (Léger, 1990) puis encore de celles de 1994 (Proulx-La Presse, 1994) pour revenir sur des questions religieuses qui sont, à chaque fois, à Montréal, des enjeux électoraux vu la présence d'un parti, le Regroupement scolaire confessionnel, qui en fait le principal objet de sa plate-forme. Enfin, le *Journal de Québec* (Vachon, 1995) participe au débat lancé par la Centrale de l'enseignement du Québec sur la laïcité, dans le cadre des États généraux sur l'éducation, en sondant les citoyens et les parents de la région de Québec sur la place respective de l'enseignement religieux et de l'enseignement moral à l'école. *La Presse* et *Radio-Québec* (Bellemare, 1995) font de même quelques mois plus tard.

Le ministère de l'Éducation

Le ministère de l'Éducation commandera de son côté quatre sondages dans lesquels la religion à l'école tient une place significative, voire, dans deux d'entre eux, une place centrale. Le premier est mené en 1966 (CROP, 1966) au moment du débat lancé par la publication des dernières tranches du Rapport Parent qui recommande des changements d'envergure sur la confessionnalité

---

[2] Il ne faut pas confondre le Mouvement laïque de langue française (Rochon, 1971) qui a vu le jour en 1960 et qui est disparu à la fin de la même décennie et le Mouvement laïque québécois fondé dans les années 1980 et toujours actif.

scolaire (Parent, 1966). Il recommence à la fin des années 1970 (Bouchard, 1978) après la publication d'un Livre vert sur l'enseignement primaire et secondaire (Ministère de l'Éducation, 1977) qui donnera lieu en 1979 à un énoncé de politique sur l'école québécoise (Ministère de l'Éducation, 1979). Il tient un troisième sondage en 1993 (JTD, 1993) sur l'école primaire et secondaire dans la foulée du projet de réforme pédagogique pour *Faire avancer l'école* (Ministère de l'Éducation, 1993). Enfin, en 1996, il commande une dernière enquête à Léger & Léger (Lemieux, 1996) portant cette fois exclusivement sur la confessionnalité scolaire dans le cadre de ses orientations pour la mise en place des commissions scolaires linguistiques (Ministère de l'éducation, 1996).

Les commissions scolaires

Neuf des 23 sondages ont été commandés par des commissions scolaires, dont quatre dans le contexte des divers projets de restructuration scolaire du gouvernement québécois. C'est le cas de l'importante étude menée en 1975 par le Conseil scolaire de l'île de Montréal (Wener, 1995), de celle faite l'année suivante auprès des parents de la CÉCM (CSUM, 1976), d'une troisième auprès de la même clientèle en 1982 (Comité central des parents de la CECM, 1982), celle-là dans le contexte du projet du ministre Camille Laurin autour du livre blanc, *Une école communautaire et responsable* (Ministère de l'Éducation, 1982). Le même projet gouvernemental donne lieu à une enquête de la Commission scolaire Jacques-Cartier (Informa-Log Inc. 1982) puis de la Fédération des commissions scolaires (Sorecom, 1983). Les quatre autres enquêtes (Lepage et Massot, 1974; Commission scolaire du Rivage, 1977; Haché, 1983; Léger & Léger, 1987) semblent davantage liées à des conjonctures locales.

Les universitaires

Des universitaires ont aussi sondé la population sur la religion à l'école. Pelletier et Lessard (1982) s'y intéressent dans le cadre du projet Laurin de restructuration scolaire de même que Dupras (1982), la même

année. Nous avons pour notre part été associé directement à un sondage avec *La Presse* (Proulx-*La Presse*, 1994)
dans le contexte des élections scolaires de l'automne
1994 où le débat sur la restructuration scolaire constitue à nouveau un enjeu important.

Les groupes de pression

Un sondage (Sondagem, 1996), enfin, a été mené à
la fin de l'été 1996 par un groupe de pression, la Coalition pour la déconfessionnalisation du système scolaire.
Elle regroupait la Centrale de l'enseignement du Québec, le Mouvement laïque québécois, le Mouvement
national des Québécois et plusieurs autres partenaires.
Il a été tenu à la veille des assises des États généraux sur
l'éducation de septembre 1996 dans le cadre du débat
sur la confessionnalité soulevé par cet événement et
conçu manifestement comme un contre-sondage (Baril,
1996) à celui commandé par le MEQ trois mois plus
tôt (Lemieux, 1996) .

Cette analyse révèle une première tendance lourde :
la majorité, soit les deux tiers des sondages, s'inscrivent
nettement dans le cadre d'un processus politique amorcé
par l'État central depuis 1964 et qui vise notamment à
redéfinir la place de la religion aux divers niveaux du
système scolaire. Il s'agit, dans la plupart des cas, de
mesurer le consensus afin de légitimer, sur le plan démocratique, la position à prendre ou à défendre le cas
échéant.

Qu'a-t-on voulu savoir et qu'a-t-on appris ?

Nous avons retenu pour notre analyse deux séries de
questions : la première porte sur la religion de l'école et
la deuxième, sur l'enseignement religieux proprement
dit. Nous avons relevé cependant une question générale posée par Léger & Léger (1988) dans le cadre d'un
sondage sur la religion des Québécois et dont nous ren-
dons compte au préalable puisqu'elle donne le ton à
l'ensemble : « La religion catholique devrait-elle occuper une place plus importante, aussi importante ou
moins importante dans l'école d'aujourd'hui ? ». La réponse est la suivante : 43 % des Québécois ont répondu

« plus importante », 30 % « aussi importante », 15 % « moins importante » et 13 % n'ont pas voulu ou refusé de se prononcer. En somme, la grande majorité des Québécois (73 %) jugeaient alors que le catholicisme devait occuper à l'école au moins la place qu'elle occupait alors et même davantage.

La religion de l'école

Le questionnement sur la religion à école a, observe-t-on, porté sur quatre thèmes principaux : la légitimité de l'école non confessionnelle, les préférences des citoyens ou des parents pour l'un ou l'autre type d'écoles, le pouvoir de décider du statut de l'école, enfin, les conceptions de l'école catholique.

La légitimité de l'école non confessionnelle — Au moment où se déclenche la Révolution tranquille, au début des années 1960, il n'existe que des écoles catholiques et des écoles protestantes. Le Mouvement laïque de la langue française qui vient d'être créé réclame alors la création d'école neutres ou non confessionnelles ce qui pose la légitimité même de ce type d'école. La Commission Parent en recommandera la mise sur pied en 1966. Quatre sondages administrés entre 1964 à 1975 veulent mesurer la faveur des Québécois ou des Montréalais pour ce type d'école. Les deux premiers (Groupe de recherches sociales, 1964; CROP, 66) révèlent que la majorité y est défavorable, quoique de peu. Après 1970, la majorité bascule en faveur de l'existence de telles écoles (Wener, 1975; CSUM, 1976). Dorénavant, personne ne soulèvera plus cette question.

Les préférences des citoyens et des parents — C'est plutôt la préférence des citoyens ou des parents que l'on cherche à mesurer à compter de 1974. Jusqu'en 1984, les sondages proposent généralement quatre types d'école : l'école catholique, l'école protestante, l'école multiconfessionnelle ou pluraliste[3], enfin l'école neutre ou laïque ou non confessionnelle. Il convient cependant d'observer que les répondants sont appelés chaque fois

---

[3] Ce type d'école a été popularisé par le débat sur l'école Notre-Dame-des-Neiges entre 1978 et 1980 (Durand et al., 1980) puis présenté comme une option légitime dans l'énoncé de politique ministérielle sur l'école de 1979 (Ministère de l'Éducation, 1979).

à indiquer leur préférence entre des types d'école qui existent (l'école catholique et protestante) et d'autres qui n'existent pas (l'école pluraliste et l'école non confessionnelle). De 1966 à 1996, dix sondages ont voulu vérifier les choix des Québécois. Les réponses ne sont pas techniquement comparables puisque les populations sondées ne sont pas toutes les mêmes et que les questions, d'une enquête à l'autre, n'ont pas été formulées de la même façon. En revanche, l'orientation générale de l'opinion se dessine nettement.

Ainsi, en 1966, les deux tiers des Québécois préfèrent l'école catholique pour leurs enfants (CROP, 1966: q. 51). Sur l'île de Montréal, les parents expriment majoritairement le même choix : l'école neutre et l'école « catholique pluraliste » demeurent des choix minoritaires. À la Commission des écoles catholiques de Montréal, deux tiers des parents optent en 1976 pour l'école catholique (CSUM 1976: q. 99). La tendance paraît se renverser en 1978. Le grand sondage du ministère de l'Éducation produit à l'occasion du Livre vert sur l'enseignement révèle qu'aucun des quatre types d'école proposés ne rallie une majorité de citoyens (Bouchard, 1978: q. 67a.) Cela s'explique par la montée très importante de l'école multiconfessionnelle, surtout au secondaire, qui obtient la faveur d'autant de répondants que l'école catholique. En 1981 et 1982, cette tendance se confirme (Pelletier et Lessard, 1982: q. A.5; Dupras, 1984: q. 53). La CÉCM suit le mouvement : l'école pluraliste rallie la majorité des parents (Comité central des parents, 1982: q. 16). Le sondage du *Devoir* de 1984 brise toutefois cette tendance où l'école catholique reprend nettement la tête (Proulx, 1984: q. 14). La question suivante confirme cette faveur : « Si les évêques du Québec donnaient clairement le mot d'ordre aux parents d'envoyer leurs enfants à l'école catholique, accepteriez-vous de suivre ce mot d'ordre ? ». Une bonne majorité (63 %) des répondants disent oui (q. 15). Puis entre 1984 et 1994, aucun sondage (du moins connu) ne reprend ce thème, à l'exception du sondage Léger & Léger (1988) précédemment cité qui révèle que 78 % tiennent à la religion catholique à l'école. Il faut attendre 1994, au moment des élections scolaires, pour que la question précise sur le choix de l'école soit à nouveau posée, mais aux seuls habitants de l'île de Montréal. Elle donne les résultats suivants : 48 % disent préférer l'école catholique pour leurs enfants, 11 % l'école protestante, 33 % l'école laïque ou non confessionnelle et 3 % une école d'une autre religion[4] (Proulx-La Presse, 1994: q.10). Contrairement aux sondages des deux décennies antérieures cependant, l'hypothèse d'une école multiconfessionnelle ou pluraliste n'est pas soumise aux répondants[5]. La tendance se confirme en 1996 : sur l'île de Montréal, 48 % des parents optent pour l'école catholique, 8 % pour l'école protestante, 17 % pour l'école non confessionnelle et 26 % affirment que la chose leur « importe peu »; mais en province, 66 % des parents préfèrent l'école catholique, 2 % l'école protestante[6], 11 % l'école non confessionnelle et 21 % se déclarent indifférents. Chez les non-parents, la tendance est à peu près la même, sauf sur l'île de Montréal où l'école non confessionnelle gagne des points (26 %) au détriment surtout des indifférents et de l'école protestante (Lemieux, 1996; q. 31). Dans l'ensemble du sondage, l'option pour l'école confessionnelle est toutefois quelque peu grossie en raison d'une distorsion importante et non corrigée de l'échantillon en faveur des femmes[7].

L'évolution de l'opinion est donc assez claire : jus-

---

[4] Chez les répondants catholiques de l'île de Montréal, 62 % préfèrent toujours l'école catholique, tandis que chez les répondants protestants, 66 % optent pour l'école protestante. Il est vraisemblable que l'opinion des catholiques de l'île de Montréal représente en gros l'opinion de l'ensemble des Québécois, vu le poids démographique des catholiques au niveau provincial.

[5] Cela s'explique à notre avis par deux raisons : d'abord aucun groupe ou mouvement n'en fait plus la promotion; deuxièmement, la problématique du projet éducatif, dorénavant consacré par la Loi sur l'instruction publique, renvoie la question des orientations confessionnelles à chacun des établissements.

[6] Nous avons demandé au ministère de l'Éducation de nous fournir une compilation spéciale des résultats à la question 31 afin de pouvoir distinguer entre le choix pour l'école catholique et l'école protestante (*G. Legault à J.P. Proulx*, 1 octobre 1996). Dans son rapport, Lemieux (1996) amalgame les résultats sous la catégogie : « école confessionnelle catholique et protestante ».

[7] Près de trois femmes contre un homme ont en effet répondu au sondage (75 % chez les parents et 65 % chez les non-parents), mais les résultats globaux n'ont pas été pondérés pour tenir compte de la représentation réelle des sexes dans la population. Il s'ensuit une distorsion certaine en faveur de l'école confessionnelle, les femmes plus

qu'à la fin des années 1970, l'école catholique constitue le choix majoritaire des citoyens comme des parents. À compter de cette date, ce choix recule progressivement sous la barre des 50 % au profit de l'école pluraliste ou multiconfessionnelle. L'école confessionnelle (catholique ou protestante) redevient majoritaire après 1994 quand on cesse de présenter l'option de l'école pluraliste ou multiconfessionnelle que plus personne du reste ne promeut. Quant à l'école non confessionnelle ou neutre, elle demeure depuis le début une option minoritaire qui, même sur l'île de Montréal, ne recueillera jamais plus qu'environ le tiers de la faveur populaire. On apprend pour la première fois en 1996 que le quart de la population est indifférente au statut de l'école.

Le sondage Sondagem (1996) pose par ailleurs pour la première fois la question de l'orientation confessionnelle de l'école dans une perspective différente. On a interrogé en effet les Québécois sur l'importance du « statut religieux ou non religieux de l'école » dans le choix de l'école de leurs enfants : 55 % n'accorderaient que « peu » ou « pas du tout » d'importance au statut alors que pour 45 %, il aurait beaucoup ou assez d'importance (q.: B.5). Nous aurons l'occasion d'y revenir dans l'interprétation globale des résultats.

Le pouvoir sur le statut de l'école — En ce qui concerne le choix de l'orientation confessionnelle de l'école, ou le pouvoir de déterminer son statut, l'opinion est constante. Avant même que ne surgisse le concept de projet éducatif, les parents voyaient là une de leurs prérogatives. Ainsi, en 1975, 53 % parents de l'île de Montréal affirment qu'il leur revient de « décider du genre d'écoles » qui leur convient (Wener, 1975: q. 48a). En 1982, 51 % des parents de la commission scolaire Jacques-Cartier sont d'accord pour que l'école, après consultation des parents, décident de son statut confessionnel (Informa-Log, 1982: q.9). La même année, 65 % des parents de la CÉCM prennent la même position (Comité central de parents, 1982: q. 17). En 1994, 56 % des

que les hommes ayant choisi cette option. Ainsi, dans l'ensemble du Québec, les pères optent à 60 % pour l'école confessionnelle (catholique ou protestante), contre 67 % des mères. Chez les non-parents, 48 % des hommes choisissent l'école confessionnelle contre 68 % des femmes. Un écart analogue entre les réponses masculines et féminines s'observe sur à peu près toutes les questions.

citoyens de l'île de Montréal pensent qu'il faut « laisser les parents décider » si l'école sera confessionnelle ou pas (Proulx-La Presse, 1994: q. 9). En 1996, enfin, les deux tiers des Québécois trouvent « assez » (37 %) ou « très » important (31 %) « le fait que si la majorité des parents le veulent, cette école puisse se donner un statut confessionnel — soit catholique, soit protestant » (Lemieux, 1996: q. 20). Le sondage Sondagem (1996) donne toutefois un son de cloche différent. Mais la question est formulée différemment : « Pensez-vous souhaitable qu'une simple majorité de parents puisse définir les valeurs et les croyances religieuses qui déterminent toute l'activité pédagogique de l'école où iront vos enfants ? ». Presque deux-tiers des Québécois répondent non (q. B.7b). Et à ceux qui ont répondu oui, on pose la question suivante : « Et pensez-vous qu'une telle situation serait encore souhaitable dans le cas où ces valeurs et croyances sont celles d'une religion autre que la vôtre ? ». Près de 60 % disent non.

La conception de l'école catholique — Seulement deux sondages ont voulu vérifier directement la conception que les Québécois se font d'une école catholique. La question est primordiale puisque la position traditionnelle de l'Église catholique à cet égard veut que le catholicisme inspire l'ensemble de la vie de l'école[8]. Malheureusement, le petit nombre d'enquêtes ne permet pas d'observer l'évolution d'une tendance à cet égard d'autant qu'elles datent toutes deux des années 1970 et que les approches étaient fort différentes. Le premier, sondage mené auprès des parents de l'île de Montréal en 1975, a voulu cerner la question en demandant si la religion « devrait avoir de l'influence » sur divers aspects de l'école : le contenu des cours, la façon d'enseigner, les règlements de l'école, les activités parascolaires et, enfin, « le climat général » de l'école. Dans tous les cas,

---

[8] « Ce qui est toutefois attendu d'une école catholique, c'est qu'elle indique ouvertement dans son projet éducatif que les valeurs et les pratiques préconisées dans l'établissement trouvent une bonne part de leur inspiration dans la vision chrétienne de la personne, du monde et de la vie, telle qu'exprimée dans les croyances et les valeurs de la foi catholique. C'est ce qui caractérise l'école publique catholique : elle est confessionnelle en ce sens qu'elle recourt de manière cohérente et délibérée à l'éclairage de la tradition chrétienne pour inspirer et soutenir l'exercice de sa mission éducative » (Comité catholique, 1996: 19).

c'est une minorité de parents qui ont répondu oui, les pourcentages allant de 19 % pour le contenu des autres cours, à 48 % pour le « climat » (Wener, 1975: q. 42a).

Par contre, dans le sondage mené en 1976 auprès des parents de la Commission des écoles catholiques de Montréal, la majorité a adhéré à une formulation de la conception traditionnelle de l'école catholique. La question était ainsi rédigée : « Certaines personnes pensent que, dans une école catholique, l'orientation du programme général d'enseignement, et non seulement les cours d'enseignement religieux, doit être conforme à la pensée chrétienne. D'autres croient que le programme général d'enseignement, sauf en ce qui a trait au cours d'enseignement religieux, ne devrait pas nécessairement tenir compte de cette conformité avec la pensée chrétienne. Laquelle de ces deux opinions partagez-vous ? » Près de 60 % ont opté pour la première formule (CSUM, 1976; q. 117).

La religion dans l'école

L'activité religieuse la plus importante à l'école est sans contredit l'enseignement religieux proprement dit. Depuis 1964, on s'est interrogé sur plusieurs dimensions de cet enseignement et en particulier sur sa légitimité, sur son importance relative par rapport aux autres matières, sur sa fonction et, enfin, sur les rapports entre l'enseignement religieux et l'enseignement moral non confessionnel.

La légitimité de l'enseignement religieux — En ce qui concerne d'abord la légitimité de l'enseignement religieux, nous avons retracé huit sondages qui, de 1964 à 1996, se sont intéressés à cette question (Groupe de recherche sociale, 1964; Wener 1975; Commission scolaire du Rivage, 1977; CSUM, 1976; Comité central de parents de la CÉCM, 1982; Bellemare, 1995; Vachon 1995; Lemieux, 1996). La tendance est la même et sans équivoque : la grande majorité se déclare favorable à l'enseignement religieux bien que cette majorité soit moins forte aujourd'hui qu'hier : en 1964, c'était presque l'unanimité (Groupe de recherche sociale, 1964: q.9); en 1996, 79 % ne serait pas d'accord avec une école qui ne donne pas d'enseignement religieux ou moral (Lemieux, 1996: q. 23).

Un sondage mené en 1995 dans la région de Québec mérite un regard particulier dans la mesure où on a soumis aux répondants une question formulée dans une perspective différente de celles des autres en présentant l'hypothèse que l'enseignement religieux puisse être pris en charge autrement que par l'école. Elle était formulée comme suit (Vachon, 1995: q. 14) :

Parmi les situations suivantes, laquelle vous conviendrait le mieux :

Que les parents se chargent principalement de l'enseignement religieux ?

Que les Églises se chargent principalement de l'enseignement religieux ?

Que les écoles s'en chargent ?

Dans l'ensemble des répondants, 42 % ont choisi la première hypothèse, 15 % la seconde et 36 % la troisième. Seuls les parents ayant des enfants au primaire ont opté majoritairement (56 %) pour que l'école prenne en charge l'enseignement religieux.

À l'été 1996, on a reposé une question semblable, mais en précisant cependant que cet enseignement religieux visait une finalité particulière soit le développement de la foi et de la pratique religieuse. Dans cette perspective, 61 % ont répondu qu'il revenait à la famille de prendre ce type d'enseignement en charge, 16 % ont dit l'Église et 18 %, l'école (Sondagem, 1996: q. B.4).

L'importance relative de l'enseignement religieux — Par ailleurs, quelques sondages ont voulu mesurer l'importance que revêt l'enseignement religieux pour la population, tant en soi, que par rapport aux autres matières (Lepage et Massot, 1974; CSUM, 1976; Bouchard, 1978; CROP, 1987; Léger & Léger, 1987; JTD, 1993). Deux tendances fortes se dégagent : une confortable majorité des citoyens jugent que l'enseignement religieux occupe ou doit occuper une place importante sinon plus importante à l'école. Néanmoins, en comparaison avec les autres matières, c'est, avec les arts, celle à laquelle on accorde nettement le moins d'importance.

Voyons trois exemples. En 1974, 20 % des citoyens de Saint-Jérôme affirment que l'école élémentaire accorde « beaucoup » ou « énormément » d'importance à la catéchèse; 22 % partagent la même opinion touchant les arts, alors que 86 % sont du même avis pour les mathématiques (Lepage et Massot, 1974: q. 13.2). Mais surtout, c'est la matière à laquelle eux-mêmes ils accordent le moins d'importance, soit un score moyen de 1,5 sur une échelle allant de 0, « pas du tout » à 4, « énormément » (q. 14). En 1987, on pose aux Québécois la question suivante : « À votre avis, au primaire, devrait-on accorder plus d'importance, moins d'importance ou autant d'importance qu'actuellement aux matières suivantes ? » (Léger & Léger, 1987: q.18). En regroupant les réponses « autant » et « plus » d'importance, on obtient les scores décroissants suivants : français, 99 %; mathématiques, 98 %; sciences naturelles, 85 %; éducation physique, 82 %; histoire, 80 %; religion, 75 %; et arts, 73 %. En 1993, enfin, 65 % des Québécois en général sont toujours d'avis que l'enseignement religieux doit être au programme des écoles secondaires, mais, avec les arts une fois encore, c'est, de toutes les matières, celle qui reçoit le moins de faveur (JTD, 1993: q. 3j).

Les fonctions de l'enseignement religieux et de l'enseignement moral — On se trouve moins bien informé sur la fonction que remplit l'enseignement religieux aux yeux des parents et des citoyens car deux sondages seulement et, au surplus, menés à vingt ans d'intervalle, s'y sont intéressés. Le premier est celui de Wener (1975) auprès des parents de l'île de Montréal. Les deux fonctions qui ont rallié la quasi totalité des répondants (chez les quelque 75 % qui estimaient que l'école primaire doit donner des cours de religion) sont les suivantes : « donner des principes moraux » (91 %) et « amener les enfants à vivre leur religion » (91 %). Par ailleurs, 42 % ont répondu qu'ils devaient servir à « donner une information sur plusieurs religions » tandis que 61 % ont dit qu'ils devaient « donner une information sur une seule religion » (q. 33). Au secondaire, les deux premières fonctions ont rallié à peu près la même proportion de parents tandis que 61 % ont dit qu'ils pouvaient servir à donner une information sur plusieurs religions et 48 %, que ces cours devaient se limiter à une seule religion (q. 34).

Vingt ans plus tard, s'inspirant apparemment des travaux de Micheline Milot (1991), Lemieux (1996: q. 3 à 8) a suggéré aux Québécois une série de motifs de choisir l'enseignement religieux et d'en préciser l'importance. Il a fait la même chose pour ce qui est de l'enseignement moral (q. 9 à 24).

Première observation d'abord à l'égard de l'enseignement religieux : la majorité des répondants accorde de l'importance à chacun de ces motifs. Aussi, la réponse :

Tableau I

Motifs du choix en faveur de l'enseignement religieux classés en fonction de la réponse «très important»	Très important	Assez important
Pour que cet enfant puisse mieux distinguer le bien du mal	62	26
Pour que cet enfant connaisse la religion de ses parents	52	40
Parce que si les parents sont croyants, ils souhaitent que leur enfant le soit	48	36
Pour que la religion aide cet enfant à faire face aux difficultés de la vie	47	36
Pour renseigner cet enfant sur la prière et sur la Bible	32	40
Pour que cet enfant soit comme la majorité des enfants	24	31

« très important » permet d'isoler les motifs les plus nettement valorisés. Ainsi, la fonction éthique de l'enseignement religieux arrive en tête de liste avec près de deux tiers (62 %) des répondants et se détache clairement des autres. La transmission du patrimoine religieux des parents vient en second : la majorité (52 %) trouve aussi cette fonction « très importante » (au surplus, c'est le premier motif dans l'ordre général d'importance : il rallie 92 % des répondants, en regard de 88 % pour la fonction éthique). Suit, au troisième rang, la transmission de la foi (48 %), sur un pied d'égalité avec la fonction « adjuvante » de la religion (47 %). La fonction spirituelle ou catéchistique n'est très importante que pour le tiers des répondants (32 %)[9] tandis que le conformisme social compte beaucoup pour le quart d'entre eux (24 %), proportion qui n'est tout de même pas négligeable.

En ce qui concerne par ailleurs les motifs des parents qui choisissent l'enseignement moral pour les enfants, quatre se distinguent nettement des autres. Les deux premiers motifs renvoient d'abord à une éthique personnelle : doter l'enfant de « principes qui l'aident à faire face aux difficultés de la vie » (69 %); lui permettre « de

---

[9] Ce résultat paraît cohérent avec le sondage mené à l'été 1996 : les Québécois pensent en effet de façon largement majoritaire que l'éducation de la foi proprement dite et la promotion de la pratique religieuse doivent relever de la famille (61 %), plutôt que l'école (18 %) et même de l'Église (16 %) (Sondagem, 1996; q. : B.4).

Tableau 2

Motifs du choix en faveur de l'enseignement religieux classés en fonction de la réponse «très important»	Très important	Assez important
Pour que cet enfant ait des principes qui l'aident à faire face aux difficultés de la vie	69	26
Pour que cet enfant puisse mieux distinguer le bien du mal	68	21
Pour que cet enfant apprenne à vivre avec les autres	67	27
Parce que cet enfant devienne un citoyen engagé	52	34
Pour que cet enfant soit comme la majorité des enfants	16	29
Pour que cet enfant ne reçoive pas d'enseignement religieux	14	12

mieux distinguer le bien du mal » (68 %). Le troisième et le quatrième ont trait à l'éthique sociale : apprendre « à vivre avec les autres (67 %); devenir « un citoyen engagé » (52 %). On ne s'étonnera pas, par contre, du peu d'importance accordée au conformisme social (16 %) sachant que les clients de l'enseignement moral sont minoritaires. Enfin, c'est là une information nouvelle : le choix pour l'enseignement moral repose sur des raisons propres et n'est généralement pas fait contre l'enseignement religieux : 16 % seulement le choisissent pour éviter l'enseignement religieux

Par ailleurs, en comparant les deux séries de motifs[10], deux choses sont frappantes. D'abord, les motifs éthiques de choisir aussi bien l'enseignement religieux que l'enseignement moral se détachent nettement. On rejoint, sur ce point, le résultat de l'enquête de Wener (1975). Ensuite, le conformisme social est carrément plus fort du côté de l'enseignement religieux, au point que plus de deux répondants sur quatre trouvent ce motif important, contre un sur quatre pour les tenants de l'enseignement moral. Mais ici, la différence ne surprend pas.

Les types d'enseignement religieux et moral — En novembre 1990, on pose pour la première fois la question suivante aux habitants de l'île de Montréal : « En ce qui a

---

[10] Lemieux a pour sa part mis en parrallèle les deux énoncés suivants : « Pour que la religion aide cet enfant à faire face aux difficultés de la vie » et : « Pour que cet enfant ait des principes qui l'aide à faire face aux difficultés la vie » (pp. 32 et 32). À notre avis, les deux énoncés ne sont pas comparables, les termes de l'un et l'autre (la religion, d'une part, et les principes de l'autre) ne l'étant pas. La fonction de socialisation à l'Église qu'accorde sans contredit une partie de l'opinion chrétienne à l'enseignement religieux catholique, même si, officiellement, elle ne fait plus partie de ses objectifs, ne faisait pas l'objet d'un énoncé.

trait à l'enseignement religieux à l'école, que préfére-riez-vous pour vos enfants ? Des cours de religion ? Des cours de morale ? Aucun cours de cette nature ? » Plus du tiers opte pour les cours de religion et 46 % pour des cours de morale (Léger, 1990: q. 16). La réponse con-tredit ici la pratique réelle. Par contre, le sondage de Lemieux (1996: q. 2) confirme la pratique : deux tiers des répondants optent pour l'enseignement religieux : 74 % chez les parents et 65 % chez les non-parents.

Jusqu'en 1984, date à laquelle le Comité catholique du Conseil supérieur de l'éducation instaure le régime d'option entre l'enseignement religieux confessionnel et l'enseignement moral non confessionnel, la question du caractère obligatoire ou optionnel de l'enseignement religieux a par ailleurs été soulevée à quelques reprises (Groupe de recherche sociale, 1964; Wener, 1975; CSUM, 1976 : Bouchard, 1978). Jusqu'en 1976, la ten-dance dominante et majoritaire est nettement favora-ble à l'enseignement religieux obligatoire. En 1978, au moment du débat sur le Livre vert, les Québécois appa-raissent toutefois fortement divisés : 52 % jugent que l'enseignement religieux devrait être obligatoire avec un droit d'exemption alors que 48 % favorisent un régime d'option entre l'enseignement religieux et l'enseignement moral (Bouchard, 1978: q. 67b). À compter de 1981, la tendance se renverse : ils préfèrent très nettement un régime d'option (Pelletier et Lessard, 1981: q.A.6). Après cette date, les sondeurs ne s'intéressent plus à la ques-tion. Elle resurgit toutefois en 1996 : le régime d'option fait pratiquement l'unanimité (Lemieux, 1996: q. 21).

Quelques sondages se sont intéressés à d'autres ty-pes d'enseignement religieux que l'enseignement catho-lique ou protestant. Ainsi dès 1966, le MEQ interroge les parents sur l'hypothèse d'une école « où chaque groupe aurait, à la demande des parents, ses propres cours de religion » : 67 % se disent d'accord si cela se passait dans une école catholique, mais 55 % rejettent cette formule s'il s'agissait d'une école « sans affiliation religieuse » (CROP, 1966: q. 50). Trente ans plus tard, en 1996, une bonne majorité des Québécois (60 %) se disent d'accord avec la proposition suivante : « Si le nombre le justifie, l'école doit offrir un enseignement religieux autre que catholique ou protestant » (Lemieux, 1996: q. 22). Mais la religion « à la carte » ne reçoit pas beaucoup de suffrage. En effet, trois mois après, invités à faire un choix entre trois formules, 11 % à peine des Québécois se disent d'accord avec une école qui « offre autant de cours d'enseignement religieux qu'il y a de religions dans l'école »; 15 % préfèrent une école qui « offre un enseignement religieux seulement aux catholiques et aux protestants »; enfin, 65 % inclinent pour une école qui « donne à tous les élèves une éducation morale et civique avec une initiation aux traditions religieuses » (Sondagem, 1996: q. B.3).

Les résultats des deux sondages, menés à trois mois de distance, paraissent contradictoires. L'analyse des questions permet pourtant de formuler une hypothèse d'explication cohérente. Lemieux a posé la question sur un objet en particulier et sur un seul : une école qui offrirait un enseignement religieux autre que catholique et protestant; Sondagem a plutôt fait se positionner les répondants par rapport à trois formules. Lemieux, de son côté, a mis une condition restrictive (« si le nombre le justifie ») conférant ainsi un caractère de raisonnabilité à la proposition[11], tandis que Sondagem n'a fixé aucune condition (« autant de cours d'enseignement religieux qu'il y a de religions dans l'école ». Les répondants se sont vus proposer trois formules qu'ils devaient comparer : une restrictive i.e. un enseignement religieux pour les catholiques et les protestants « seulement »; une très libérale : un enseignement religieux pour toutes les religions; une troisième susceptible de réconcilier les extrêmes : « une éducation morale et civique avec une initiation aux traditions religieuses ». La proposition paraît manifestement la plus raisonnable des trois et il n'est pas surprenant qu'elle ait rallié la majorité.

La dernière formule du sondage Sondagem visait visiblement à mesurer la popularité de l'hypothèse soulevée par les États généraux de 1996 sur un enseignement religieux de type culturel (États généraux sur

---

[11] Au surplus, la question est posée immédiatement après une autre qui invitait les répondants à signifier leur accord ou leur accord avec la proposition suivante : «Tous les enfants du Québec doivent pouvoir choisir à l'école entre un enseignement religieux — soit catholique, soit protestant — ou en enseignement moral »; 62 % se sont déclarés entièrement d'accord. Offrir d'autres types d'enseignement religieux apparaît d'autant plus juste et raisonnable dans ce contexte.

l'éducation, 1996). La question avait déjà été soulevée en 1975 sur l'île de Montréal : trois quarts des parents s'étaient dit d'accord pour que l'on donne des cours de religion à l'école (Wener, 1975: q. 28); parmi eux, 60 % s'étaient dit favorables à ce que l'enseignement religieux donne des connaissances sur plusieurs religions, la majorité rejetant cette hypothèse pour le primaire (q. 33.1). Sauf erreur, on n'est pas revenu sur le sujet avant 1996.

Interprétation et conclusion

D'abord, résumons-nous. On est frappé, dans un premier temps, par le nombre de sondages qui ont porté sur la religion à l'école : nous en avons retracé au moins 23 dont le plus grand nombre sont administrés après 1974. Ce phénomène rend bien compte de la controverse sociale qui entoure toujours cette question. On observe, en second lieu, que celle-ci est avant tout politique puisqu'elle se déploie dans une très large mesure autour des projets de réforme des structures scolaires lancés par les gouvernements successifs depuis le rapport Parent. Il n'est pas étonnant dès lors que l'État central, comme les commissions scolaires, aient été les mandataires de la majorité de ces sondages, ni même que les journaux, en tant qu'acteurs privilégiés de l'opinion publique, en aient commandé plusieurs.

Les donnés analysées ont porté par ailleurs sur la religion à l'école et la religion dans l'école. Sur le premier volet, le fait marquant, après que l'école neutre ou non confessionnelle ait conquis progressivement sa légitimité, touche la prédominance de l'opinion en faveur de l'école confessionnelle avec toutefois un relâchement significatif au début des années 1980 quand ce modèle entre en concurrence avec celui de l'école pluraliste ou multiconfessionnelle. Mais depuis, ce modèle ayant disparu des sondages, l'école confessionnelle a repris la tête. De son côté, l'école neutre ou non confessionnelle n'a guère joui plus que du tiers de la faveur populaire.

Ces constats généraux soulèvent par ailleurs de difficiles questions d'interprétation, d'autant que la plupart des sondages précédemment analysés sont construits sans cadre théorique, ni même conceptuel, précis. Les maisons de sondage cherchent avant tout à traduire le plus correctement possible la problématique soumise par leurs mandataires, laquelle oriente en définitive la structure du questionnaire et la formulation des questions. Ils les administrent ensuite selon les règles de l'art.

La problématique repose par ailleurs sur le postulat que les mandataires qui fabriquent les questions et les répondants partagent une compréhension commune de l'objet de ces questions. Or il n'est pas du tout sûr que ce postulat soit vrai dans tous les cas : plus l'objet de la question est complexe, abstrait, éloigné de l'expérience des répondants, moins il est assuré qu'il y ait adéquation entre le sens que l'auteur donne à sa question et celui que lui accorde celui qui y répond[12]. Les concepts de confessionnalité, de laïcité, de neutralité (ou ceux, voisins, de multiconfessionnalité ou de pluralisme) sont précisément des concepts abstraits et dont le sens se complexifie encore plus lorsqu'ils sont mis en relation avec des objets sociaux eux-mêmes complexes, comme c'est le cas d'une école. En d'autres termes, la difficulté précise est celle de la multiplicité des représentations qu'on peut retrouver dans la population sondée à propos de ces objets.

Ainsi, on a surtout cherché à mesurer, aux cours des années, la préférence des Québécois entre l'école catholique, protestante, d'une part, ou l'école non confessionnelle, neutre ou laïque, d'autre part. Or, c'est bien connu, les conceptions officielles de la confessionnalité applicables à l'école catholique et l'école protestante sont très différentes l'une de l'autre, ce qui est présumé connu des répondants. Par ailleurs, si la majorité des répondants ont une connaissance d'expérience de l'école catholique pour l'avoir eux-mêmes déjà fréquentée, l'école laïque n'existe pas de sorte que la plupart des répondants ne peuvent qu'en avoir une représentation abstraite. En d'autres termes, le statut épistémologique de chacun de ces types d'école varie alors qu'implicitement, le sondeur postule qu'il est le même pour tous.

On retrouve, dans certains sondages, des indices sérieux de cette difficulté, même à propos du concept par-

---

[12] Bourdieu (1973) écrit encore que les sondages reposent notamment sur le postulat implicite et criticable suivant : « [Dans] le simple fait de poser la même question à tout le monde se trouve impliquée l'hypothèse qu'il y a consensus sur les problèmes, autrement dit qu'il y a accord sur les questions qui méritent d'être posées » (p. 1293).

ticulier d'école catholique. Ainsi, dans le sondage Wener (1975), les parents montréalais, majoritairement, estimaient que la religion ne devaient pas influencer les dimensions profanes de l'école, y compris son « climat », alors qu'un an plus tard, ceux de la CÉCM étaient majoritairement d'avis que « dans une école catholique l'orientation générale du programme d'enseignement [...] doit être conforme à la pensée chrétienne » (CSUM, 1976). Les deux questions visaient, en substance, le même objectif : traduire le conception officielle de l'école catholique : l'une a été posée en des termes d'action (l'influence), l'autre, à partir d'une conception logique (la cohérence). Elles ont donné des résultats significativement différents ! Quant au concept d'école non confessionnelle, les sondages étudiés l'ont traduit indifféremment depuis trente ans par les expressions : « écoles neutres », « écoles non confessionnelles », « écoles laïques », « écoles laïques non confessionnelles », « écoles sans enseignement religieux », comme si ces mots avaient tous exactement le même sens.

Le sondage Sondagem (1996) fournit deux autres exemples de la difficulté de conceptualiser le rapport école-religion. Ainsi, si on s'enquert du « statut religieux ou non religieux » de l'école, les Québécois, majoritairement, disent n'accorder que peu d'importance à cette dimension. On ne saurait en conclure pour autant qu'ils évacuent le rapport à la religion. Telle n'est pas, en tout cas leur perception puisque que, d'après eux, 50 % des parents accordent de l'importance « à ce que leurs enfants fréquentent une école dont les valeurs sont chrétiennes » (Sondagem, 1996; q. B.6)[13].

Second exemple, 64 % des Québécois considèrent comme non souhaitable qu'« une simple majorité de parents puissent définir les valeurs et les croyances religieuses qui déterminent toute l'activité pédagogique de l'école [...] » (Sondagem, 1996: q. B.7 b). Ce résultat contredit apparemment la tendance observée avant sur le même thème. En fait, les autres sondages interrogeaient globalement les répondants sur la pertinence pour les parents de décider, à la majorité, du statut confessionnel de l'école. Sondagem, pour sa part, a proposé

---

[13] Sondagem n'a pas demandé aux répondants s'ils trouvaient eux-mêmes important que leurs enfants fréquentent une telle école.

aux répondants une formule particulière qui, visiblement, résume la conception spécifique du Comité catholique du Conseil supérieur de l'éducation[14].

Tout compte fait, les sondages étudiés ne nous renseignent pas ou peu sur les conceptions ou les représentations que les Québécois se font de l'école confessionnelle ou non confessionnelle, ni s'ils partagent les diverses conceptions idéologiques ou les vues sur les aménagements concrets que peuvent avoir en tête les mandataires quand ils formulent leurs questions.

Mais alors quelle interprétation, en définitive, faut-il donner aux tendances dominantes que nous avons tout de même dégagées ? En l'absence d'études empiriques, il convient de formuler cette interprétation sous le mode de l'hypothèse. On peut, à la lumière de notre analyse, raisonnablement soutenir que pour la majorité des Québécois (autour de 60 % dans l'ensemble du Québec; 50 % à Montréal), la religion catholique constitue, au regard de l'école, une référence globale dont le contenu et le potentiel peuvent varier à bien des égards selon les individus, mais qui, dans tous les cas, demeurent pour eux suffisamment porteuse de sens pour qu'appelés à choisir, l'école catholique leur apparaisse comme un bien à la fois désirable pour leurs enfants et préférable à d'autres types d'école. Ce bien est même suffisamment désirable pour entraîner, à l'occasion, une mobilisation de l'opinion comme on l'a observé à l'occasion des assises des États généraux sur l'éducation de septembre 1996 (Gaumond, 1996; Lévesque, 1996). Mais ce qui reste largement à clarifier, c'est le contenu de cette référence, tant au plan des représentations, que de ses fonctions latentes ou explicites[15], qu'au plan des aménagements. À cet égard, il faudra procéder à d'autres types de travaux que les sondages d'opinion.

Quant au second volet sur la religion dans l'école, les sondages ont montré d'abord qu'une substantielle majorité de Québécois sont d'accord avec l'enseignement

---

[14] Le règlement du Comité catholique stipule que « l'école publique reconnue comme catholique intègre, dans le respect des libertés de conscience et de religion, les croyances et les valeurs de la religion catholique dans son projet éducatif » (Comité catholique, 1993, art. 4). Voir aussi la note 8.

[15] À cet égard, des indices observés au cours des débats d'opinion entourant la déconfessionnalisation de certaines écoles d'Outremont

religieux confessionnel et qu'ils le préfèrent à l'enseignement moral non confessionnel dans un rapport de deux pour un. La fonction éthique de l'enseignement religieux, constate-t-on aussi, a été et demeure la plus valorisée, presque au même niveau que dans l'enseignement moral. Cependant, l'enseignement religieux remplit aussi une fonction primordiale, soit la transmission du patrimoine religieux. Bien que jugées globalement importantes, les fonctions rattachées plus explicitement à la transmission de la foi sont visiblement moins valorisées.

Sur le plan de l'interprétation, il est plus facile ici de convenir du sens à accorder à la tendance globale observée à travers les sondages. D'abord, l'objet même que constitue l'enseignement est plus concret et moins complexe que ne l'est l'école; ensuite, le plupart des répondants ont une expérience directe. Puis la préférence pour l'enseignement religieux catholique correspond largement aux choix réels des parents. Enfin, les motifs du choix majoritaire des parents pour cet enseignement recoupent en général les résultats observés dans la recherche qualititative (Milot, 1991), en particulier en ce qui a trait à la fonction éthique de l'enseignement religieux et la transmission du patrimoine.

Les résultats de notre étude soulèvent par ailleurs un certain nombre de questions. Toujours à propos de la religion de l'école, ces sondages et les tendances dominantes qu'elles révèlent, ne fournissent aucune réponse au paradoxe suivant : comment expliquer ce lien positif entre la religion et l'école alors que le Québec s'est depuis 40 ans largement sécularisé, que la région de Montréal est de plus en plus pluraliste au plan religieux, que la pratique religieuse ne soit plus le lot que d'une minorité, que les institutions sociales et culturelles se soient déconfessionnalisées au tournant des années 1960 ? Qui plus est, la grande majorité des nouvelles écoles créées depuis 20 ans, près de 200 au total, ont été reconnues comme catholiques. Il y a là un champ de recherche séduisant à ouvrir. Nous reprendrions à cet

en 1995 donnent à penser qu'une des fonctions importantes rattachées au caractère, sinon au statut juridique, de l'école catholique et protestante est la « référence identitaire » qui permet de se distinguer des autres, voire de se préserver de la menace appréhendée d'une autre identité.

égard notre hypothèse (Proulx, 1995) que le catholicisme surtout, mais aussi le protestantisme sans doute, constitue une référence collective identitaire encore fortement présente et que l'école, en tant que lieu de socialisation, sert de lieu de transmission obligée de cette référence. L'importance quasi unanime et prédominante qu'accordent les parents à la fonction de transmission de leur propre héritage religieux (ils veulent que leur enfant « connaisse sa religion » quitte à décider plus tard d'y adhérer) conforte cette hypothèse. Aussi, de prochaines enquêtes devraient approfondir les fonctions précises que l'on fait remplir aux institutions au-delà de celles de l'enseignement religieux proprement dit.

Une autre conclusion s'impose, d'ordre méthodologique cette fois. Les 23 sondages analysés n'ont, au plan théorique et conceptuel, que de très rares liens entre eux même s'ils portent sur des thèmes très largement semblables ce qui a néanmoins permis la métaanalyse qui constitue le présent article. Ils ont été commandés dans une conjoncture particulière sans que leurs mandataires ou leurs maîtres d'œuvre aient fait le lien avec les études précédentes. C'est là une lacune évidente. Il y aurait lieu d'élaborer, en vue des prochaines études d'opinion, un cadre théorique articulé et qui prenne en compte de façon critique les problématiques qui ont marqué les sondages depuis 30 ans.

Terminons par une remarque relative à l'éthique politique. Le consensus populaire constitue, disions-nous au début, un des fondements de la démocratie libérale. Dans cette perspective, les conclusions de cette étude sont susceptibles d'éclairer les décideurs parce qu'elles permettent de relativiser ce qui apparaît évident au premier abord. Mais le consensus populaire n'est pas le seul fondement de la démocratie, tant s'en faut. Le limiter à cette seule dimension, c'est éventuellement sombrer dans une perversion de la démocratie, le gouvernement par sondage ou par l'« appel au troupeau » (Toussaint et Ducasse, 1996). Les choix politiques doivent aussi être évalués, d'une part à la lumière des normes générales ou plus fondamentales qui régissent nos rapports sociaux et, d'autre part, en cohérence avec les buts qui marquent nos choix de société, ceux qui sont les nôtres aujourd'hui ou ceux que nous voulons pour demain.

Références

BARIL, D. (1996). « Le Québec est plus mûr que jamais pour la laïcité scolaire », dans *La Presse*, 26 septembre, p. B-3.

BELLEMARE. P. (1995). « Oui à l'enseignement religieux », dans *La Presse*, (950929-951004[16]).

BOUCHARD, P. (1978). *Résultats d'un sondage : consultation sur le Livre vert de l'enseignement primaire et secondaire*, Québec, ministère de l'Éducation, (780200-780600).

BOURDIEU, P. (1973). « L'opinion publique n'existe pas », dans *Les Temps modernes*, 29, pp. 1292-1309.

Comité catholique (1996). *L'évaluation du vécu confessionnel. L'école catholique : un choix éducatif et culturel*, Ste-Foy, Conseil supérieur de l'éducation.

Comité catholique (1993). *Règlement sur la reconnaissance comme catholique et le caractère confessionnel des écoles primaires et des écoles secondaires du système scolaire public*, Règlements refondus du Québec, c. [C-60, r.7.2].

Comité central des parents de la CECM (1982). *Sondage auprès des parents de la C.E.C.M.*, Montréal, (821103-821119).

Commission scolaire du Rivage (1977). *Rapport du comité de confessionnalité*, Baie-Comeau, (770000-770000).

CROP (1987). *Sondage auprès des parents d'élèves de l'élémentaire et du secondaire*, Montréal, (870911-870914).

CROP (1966). *Sondage sur l'éducation*, Montréal, (661000-661000).

CSUM (1976). *Les attentes des parents [de la Commission des écoles catholiques de Montréal] vis-à-vis l'école*, Montréal, Université de Montréal, (760100-760200).

DUPRAS, A. (1984). *Opinion des Québécois/ses sur la sexualité, l'éducation à la sexualité et la sexologie : résultats généraux du sondage de 1982 fait par André Dupras, Joseph A. Lévy et Jean-Marc Samson*, Longueuil, Institut de recherche et d'informations sexologiques, (820500-820600).

DURAND G., DURAND, J., PROULX, L. et PROULX, J.P. (1980). *La déconfessionnalisation ou le cas de l'école Notre-Dame-Des-Neiges*, Montréal, Libre Expression.

États généraux sur l'éducation (1996). *Guide de participation aux assises nationales*, Québec.

GAUMOND, A. (1996). « Les évêques et la déconfessionnalisation : « Il ne faut surtout pas démissionner ! », Selon les sondages, plus de 70 % des parents tiennent à l'école confessionnelle », dans *La Presse*, 25 octobre, p. B-3.

Groupe de recherche sociale (1964). *Étude sur l'enseignement de la religion dans les écoles du Québec*, Montréal, (640500-640600).

HACHÉ, J.B. (1983). *Sondage sur les besoins, sur la satisfaction à l'égard des services existants et autres questions relatives à l'éducation auprès de la population du territoire de la Commission scolaire Sainte-Croix (Rapport final)*, Montréal, (830400-830506).

---

[16] Ce numéro, et ceux qu'on trouvera ci-après, constitue le numéro de référence au sondage dans la banque *Opinéduq* (Proulx, en préparation). Il est formé des dates marquant le début et la fin de la cueillette des données.

Informa-Log inc. (1982). *Sondage sur le Livre blanc (L'école, une école responsable et communautaire)*, Montréal, (821122-821124).

JTD (1993). *Sondage sur l'école primaire et secondaire*, Montréal, (931110-931128).

LÉGER & LÉGER (1988). *Les perceptions des Québécois à l'égard de la religion*, Montréal, (880414-880419).

LÉGER & LÉGER (1987). *Les perceptions à l'égard de la Commission scolaire de Vaudreuil*, Montréal, (870915-870922).

LÉGER M.F. (1990). « Les Montréalais sont en faveur des commissions scolaires linguistiques », dans *La Presse*, 17 novembre, p.A-1, (901108-901111).

LEMIEUX, M. (1996). *La confessionnalité scolaire. Sondage téléphonique*, Québec, le Groupe Léger & Léger, (960523-960602).

LEPAGE, L. et MASSOT, A. (1974). *Analyse des aspirations et attitudes pédagogiques à l'école élémentaire de la population et des professeurs de La Commission scolaire Saint-Jérôme*, Montréal, (740601-740710).

LÉVESQUE, L. (1996). « Pétition de 225 000 noms en faveur de l'école confessionnelle », dans *La Presse*, 12 octobre, p. A-1.

MILNER, H. (1984). *La réforme scolaire au Québec*, Montréal, Québec-Amérique.

MILOT, M. (1991). *Une religion à transmettre ? Le choix des parents. Essai d'analyse culturelle*, Québec, Presses de l'Université Laval.

Ministère de l'Éducation (1996). *Mise en place des commissions scolaires linguistiques*, Québec [Dossier présenté sous forme de fiches et coiffé de trois communiqués de presse cotés GQM 00350, 12 juin].

Ministère de l'Éducation (1993). *Faire avancer l'école*, Québec.

Ministère de l'Éducation (1982). *L'école québécoise : une école communautaire et responsable*, Québec.

Ministère de l'Éducation (1982), *L'école québécoise : une école communautaire et responsable*, Québec.

Ministère de l'Éducation (1979). *L'école québécoise. Énoncé de politique et plan d'action*, Québec, Éditeur officiel du Québec.

Ministère de l'Éducation (1977). *L'enseignement primaire et secondaire au Québec : livre vert*, Québec, Éditeur officiel du Québec.

PELLETIER, G. et LESSARD, C. (1982). *La population québécoise face à la restructuration scolaire*, Montréal, Guérin, (811113-811128-1).

PROULX, J.P.-*La Presse* (1994). *Sondage sur les élections scolaires et la restructuration scolaire*, Montréal, (941104-941109).

PARENT, A.M. (1966). *Rapport de la commission royale d'enquête sur l'enseignement dans la province de Québec*, Québec, [Gouvernement du Québec],vol. 4 et 5. (édition de poche).

PROULX, J.P. (en préparation). *Opinéduq. Banque de données sur l'opinion publique et l'éducation au Québec*, Montréal, Université de Montréal.

PROULX, J.P. (1995). « Le pluralisme religieux à l'école : les voies de l'impasse », dans A. Charron (dirs) *La religion à l'école, le débat*, Montréal, Fides, pp. 151-188.

PROULX, J.P. (1984). « Une remontée de 23 points depuis 1981. L'école catholique rallie 67 % des catholiques, dans *Le Devoir*, 8 septembre, Cahier spécial, p. 4. (840529-840615).

ROCHON, G. (1971), *Le Mouvement laïque de langue française (M. L. F.) et la question scolaire : 1961-1969. Analyse d'un groupe de pression*, Thèse de M. A. (sciences politiques), Université de Montréal.

SONDAGEM (1996). *Les structures confessionnelles du système scolaire québécois. Sondage auprès de la population du Québec*, Montréal, (960823-960901).

SORECOM (1983). *Sondage auprès de la population adulte du Québec sur la restructuration scolaire*, Montréal, (821127-821212).

TOUSSAINT, N. et DUCASSE, G. (1996). *Apprendre à argumenter. Initiation à l'argumentation rationnelle et écrite*, Sainte-Foy, Le Griffon d'argile.

VACHON, L. (1995). *Le choix des parents entre l'enseignement religieux et l'enseignement moral*, Québec, Le Groupe Léger & Léger, (950414-950418).

WENER, N. (1975). *Les aspirations des parents de l'île de Montréal face à la religion et l'école*, Montréal, Conseil scolaire de l'île de Montréal, (750600-750600).

Chapitre 5

Le respect du choix des parents : ou la démocratie contre la laïcité

Micheline Milot

L'enjeu de la laïcité dans la société civile est inhérent à celui-là même de la démocratie. En effet, les démocraties libérales, garantissant les libertés d'association, de religion et d'expression, doivent nécessairement définir l'exercice de leur pouvoir dans un cadre qui n'est assujetti à aucune religion particulière, fut-elle dominante, afin d'assurer un espace qui rend possible la cohabitation de la diversité culturelle et religieuse. On assiste toutefois au Québec à une situation paradoxale où, malgré un contexte séculier accentué dans la société, la laïcité, celle du système scolaire, est décriée au nom de la démocratie, et ce, principalement par l'Église catholique, confession dominante au Québec exerçant un contrôle sur près de 90 % du réseau scolaire public.

En guise d'opposition aux recommandations[1] visant à déconfessionnaliser les écoles publiques du Québec, les tenants de la confessionnalité, l'Église catholique en tête, ont brandi haut et fort le respect de la liberté de choix des parents. Ce respect du choix des parents, présumés majoritairement en faveur de la confessionnalité scolaire (entendre catholique), apparaît comme l'argument démocratique par excellence. Si les arguments en faveur de la confessionnalité scolaire ont été de natures différentes depuis les trente dernières années, celui du respect du choix « démocratique » des parents est désormais déterminant pour tenter de garantir le maintien de cette structure scolaire.

Dans quelle configuration légitimatrice la référence au choix des parents et à la laïcité se présente-t-elle dans la problématique du maintien ou de l'abolition de la

---

[1] Je me réfère ici au *Rapport final de la Commission des États généraux sur l'éducation*, Québec, octobre 1996.

confessionnalité scolaire ? J'entends par configuration légitimatrice la manière dont un ensemble d'arguments justificatifs s'articulent les uns par rapport aux autres et jouent les uns sur les autres, selon les acteurs sociaux qui les utilisent. L'analyse des conceptions de la laïcité et l'interprétation du choix des parents à l'égard de la confessionnalité qui s'investissent dans ces enjeux révèlent des divergences profondes entre les partisans de l'une et l'autre positions. Mais surtout, il apparaît que la laïcité scolaire au Québec n'a jamais fait l'objet de débat, au sens premier du terme qui signifie la possibilité de discuter d'une question entre plusieurs partenaires pour parvenir à une entente. L'enfermement dans une logique du « pour ou contre » a toujours abouti à la solution un peu courte qu'est l'urgence... d'attendre. Cette polarisation a également eu pour effet que la religion, dans l'éducation scolaire, ne semble pas pouvoir être abordée autrement que dans une logique d'adhésion ou de non-adhésion, excluant ainsi l'étude objective du phénomène religieux.

J'examinerai les utilisations du concept de laïcité dans la problématique de la confessionnalité scolaire, pour ensuite analyser ce que recouvre la référence quasi incantatoire à la « liberté de choix des parents », dans le discours de ceux qui s'y réfèrent et dans les enquêtes menées auprès de la population à ce sujet.

De quelle laïcité ?

L'homme était à la grâce de Dieu;
désormais, Dieu est à la discrétion de l'homme.

(Émile Poulat)

Il est frappant de constater à quel point la référence à la laïcité, dans le discours de ceux qui s'y opposent, est marquée d'une part par une référence historique, mais révolue, à la laïcité française révolutionnaire et d'autre part, par une conception normative et idéologique. La genèse de l'idée de laïcité en France reposait, pour les radicaux tout au moins, sur un système de croyances rival de celui représenté par le catholicisme dominant dans cette société. Elle se situait dans une période d'affrontements virulents et de contestations basées sur des convictions profondément antagonistes.

Cependant, même à cette époque, le point de vue des républicains tempérés (Briand, Méjan, Jaurès) l'emportait déjà pour que la séparation de l'Église et de l'État ne soit pas d'abord un combat mais un compromis, devenu nécessaire, un principe d'organisation des libertés religieuses et de cohabitation des citoyens français[2]. Les exemples sont d'ailleurs fort nombreux démontrant à souhait qu'il s'agit bien d'un compromis dans lequel plusieurs privilèges ou accommodations en faveur de la confession catholique ont été et sont encore accordés, allant des régimes de protection sociale des ministres du culte au maintien d'un aménagement de l'horaire scolaire pour permettre l'enseignement de la catéchèse, le mercredi ou le jeudi après-midi, etc.

Toutefois, comme le contexte de ce débat dans la société française était marqué, à cette époque, par un profond anticléricalisme, ce trait distinctif a fortement marqué de son sceau la mémoire historique. Cependant, l'évolution de la laïcité « à la française » se caractérise en général par un estompement important de l'idéologie laïciste au profit d'une laïcité comme condition de cohabitation. Cette conception de la laïcité est celle qui fait dire à Émile Poulat que « nous sommes tous laïques », au sens où nous vivons aujourd'hui :

> dans une société, sous un gouvernement, qui a renoncé à trouver son fondement et son garant en Dieu, en une transcendance religieuse, et qui s'en tient à un contrat entre ses membres : l'affirmation de droits fondamentaux pour tous et une constitution écrite. […] cela ne veut pas dire qu'elle devient une société athée, qu'elle nie ou exclut la religion, mais que ses membres doivent s'accorder pour définir à nouveau quelle peut être, quelle doit être la place faite à la religion, aux religions dans cette société. (Poulat, 1990, p. 108-109 et 213).

Au Québec, la référence à la laïcité comme réaménagement du système scolaire a rapidement pris une coloration fortement idéologique dans le discours des instances confessionnelles, mais également, dans la couverture médiatique des recommandations du rapport des États généraux sur l'éducation. Une laïcité qui « suspend » la religion ou pire, s'y substitue… pour ne rien offrir en échange. Les titres des articles parus dans la

---

[2] Quelques études intéressantes à ce propos: Bost (éd.), 1990; Beaubérot, 1990; Poulat, 1988.

presse écrite, signés tant par des tenants de la confessionnalité que par des journalistes, illustrent bien cette tangente idéologique dans le traitement de la proposition de laïcisation du système scolaire :

« La religion doit sortir des écoles. Le rapport des États généraux sur l'éducation veut éliminer la religion du système scolaire » (La Presse, vendredi 4 octobre 1996, p. A1); « Sortir la religion des écoles » (Le Journal de Montréal, vendredi 11 octobre, p. 11), « École laïque : le virage surprend et inquiète » (La Presse, samedi 5 octobre 1996, p. A21); « Les Québécois disent non à l'école laïque » (La Presse, vendredi 11 octobre 1996, p. A1).

La logique de la rupture, de la soustraction, de la perte, voire de l'éradication de la religion (catholique) et même de la « croisade laïciste » était à la une des réactions. Pourtant, l'esprit et la lettre du rapport des États généraux ne reposaient pas sur une telle radicalité. La confessionnalité du système scolaire ne serait pas remplacée par une « idéologie » laïque. La laïcité apparaît dans ce document plutôt comme une condition structurelle de cohabitation, sans ostracisme à l'égard des appartenances religieuses. Mais l'hégémonie des confessions chrétiennes sur le réseau scolaire québécois est néanmoins fondamentalement remise en question au nom de l'adaptation du système scolaire à l'évolution culturelle et démocratique de la société :

> Autrement dit, la religion peut-elle encore être le véhicule d'un projet commun dans une société pluraliste où la cohésion sociale exige que l'école rassemble tous les élèves, peu importe leurs différences et leurs croyances ? [...] Il s'agit d'un choix de société qu'on ne peut plus différer. Il faut « déverrouiller » le système confessionnel, à tous les paliers, pour assurer à tous les élèves l'éducation aux valeurs communes que nous souhaitons partager.[3]

Le spectre de la perte des « valeurs » est omniprésent dans l'ensemble des réactions d'opposition, la laïcité étant associée à un système de valeurs qui ne ferait pas partie du « patrimoine québécois » ou pire, qui se réduit à un relativisme absolu des valeurs. Les recommandations du Rapport visent pourtant à un renforcement de l'éducation aux valeurs, tout en insistant sur la nécessité

---

[3] Gouvernement du Québec, *Rapport final de la commission des États généraux sur l'éducation*, Québec, 1996, p. 54-55.

d'une connaissance du phénomène religieux et une prise
en considération des besoins de développement spirituel des individus (p. 54). Mais la présence historique
de la confessionnalité à l'école a induit une perception
à l'effet que le champ des valeurs était correctement
occupé par le seul domaine de l'enseignement religieux
et que l'éducation à la religion y était entièrement assu-
mée, en accord présumé avec la majorité de la population.

Selon le rapport des États généraux, afin de rencontrer les exigences d'une société pluraliste et laïque, l'école
devrait être en mesure d'accueillir, avec droits égaux,
tous les élèves, indépendamment de leurs croyances ou
de la religion de leurs parents. Cependant, pour les tenants de la confessionnalité, la laïcité, loin d'être une
condition de réalisation de cet accueil, apparaît comme
une idéologie qui ne correspond pas aux besoins de la
majorité, et qui, de surcroît, ne serait nullement nécessaire, les écoles catholiques se définissant comme communes et ouvertes à tous et proposant des valeurs ac-
ceptables pour tous. La réaction des instances
catholiques témoigne que celles-ci n'ont pas renoncé à
exercer un certain magistère moral à l'égard de la société civile, tout particulièrement à l'intérieur des institutions scolaires. La confessionnalité serait même, de
l'avis des instances catholiques, une meilleure garantie
pour que les « valeurs communes » (qu'elles considèrent
principalement héritées de la chrétienté) et le patrimoine
culturel québécois soient transmis aux jeunes dans une
continuité harmonieuse (Comité catholique, 1996).
Cette logique réduit le débat sur la laïcité en un combat
pour protéger les acquis historiques des institutions religieuses sur le système scolaire.

La référence à la laïcité, dans son versant d'opposition, se fait ainsi dans une configuration culturelle qui
est surdéterminée par un système de références au patrimoine culturel et à l'identité collective de la majorité
catholique française du Québec, selon une logique
communautarienne[4]. Cette perspective ne tient pas

---

[4] Le lecteur trouvera dans ma seconde contribution à cet ouvrage
une description détaillée de la fonction culturelle que les instances
catholiques attribuent à l'enseignement religieux confessionnel catholique.

compte du fait que le patrimoine culturel est également marqué par la diversité des cultures en présence au Québec. En outre, la laïcité culturelle fait partie du patrimoine de la société québécoise, même si le concept lui-même est peu utilisé : l'organisation sociale et la gestion institutionnelle sont depuis plusieurs décennies résolument laïques.

On constate donc des prises de positions défensives à l'égard d'une éventuelle laïcité du système scolaire : d'une part, la confessionnalité apparaît respecter la liberté de choix des parents et la continuité de leurs valeurs et, d'autre part, la laïcité se voit taxée d'être une décision radicale qui, si elle était ratifiée, serait antidémocratique. Puisque la référence au choix des parents est sans cesse ramenée à l'avant-scène de l'argumentaire des tenants de la confessionnalité, examinons ses différents aspects.

L'argument du choix majoritaire des parents

Invoquant les principes démocratiques à l'encontre de la laïcité, les instances catholiques et les tenants de la confessionnalité rappellent constamment certains éléments de la réalité sociale et scolaire : la majorité de la population québécoise est catholique; dans le choix qui leur est offert entre l'enseignement religieux catholique et l'enseignement moral, la majorité des parents opte pour l'enseignement religieux; les nouvelles écoles ont généralement un statut confessionnel catholique. Il reviendrait donc entièrement aux parents de décider si l'école de leurs enfants doit être confessionnelle et de décider du type d'éducation religieuse qu'on y donnera.

> Les sondages le confirment : au-delà de 70 % des parents tiennent à l'école confessionnelle. Militer pour son maintien, ce n'est pas faire oeuvre antidémocratique, ce n'est pas imposer des orientations ou une structure contre la volonté des gens. C'est plutôt reconnaître aux usagers de l'école que sont les parents pour leurs enfants le droit de décider eux-mêmes de la sorte d'école qu'ils souhaitent. [...] Nous invitons particulièrement les parents à prendre tous les moyens à leur disposition pour confirmer ce que les sondages révèlent : que l'école confessionnelle répond toujours à leurs attentes pour l'éducation de leurs enfants. (André Gaumond, président de l'Assemblée des évêques du Québec, *La Presse*, le 25 octobre 1996, p. B3)

Cette incitation de la part de l'Assemblée des évêques à ce que les parents « valident » en quelque sorte des sondages les concernant (sondages réalisés pour le compte ou sous l'expertise des instances confessionnelles), a quelque chose qui tient bien évidemment du combat plutôt que du débat. Mais surtout, cet argumentaire, d'une logique apparemment impeccable et respectueuse des parents, évacue l'analyse des conditions structurelles de l'obtention de cette majorité et l'interprétation des motifs de leur choix. Les parents sont-ils vraiment pour ou contre la confessionnalité scolaire ? Sans prétendre ici trancher cette question sous forme de procès, je veux toutefois introduire un certain nombre d'éléments de réflexion pour nuancer cette volonté apparemment monolithique des parents qui justifierait, à elle seule, la légitimité de la confessionnalité du système scolaire public.

Il faut certainement savoir interpréter ce choix en tenant compte de diverses variables telles le rapport à la religion que cette population entretient en général, les conditions dans lesquelles s'exerce leur choix, la perception par les parents des enjeux du choix qu'on leur demande d'effectuer. Ces éléments pourront permettre de dégager quelque peu cette problématique de la logique d'opposition dans laquelle elle s'inscrit.

L'évolution de l'expérience religieuse des Québécois

Pour un observateur étranger, l'ardeur avec laquelle la confessionnalité scolaire est défendue par ses partisans peut laisser croire à un degré de religiosité plus élevé au Québec qu'en d'autres pays occidentaux, l'école s'inscrivant généralement, jusqu'à un certain point, dans le prolongement sociologique de la dynamique sociale. Ou encore, l'école peut apparaître comme un lieu où se télescopent des attentes en décalage par rapport au statut de la religion dans la société civile. Qu'en est-il tout d'abord de la place de la religion dans l'expérience religieuse des Québécois ?

La religion dans la société québécoise a connu une évolution importante, comme ce fut le cas dans les autres sociétés occidentales. Depuis une trentaine d'années notamment, le rôle de la religion au sein de la société s'est passablement modifié. Les Églises ont perdu leur influence déterminante sur les modèles sociaux et les valeurs culturelles. Les organisations religieuses ont cessé d'être au rang des grandes institutions qui façonnent la société globale. Ce fait est apparu particulièrement marquant dans le catholicisme québécois où on observe, en corollaire, un faible taux de pratique religieuse régulière. Un grand nombre d'institutions sont passées du contrôle des Églises à la responsabilité de l'État ou à la prise en charge par les citoyens (santé, services publics, associations de travailleurs, organismes humanitaires, etc.).

Mais la religion est-elle disparue pour autant ? La réponse, assurément, est négative. Les valeurs religieuses portées par les individus n'ont pas connu le même type d'érosion que celle observée sur le plan des institutions. Ce que l'on sait des attitudes et des comportements des Québécois montre que, pour la majorité d'entre eux, les préoccupations religieuses et spirituelles n'ont été bannies ni de leur existence personnelle ni de leur vision du monde. Toutefois, l'expérience religieuse s'est profondément modifiée et diversifiée (Lemieux et Milot, 1992).

La sensibilité religieuse contemporaine, dans la chrétienté occidentale tout au moins, ne se rapporte plus à une autorité normative et institutionnelle pour juger de la cohérence de ses choix. Le sens de l'appartenance à une communauté de foi est d'emblée associé à l'univers plus restreint de la famille et ne cherche pas d'autres attaches communautaires que celles qui sont délibérément consenties. En effet, la valeur fondamentale des individus, en matière de religion, est désormais la liberté de choix des croyances et des pratiques. L'individu puise dans le patrimoine de la religion des bribes de croyances (existence d'un être suprême, vie après la mort, etc.) et de rites (baptême, mariage, funérailles) qui sont souvent réinvestis d'un sens relié aux besoins de la vie familiale et des défis moraux et existentiels de la vie moderne. Ce sens diffère très souvent de celui que lui assignent les institutions religieuses. Celles-ci dispensent certains services, mais dans un contexte d'appropriation individuelle et privée des croyances et des symboliques religieuses. La religion est donc encore présente dans la vie des individus même si ses formes d'expression se démarquent des institutions religieuses traditionnelles.

Le pluralisme religieux a également contribué à modifier la dynamique religieuse dans la société québécoise. Ce pluralisme s'est bien sûr accentué du fait de la multiplication des groupes ethno-culturels en présence. Ceux-ci manifestent également un désir de transmission des valeurs religieuses, désir qui est lui aussi ancré d'abord dans un héritage familial. Les symboles religieux constituent un aspect encore présent de la « mémoire » des citoyens et, à ce titre, sont partie prenante de leur histoire. Mais la pluralité s'observe également à l'intérieur même de chaque tradition religieuse, par la très grande diversité dans la définition des croyances et dans l'intensité très relative des pratiques communautaires.

Lorsque la société est marquée par de tels changements, il ne faut pas s'étonner que l'école, lieu par excellence de la socialisation des nouvelles générations, soit invitée à reconsidérer sa relation aux institutions confessionnelles et son rôle en matière de transmission des valeurs religieuses.

Les motifs du choix des parents pour l'enseignement religieux catholique

En contexte québécois francophone, on trouve une illustration intéressante de cette évolution de la religiosité dans le désir des parents que leur enfant reçoive une éducation de base sur la religion. Les résultats d'une vaste enquête que nous avons menée[5] (Milot, 1991) démontraient qu'une grande majorité des parents qui choisissent l'enseignement religieux catholique à l'école le font pour des motifs qu'ils rattachent à un héritage familial. Cet héritage est en fait la sélection qu'ils ont opérée dans un ensemble de croyances et de pratiques reçues, qu'ils ne tiennent nullement à voir reproduire intégralement. Le choix d'une éducation religieuse s'inscrit en définitive pour les parents dans la continuité avec le fait de l'avoir reçue et de devoir la transmettre. Leur

---

[5] Cette recherche, menée sous forme d'entrevues à la fin des années 1980, a rejoint plus de mille parents, dont la grande majorité était distante par rapport aux pratiques religieuses et aux normes morales définies par l'Église, mais choisissait néanmoins l'enseignement religieux pour leurs enfants.

choix ne découle donc plus d'un rattachement effectif à un système univoque de signifiants confessionnels. En outre, la majorité des parents ne désire pas qu'un tel enseignement conduise leurs enfants à un engagement dans la communauté croyante, qu'ils ne fréquentent pas eux-mêmes par ailleurs.

Cet héritage religieux familial suffit bien souvent, dans les termes mêmes des parents, à se réclamer d'une appartenance au catholicisme. Ils vont même s'objecter à ce que l'institution conteste cette affiliation sans implication, lors d'une demande d'accès aux sacrements pour leur enfant, par exemple. Pour ces parents, l'éducation religieuse devrait munir les enfants d'une connaissance de base de la religion, les habiliter à aborder les questions de sens à l'existence, en particulier les épreuves de la vie, la mort, les valeurs et les balises éthiques. Cette connaissance de base leur apparaît nécessaire pour que l'enfant puisse choisir plus tard d'y adhérer ou non. Ce report à un choix futur de l'enfant représente une perspective nouvelle dans l'histoire de la socialisation religieuse, en ce que la religion devient une réalité à laquelle on consent et non une tradition imposée.

La majorité catholique du Québec et le choix massif des parents pour l'enseignement religieux catholique deviennent-ils des arguments déterminants en faveur du maintien de l'orientation confessionnelle de l'enseignement religieux ? Examinés de plus près, les motifs des parents forcent à constater que les apprentissages de l'enfant en matière de religion sont conçus par la grande majorité d'entre eux comme détachés de l'institution ecclésiale. Ces motifs ne se profilent même pas sur les objectifs officiels de l'enseignement religieux catholique. En outre, l'identité de « catholique » dont se réclament les parents est d'abord et avant tout liée à un héritage familial polymorphe, qui échappe largement à toute définition institutionnelle quant à l'orthodoxie de cet héritage, redéfini sur une base individuelle. Ces données invitent à nuancer l'interprétation d'une volonté apparemment monolithique et majoritaire en faveur d'une éducation de la religion de type confessionnelle.

Les conditions structurelles du choix pour l'enseignement religieux

Dans le contexte que je viens de décrire, le choix majoritaire des parents pour un enseignement confessionnel et même pour une école confessionnelle est-il le reflet naturel de leur lien à la religion (auquel cas il faudrait constater un décalage entre le vécu religieux et les attentes à l'égard du contenu de la transmission scolaire de la religion) ? Ce choix peut-il être, en partie tout au moins, le reflet des conditions structurelles dans lesquelles s'exerce ce choix ? Un certain nombre d'indices donnent à penser qu'il ne faut pas sous-estimer cette dernière hypothèse dans l'interprétation que l'on peut faire de ce choix massif.

Deux éléments doivent être considérés : l'alternative réelle que le régime d'option entre l'enseignement religieux catholique et l'enseignement moral offre aux parents et l'impact que peut avoir l'absence de structures et d'enseignement religieux non confessionnels sur l'opinion publique.

Comment expliquer que les parents soient à la fois distants de la religion en général et choisissent en majorité un enseignement religieux confessionnel visant à transmettre les croyances et les normes morales de cette même tradition ? Le fait même de cette majorité, de même que les données de l'enquête que j'évoquais précédemment, révèlent un élément incontournable des attentes des parents : le souci que « quelque chose » soit transmis à propos de la religion. Toutefois, et c'est là un aspect capital dans cette problématique, les parents n'ont pas le choix... Cette affirmation peut apparaître contradictoire, puisque tous les tenants de la confessionnalité rappellent constamment que les parents ont le choix d'inscrire leur enfant en enseignement moral s'ils ne désirent pas un cours d'enseignement religieux catholique. Mais je pense quand même que les parents n'ont pas le choix. C'est-à-dire que l'alternative des parents pourrait se résumer comme suit : « J'ai pris mes distances par rapport aux croyances et aux pratiques religieuses catholiques, et je veux que mon enfant se sente libre d'adhérer ou non à la religion. Je tiens toutefois à ce qu'il connaisse l'héritage religieux chrétien, qu'il soit initié aux données fondamentales de la religion, puisque c'est là un champ d'expérience et de questionnement existentiel auquel il pourrait vouloir se référer plus tard; c'est également un univers de connaissances qui permet de mieux comprendre l'histoire passée et l'actualité. Or, le seul type d'enseignement religieux offert dans le système scolaire est un enseignement confessionnel, défini par les instances catholiques. Alors, ou bien j'y inscris mon enfant, ou bien mon enfant sera en enseignement moral et n'aura donc aucune initiation à la religion ». Est-ce vraiment un choix ?

L'enquête citée précédemment (Milot, 1991) révélait que les parents tiennent à ce que ce soit l'école qui soit responsable de l'éducation religieuse, et non l'Église, de laquelle ils craignent le prosélytisme (p. 126-134). L'école leur apparaît le lieu d'apprentissage par excellence des connaissances générales et communes qui doivent être transmises aux enfants, par des enseignants disposant de la compétence pédagogique en cette matière, comme ils s'y attendent pour les autres matières scolaires. Cet aspect des attentes des parents suggère également que celles-ci sont peut-être moins « confessionnelles » que les statistiques peuvent le laisser croire à première vue.

L'analyse de quelques sondages récents de l'opinion publique nous éclairent sur l'impact que peut avoir, dans la perception des parents, l'absence de structures et d'enseignement religieux non confessionnels sur leur opinion concernant la question de la confessionnalité scolaire[6]. Deux sondages, effectués en l'espace d'à peine trois mois auprès d'un échantillon représentatif de la population québécoise, ont donné des résultats que d'aucuns qualifient de contradictoires. En effet, un sondage (Léger & Léger) concluait qu'une forte proportion de la population québécoise était en faveur de la confessionnalité scolaire, sans être opposée à ce qu'il existe d'autres types d'écoles et un choix pour l'enseignement moral. L'autre sondage (Sondagem) indiquait que la population préférait un enseignement sur les religions à un enseignement religieux seulement aux catholiques

---

[6] L'article de Jean-Pierre Proulx analyse l'évolution de l'opinion publique sur la confessionnalité. Je m'en tiendrai, pour les besoins de mon propos, à quelques éléments tirés des deux plus récents sondages.

et aux protestants, et que le cadre éducatif de l'école ne soit défini par aucune confession religieuse particulière. Soulignons que la construction et l'orientation des questionnaires ne sont pas indépendantes des institutions qui ont commandé ces sondages. Le sondage Léger & Léger, effectué en juin 1996, a été commandé par le ministère de l'Éducation qui préconisait alors le maintien de la confessionnalité des écoles et des enseignements religieux. Le bureau du sous-ministre associé de foi catholique aurait d'ailleurs été consulté pour l'élaboration de ce sondage. La Coalition pour la déconfessionnalisation du système scolaire au Québec[7] a, pour sa part, commandé à la maison Sondagem un sondage (septembre 1996), formulé en des termes très différents du sondage Léger & Léger.

En y regardant de plus près, l'analyse comparative des questions posées et des réponses obtenues, peut nuancer cette apparente contradiction. Que nous apprennent ces sondages, malgré certaines divergences formelles ? Tout d'abord, l'intérêt pour que la religion fasse partie de l'enseignement scolaire demeure élevé dans la population. Cependant, la population établit une distinction entre le rôle des Églises ou des institutions religieuses et celui de l'école concernant l'initiation à la religion. Par ailleurs, la confessionnalité obtient un score très différent selon qu'elle est présentée comme la volonté de la majorité ou qu'elle est évaluée par le répondant dans ses retombées concrètes pour l'école de son enfant. Voyons comment ces aspects se présentent comparativement dans les deux sondages.

Le désir que l'école offre un enseignement de la religion cote très haut dans les sondages. Quand on demande aux sondés (Léger & Léger) leur préférence entre l'enseignement religieux - catholique ou protestant - ou l'enseignement moral pour leur enfant, on obtient une majorité de 66,6 % (ce qui correspond approximativement au taux moyen annuel d'inscriptions à l'enseignement religieux). Cette majorité est interprétée comme

---

[7] Cette coalition regroupe une quarantaine d'organismes, dont les grandes centrales syndicales du Québec, la Centrale de l'enseignement du Québec, la Fédération des enseignantes et enseignants de commissions scolaires, la Ligue des droits et liberté, l'Association des directions d'écoles de Montréal, etc.

un appui à l'enseignement confessionnel par les instances catholiques. Par contre, la population se montre favorable (Sondagem) à une éducation morale et civique avec une initiation aux traditions religieuses dans une proportion de 71,8 %, plutôt qu'un enseignement religieux seulement aux catholiques et aux protestants (16,6 %) ou autant de cours d'enseignement religieux qu'il y a de religions dans l'école (11,6 %). Contradiction ? Il me semble que l'hypothèse décrite plus haut éclaire cette différence : ce n'est pas tant l'aspect « confessionnel » que celui de l'initiation à la religion qui est important. En l'absence de toute alternative offerte (dans l'école comme dans les questions des sondages), la volonté que l'enfant reçoive un enseignement religieux s'exprimera par un choix pour le seul enseignement existant. Par cette analyse, je me distancie de celle de Jean-Pierre Proulx qui interprète les résultats des sondages comme une préférence des parents pour l'enseignement religieux « confessionnel ».

Ces constatations ne signifient pas que l'initiation plus confessionnelle n'ait pas de pertinence pour certains parents et que le rôle des institutions religieuses soit évacué à cet égard. Mais ce rôle se distingue de l'éducation attendue à l'école. En effet, si on invite les parents (Sondagem) à différencier les objectifs de l'initiation religieuse et les lieux où elle peut s'inscrire, on constate que dans le cas où certains parents souhaitent pour leurs enfants une éducation devant développer leur foi et leur pratique religieuse, cet enseignement devrait être pris en charge par la famille (62,3 %) ou par l'Église (16,7 %) plutôt que par l'école (18,6 %). Cette donnée clarifie encore davantage les attentes à l'égard de l'enseignement religieux scolaire : tout au moins, on peut en déduire que la conception que les parents associent à la confessionnalité est de nature très différente de sa définition officielle. Cet écart entre les conceptions de l'Église et ceux des parents apparaît également manifeste dans la demande d'initiation sacramentelle. Même si celle-ci ne transite plus par l'école mais directement par la paroisse, les intervenants en pastorale pour l'initiation sacramentelle constatent, avec un certain désarroi, que « l'offre (de l'Église) ne correspond pas à la demande (des parents) ». Autrement dit, la demande de ritualité de la part des parents est manifestement réinvestie d'une signification plus « religieuse », au sens large du terme, que confessionnelle et plus « familiale » qu'ecclésiale (Milot, 1991, 93-98).

Les nouvelles orientations que les instances catholiques entendent donner à leurs programmes révèlent qu'elles ont saisi cette exigence assez peu « confessionnelle » des parents. Les instances catholiques ont en effet décidé de revoir rapidement leurs programmes d'enseignement afin que l'aspect confessionnel soit estompé. Les nouveaux programmes, bientôt implantés, prétendent à la fois initier de façon « objective » à la tradition chrétienne, ouvrir le jeune à la pluralité des traditions religieuses et assurer l'apprentissage de valeurs civiques communes (Comité catholique, 1996; Programme d'enseignement moral et religieux catholique, 1996). Nous ne discuterons pas ici des nombreux paradoxes que recèle une telle position, puisque quelques articles dans le présent ouvrage y font référence. Cependant, cette stratégie des instances confessionnelles témoigne que le maintien de la confessionnalité ne peut se faire qu'au prix d'une « dilution » des composantes idéologiques et normatives de cette dernière.

Le deuxième point que je soulevais concernant l'analyse des sondages est que la confessionnalité obtient un score très différent selon qu'elle est présentée comme la volonté de la majorité ou qu'elle est évaluée par le répondant dans ses retombées concrètes pour l'école de son enfant. Ainsi, si on évalue, comme dans le sondage Léger & Léger, l'accord des répondants pour la confessionnalité à partir de formules se référant à la volonté de la majorité (« si la majorité le veut... »), à la liberté de choisir (« tous les enfants du Québec devraient pouvoir choisir... »), etc., peu de répondants osent s'opposer à ce qui apparaît, dans le libellé même de la question, comme le choix démocratique de ses concitoyens. Par contre, placés devant les implications de la confessionnalité, qui suppose qu'une école véhicule les croyances d'une religion particulière et que soit reconnu le droit à la réciprocité pour les traditions religieuses non chrétiennes, les Québécois estiment qu'il est nettement souhaitable (88,3 %) de regrouper tous les enfants dans une même école de quartier, indépendamment de la religion de leurs parents. Pourtant, les tenants de la confessionnalité recommandent, en plus de l'existence des écoles confessionnelles, la création, au besoin, d'écoles non confessionnelles ou d'écoles laïques, aménagement qui serait de nature à respecter vraiment le choix démocratique des parents. Toutefois, cet aménagement s'avère structurellement impossible si on pense à la multiplication des types d'écoles qu'une telle recommandation suppose[8], mais qui ne verraient jamais jour dans un même quartier, la quasi-totalité des écoles de quartier étant déjà confessionnelles et suffisent à desservir la clientèle scolaire du territoire où elles se trouvent.

Il faut donc invoquer avec plus de nuances que ne le font les médias et les tenants de la confessionnalité la volonté des parents supposés majoritairement pour le maintien de l'école et de l'enseignement confessionnel. Les conditions structurelles de l'organisation scolaire actuelle dans lesquelles s'exerce le choix des parents doivent être considérées dans l'évaluation des majorités que l'on invoque. Il n'en demeure pas moins, comme l'affirme également Jean-Pierre Proulx en conclusion de son article, que les parents gardent un lien symbolique positif entre la religion et l'école. L'interprétation de ce lien ne semble néanmoins pas être la même chez les différents acteurs en présence.

Les religions dans l'État et l'Église dans l'espace laïque

C'est dans l'esprit d'une telle analyse que la laïcité est souvent avancée comme ajustement de la réalité scolaire à l'évolution socioculturelle du Québec. Par contre, la laïcité est décriée dans la mesure où on appréhende qu'une telle école évincera toute forme d'expression d'appartenance à une confession particulière. L'instauration de la laïcité ne saurait se faire en niant la signification publique et culturelle du fait religieux, de même que sa pertinence sociale. Au contraire d'une laïcité anti religieuse et d'une laïcité neutre ou indifférente au fait religieux, il s'agit pour l'État d'assurer un espace qui rend possible la convivialité entre les différentes ethnies et religions en présence. Ce qui ne veut pas dire que les

---

[8] Sans parler des conséquences sociales et éducatives d'une telle division des enfants.

Églises n'ont plus de pertinence sociale. Le théologien catholique Claude Geffré, analysant les rapports entre laïcité, liberté religieuse et pluralisme, affirme qu'en France, encore aujourd'hui, cette laïcité conçue comme une condition de convivialité des citoyens,

> invite l'État à renoncer à une laïcité militante qui était une quasi-religion. Mais elle invite aussi l'Église à renoncer à toute forme d'hégémonie directe ou indirecte sur la société civile. […] J'évoque seulement la nouvelle responsabilité de l'État quant à la question de l'enseignement des religions et le nouveau style des interventions de l'Église dans une société pluraliste. (1990, p. 160)

Le principe de séparation de l'Église et de l'État, tel qu'il prévaut pour l'organisation sociale en général, n'interdit pas l'expression des libertés religieuses des individus ni le droit d'association des groupes religieux. Cependant, de ces droits et libertés reconnus à tous ne découle pas l'obligation de l'État d'aménager les institutions publiques sur la base de ces particularismes. Il devient impératif de différencier le droit fondamental de la personne à l'expression de son appartenance et de ses valeurs, y compris dans l'école, du droit des groupes confessionnels particuliers sur les institutions scolaires publiques. Autant l'État doit-il veiller à protéger les droits et libertés d'expression et d'association de chacun en matière de convictions, autant doit-il veiller à la sauvegarde de l'espace commun qui ne soit tributaire d'aucun particularisme, afin d'assurer l'égalité de tous. Il ne s'agit pas — et il serait vain — de faire le procès de l'enseignement confessionnel actuel. Mais les conséquences qui découlent du droit à la réciprocité inévitable pour respecter l'égalité de tous les citoyens posent cependant un certain nombre de problèmes quant à l'organisation scolaire en général et à la socialisation des jeunes en particulier.

La socialisation scolaire doit relever le défi de la modernité, sans ostracisme à l'égard des identités ethniques et religieuses, ou du moins, de ce que chacun en a sélectionné. L'école est d'abord et avant tout le lieu où se rassemblent quotidiennement les enfants qui y apportent avec eux une grande diversité de conceptions sur les valeurs et sur le monde, issues de leur expérience familiale. Très concrètement, quand les enfants se côtoient à l'école, ils sont inévitablement en contact avec des symboles religieux diversifiés : les coutumes familiales, les fêtes religieuses, le jeûne de quelques enfants à certains temps de l'année, les prescriptions alimentaires ou le port de vêtements manifestant l'appartenance religieuse. Les dimensions personnelle, sociale et symbolique de l'appartenance religieuse de l'enfant entrent dans la salle de classe avec lui. Elles doivent cependant être accueillies et intégrées selon la logique propre à cet espace commun, éducatif et pluraliste, à fonction essentiellement socialisatrice qu'est l'école. Pour vraiment remplir sa mission éducative, l'école doit fournir à tous les jeunes les outils pour fonctionner positivement dans cette diversité culturelle et religieuse. L'école doit viser la compréhension des phénomènes de la croyance et de la non-croyance, le développement d'attitudes d'accueil et de respect de l'expérience religieuse et non religieuse, la connaissance de la diversité des valeurs et des croyances et la délibération critique sur les conceptions différentes du monde. Encore faut-il que cette visée soit institutionnellement et juridiquement possible. L'école doit, pour le moins, créer un climat propice au respect de la diversité des appartenances. Mais il faut également tenir compte du choix de ne pas croire ou de ne pas appartenir à quelque confession religieuse que ce soit. Chaque enfant est en droit de s'attendre à ne pas être importuné par un contexte scolaire qui privilégierait un « climat » confessionnel uniforme pour tous, ou par des enseignements religieux qui valoriseraient une conception unique de la « bonne morale » et de la « bonne vie ».

La question devient donc de savoir quel est le meilleur service de formation que l'école puisse rendre en matière de religion, compte tenu de sa mission éducative propre, mais surtout distincte par rapport au rôle des familles et aux services disponibles dans les communautés confessionnelles ? Comment les appartenances religieuses spécifiques peuvent-elles être respectées et affirmées librement dans l'école, en même temps que la construction d'un espace commun soit assurée et la promotion de valeurs civiques communes, valorisée ? Et comment sauvegarder la solidarité et le lien social qui doivent unir les citoyens ? Deux principes peuvent éclairer les orientations à privilégier. En premier lieu, la question des valeurs religieuses doit être mise au diapason de la visée éducative globale de l'école. En second lieu, la place de la religion dans l'espace scolaire gagnera à être harmonisée avec celle qui prévaut dans la société.

On ne peut attendre de l'école que sa fonction soit la même que celle des églises et des groupes religieux, encore moins qu'elle supplée à ces institutions auprès de leurs fidèles ou de leurs adhérents potentiels. Elle doit assurer entre les citoyens d'une société irréversiblement pluraliste, une suffisante communauté d'idées et de sentiments sans laquelle toute société est impossible. On peut parler du développement d'une « vertu démocratique », indispensable à tous les futurs citoyens pour qu'ils puissent participer à la construction de l'espace civique commun. Bien sûr, la conception du rôle de l'école dans l'apprentissage du vivre en société fait certainement l'objet d'une diversité d'opinions. Mais, quoi qu'il en soit, l'école ne peut, sans manquer à sa mission fondamentale, être le lieu de la promotion de telle ou telle foi particulière et de la fortification des différences sur des bases religieuses.

Conclusion

L'argument de la majorité et du choix massif des parents pour l'enseignement religieux catholique doit faire l'objet d'une interprétation nuancée. Son utilisation comme argument démocratique par excellence pour contrer la laïcité de la part des tenants de la confessionnalité comporte une portée démagogique quand elle est avancée comme défensive par une confession dominante. En outre, dans une démocratie libérale, le seul fait d'une majorité de parents d'une confession religieuse particulière n'est pas une variable suffisante pour déterminer à elle seule le type d'école et d'enseignement offerts à tous les enfants. La question religieuse fait partie de l'histoire collective, de la vie des individus et des dynamiques sociales. Il revient à l'État d'assurer que tous les jeunes bénéficient d'un apprentissage qui les ouvre à la signification publique et culturelle du fait religieux, en invitant les différentes traditions religieuses à apporter leur appui et leur collaboration à un tel projet.

Références

BEAUBÉROT, J. (1990). *Vers un nouveau pacte laïque ?* Paris, Seuil.

BOST, Hubert (éd) (1990). *Genèse et enjeux de la laïcité*, Genève, Labor et Fides.

Comité catholique (1996). *L'évaluation du vécu confessionnel. L'école catholique : un choix éducatif et culturel*, Québec, Conseil supérieur de l'Éducation.

GEFFRÉ, C. (1990). « Laïcité, liberté religieuse et pluralisme religieux », *Genèse et enjeux de la laïcité*, Genève, Labor et Fides, p. 151-163.

Gouvernement du Québec (1996). *Rapport final de la commission des États généraux sur l'éducation*, Québec.

Léger & Léger (1996). *La confessionnalité scolaire*, sondage téléphonique.

LEMIEUX, R. et MILOT, M. (1992). *Les croyances des Québécois. Esquisses pour une approche empirique*, Québec, Les cahiers de recherches en sciences de la religion, volume 11.

MILOT, M. (1991). *Une religion à transmettre ? Le choix des parents*, Sainte-Foy, Les Presses de l'Université Laval.

POULAT, É. (1988). *Liberté, laïcité. La guerre des deux France et le principe de modernité*, Paris, Cerf/Cujas.

Sondagem (1996). *Les structures confessionnelles du système scolaire québécois. Sondage auprès de la population du Québec*, Rapport synthèse.

Deuxième partie

L'enseignement de la religion à l'école

CHAPITRE 6

L'école face aux particularismes religieux : deux plaidoyers

MICHELINE MILOT

L'enseignement de la religion dans l'école se trouve à l'entrecroisement de pressions sociales différentes, voire divergentes. Les mutations socio-religieuses qui ont marqué la société québécoise depuis trente ans ont suscité un questionnement quant à la légitimité et aux modalités de la présence de la religion dans l'école publique québécoise. Plus récemment, le rapport final de la commission des États généraux sur l'éducation, paru en octobre 1996[1], a relancé le débat en recommandant une déconfessionnalisation complète du système scolaire : les commissions scolaires, les écoles, les structures administratives confessionnelles du Conseil supérieur de l'éducation seraient laïcisées, l'enseignement religieux confessionnel serait remplacé par une éducation civique et une étude du phénomène religieux et des traditions religieuses. Cette recommandation a donné lieu à de vives réactions dans lesquelles se profilent des conceptions antagonistes concernant le droit des parents, la signification et la portée du concept de majorité, l'identité culturelle et la fonction de l'école en matière de transmission religieuse.

Essentiellement, deux plaidoyers sont tenus au Québec sur les rapports entre religion et institution scolaire. La religion aurait sa place à l'école en tant qu'elle assure :

a) la transmission d'une représentation de la *lignée croyante*, c'est-à-dire d'une continuité dans l'identification des jeunes en référence à un *héritage religieux particulier*, et ce par l'entremise d'enseignements

---

[1] Commission des États généraux sur l'éducation (1996), *Rénover notre système d'éducation: dix chantiers prioritaires*. Rapport Final, Gouvernement du Québec, p. 53-56 et 88.

religieux à références confessionnelles et, généralement, de projets éducatifs de type confessionnel;

b) la transmission d'une *culture religieuse* en référence à des *patrimoines diversifiés*, sans parti pris à l'égard d'aucune religion particulière, et ce, dans le cadre d'un projet éducatif non confessionnel.

Le statut conféré à la religion dans la socialisation scolaire des jeunes dans l'un et l'autre cas est de nature très différente, mais la question va plus loin qu'une seule divergence quant au contenu de l'enseignement ou à la présence d'activités religieuses dans l'école. Chaque plaidoyer est assorti d'un dispositif argumentaire complexe, où se retrouvent, selon des perspectives différentes, des références aux droits des parents en matière d'éducation religieuse, aux droits acquis pour catholiques et protestants en vertu de la Constitution canadienne, à l'intégration culturelle et à la culture civique commune.

Nous tenterons dans cette analyse de faire ressortir les postulats éducatifs et sociologiques sous-jacents à chacune de ces deux positions[2], notamment concernant les liens entre religion, identité individuelle et culture civique commune qu'on peut y repérer.

La transmission d'une représentation de la lignée croyante

Les institutions religieuses doivent, si elles veulent assurer leur continuité dans le temps, veiller à ce que soit préservée une représentation collective de la lignée croyante pour ceux et celles qu'elles considèrent impli-

---

[2] Nous n'excluons pas qu'une partie de la population puisse se prononcer contre toute présence d'enseignement sur la religion à l'école, quelle que soit la perspective confessionnelle ou non de celui-ci. D'ailleurs, un récent sondage SOM-La Presse, en date du 11 octobre 1996, indiquait que près d'une personne sur cinq, soit 19 % de la population sondée, répondait "oui » à la questions *Doit-on sortir complètement la religion des écoles québécoises?* Nous n'avons cependant pas d'indication sur la conception de la religion sous-entendue chez ces répondants, ni d'éléments explicatifs quant à cette position. La justification généralement avancée est à l'effet que la religion est une affaire résolument privée, voire dépassée. Comme il n'existe pratiquement pas d'études ou de documents alimentant cette position au Québec, nous ne pouvons en analyser le plaidoyer dans cet article.

qués du fait de leur ascendance. Cette représentation, même minimale, se traduit chez l'individu par un sentiment d'être inscrit dans le prolongement d'une lignée croyante dans laquelle se reconnaissent des membres de sa famille et de son entourage. Elle assure l'identification (du moins nominale), sinon la croyance, à la tradition religieuse, quelle que soit la sélection que chaque individu fera par la suite à même cet héritage. Le maintien de cette représentation peut transiter par quelques rites religieux occasionnels, tel le baptême, le mariage ou les funérailles, ou encore par une certaine façon d'aborder les questions de sens à l'existence. Même en l'absence de toute référence concrète à la tradition religieuse à laquelle l'individu appartient par naissance ou par conversion, une représentation très abstraite de la lignée croyante peut perdurer dans les variables identificatoires. Divers sondages et enquêtes illustrent d'ailleurs assez facilement qu'un fort pourcentage d'individus reconnaissent encore leur affiliation à la tradition religieuse dans laquelle ils sont inscrits par leur contexte familial.

L'école peut être l'un des canaux par lesquels ce processus d'identification s'opère ou, plus précisément, est « nourri ». Dans divers contextes nationaux, les institutions religieuses et une partie des parents voient toujours dans l'école, publique ou privée, un lieu propice à assurer une transmission de la représentation de la lignée croyante dans le prolongement d'une tradition religieuse particulière. Pourtant, force est de reconnaître que le statut de la tradition dans le rapport que les individus entretiennent à l'égard de la religion a changé. Ce phénomène se situe dans la foulée de trois grandes transformations observées dans l'expérience religieuse contemporaine, notamment en contexte de chrétienté. Tout d'abord, une recherche personnelle de sens, prenant les traits d'une religiosité diffuse, volontiers éclectique, sélectionnant à plus d'une source d'inspiration pour construire son identité religieuse plutôt que d'endosser celle qui est transmise par la tradition. Ensuite, la validité de l'expérience de chacun acquiert un statut d'autorité au détriment de celui conféré par les institutions traditionnelles. Enfin, l'utilité des références religieuses est évaluée en fonction des besoins de la vie présente, plutôt que dans une perspective d'anticipation de l'avenir —

en ce monde ou dans un au-delà de la vie terrestre. Ces changements majeurs dans le rapport des individus aux références religieuses traditionnelles se répercutent nécessairement sur la place et le rôle que les institutions religieuses peuvent occuper dans la société.

Les traditions religieuses n'ont plus la fonction régulatrice du social et des comportements individuels qu'elles ont eue — parfois de façon très relative — par le passé. On ne peut cependant ignorer la remontée, à l'intérieur des grandes religions, d'affirmations religieuses collectives de type intégriste ou fondamentaliste. Mais là encore, le rapport à la tradition comme instance légitimatrice des affirmations identitaires ne se fait pas selon un mode « traditionnel », mais bien selon les dynamiques socio-politiques et socio-religieuses propres à la modernité (Kepel, 1989). Les caractères de la modernité sont repérables même à l'intérieur des réquisitoires se présentant sous forme de retour « intégral » aux sources de la tradition.

La distance des individus à l'égard des institutions religieuses n'a toutefois pas éradiqué chez une majorité une volonté que « quelque chose » soit transmis à propos de la religion à l'école. De la part des Églises et des groupes religieux, le souci explicite ou implicite d'assurer l'identification à la lignée croyante est toujours présent, quelle que soit la confession religieuse, bien que cette insistance puisse prendre forme à des degrés variables. Les instances confessionnelles s'appuieront sur cette volonté des parents pour justifier l'importance d'une éducation religieuse de type confessionnel, indépendamment des transformations profondes survenues dans l'expérience religieuse de ces mêmes parents.

Un cadre de références privilégiant une option religieuse : la filiation identitaire chrétienne

Au Québec, diverses traditions religieuses valorisent la pertinence d'une transmission religieuse scolaire, soit dans les écoles publiques (catholiques et protestantes) ou dans les écoles privées[3]. De la part de la confession catholique, ayant statut de religion dominante juridi-

---

[3] C'est le cas principalement des traditions juives, musulmanes et orthodoxes.

quement et jouissant des acquis du droit dans le système scolaire, on constate toutefois une modulation récente de son discours justificatif quant au maintien de la confessionnalité des écoles et de l'enseignement religieux.

Jusqu'à tout récemment, les instances catholiques avaient toujours affirmé clairement leurs objectifs de « transmission de la foi » et d'« intégration des jeunes à la communauté chrétienne » dans le cadre de l'enseignement religieux et dans la définition du projet éducatif de l'école. En effet, le *Programme d'études* de 1984 énonçait ainsi l'objectif global de l'enseignement religieux : « développer les ressources de l'élève et l'aider à découvrir et à accueillir la personne et le message de Jésus-Christ »; les objectifs d'apprentissage explicitaient clairement la visée de développer chez le jeune « son sentiment d'appartenance aux premières communautés chrétiennes et à celles d'aujourd'hui » (Direction de l'enseignement catholique, 1984, p. 9 et 11).

Cette option particulariste a fait l'objet de nombreuses critiques quant à sa compatibilité avec la définition d'une école publique commune. Les instances catholiques, par une suite d'Avis au ministre de l'Éducation, ont veillé à développer une nouvelle rhétorique de légitimation de l'enseignement religieux confessionnel. On constate donc certaines modulations dans les justifications énoncées officiellement par les instances catholiques, pour le maintien d'un enseignement religieux catholique dans les écoles. Ce changement apparaît comme un déplacement d'accents dans le recours aux éléments internes à la systémique religieuse elle-même. Le nouveau plaidoyer tenu par le Comité catholique (CC, 1996) relègue en arrière-plan les visées référant trop directement aux *croyances* et à la *communauté de foi* ou, autrement dit, l'ensemble des croyances et des dogmes de même que les aspects communautaires liant les croyants sont désormais mis en sourdine dans la formulation des intentions officielles. Ce déplacement se fait au profit d'une accentuation des dimensions *éthique* et *culturelle* dans la référence à la tradition. C'est comme si l'on cherchait à réagir à l'estompement social de la religion par sa promotion culturelle et sa légitimité éthique dans la formation des citoyens. Le document de 1996 argumente ainsi sur le « bien-fondé culturel d'un enseignement religieux catholique », soulignant « l'intérêt culturel d'une appropriation de l'héritage religieux catholique par les jeunes; [...] sa raison d'être n'est pas d'amener les jeunes à croire ou à s'intégrer à l'Église [...] La principale contribution de cet enseignement à la mission éducative de l'école se trouve dans son apport à la recherche d'humanisation qui est celle des jeunes », néanmoins, il s'agit bien d'un « objectif de formation humaine à la lumière de la tradition chrétienne » (p. 25).

En outre, il demeure que tout le climat de l'école, par le biais du projet éducatif, donne nettement préséance aux croyances et aux valeurs de la tradition catholique comme source d'inspiration de l'action éducative et d'éclairage de l'expérience du jeune : « les valeurs et les pratiques préconisées dans l'établissement trouvent une bonne part de leur inspiration dans la vision chrétienne de la personne, du monde et de la vie, telle qu'exprimée dans les croyances et les valeurs de la foi catholique » (CC, 1996, p. 19). La tradition catholique se présente toujours comme garante du lien social et de l'identité par le biais d'une *filiation religieuse*. En résumé, la nouvelle légitimation se formule en des termes de socialisation du jeune, d'intégration dans la culture, d'appropriation harmonieuse de l'héritage historique et d'adoption de valeurs morales et civiques communes, nécessaires à la vie en société. Toutefois, ces visées seraient assurées dans un cadre de références s'inspirant des croyances et des valeurs chrétiennes, présentées comme héritage de la culture publique québécoise. Les valeurs présumées « communes » sont également issues du même répertoire religieux. Il y a donc une superposition très nette entre le patrimoine culturel, la tradition catholique et l'identité collective.

La fonction d'intégration culturelle : l'importance du patrimoine catholique

Dans le discours officiel des instances catholiques, l'identification à la lignée croyante n'est plus présentée comme une nécessité de la « foi », mais comme une nécessité « culturelle », au sens d'acculturation et d'inscription dans une matrice identitaire. Cela rappelle, selon une modulation inversée, l'admonition passée, « qui perd sa langue perd sa foi »... que l'on pourrait mainte-nant formuler comme suit : qui perd son sens de l'ap-partenance à la lignée croyante perd son identité cultu-relle[4]. Si d'autres « fibres » que la fibre religieuse catholique sont reconnues comme faisant partie du pa-trimoine culturel des Québécois, l'école et l'enseigne-ment confessionnels offriraient, par leur « engagement à maintenir un lien de continuité avec les sources chré-tiennes de notre société », un lieu particulièrement pro-pice où peut s'effectuer « une telle appropriation de la mémoire historique et de la culture publique » (CC, 1996, p. 28) telles qu'attendues de l'école publique. « Même dans la société séculière du Québec contempo-rain, elles [les valeurs de la tradition chrétienne] ne peu-vent être ignorées comme facteur d'identité culturelle. L'enseignement religieux peut être vu comme un moyen de s'approprier cet aspect important de l'identité qué-bécoise et de la culture universelle, en complément d'autres disciplines qui peuvent aussi aborder l'héritage catholique, mais d'un point de vue plus fragmentaire et extérieur. » (CC, 1994, p. 5)

L'organisation confessionnelle de cet enseignement se présente donc sous des apparences de « sécularisation interne ». Sa légitimité ne se fonderait plus sur la néces-sité de la transmission de la foi, mais davantage sur son apport à la maturation spirituelle et sur la fonction cul-turelle de la connaissance de la tradition chrétienne. Cette modulation des concepts mis de l'avant et des intentions déclarées dans l'organisation confessionnelle de l'enseignement catholique tend, à première vue, à se rapprocher de la tradition éducative établie depuis plu-sieurs années dans le secteur de l'enseignement religieux protestant, dont la sécularisation interne, du moins en principe, fut une conséquence directe de la pluralité de confessions protestantes et de l'afflux des immigrants qui se retrouvèrent dans les écoles pour protestants. Mais encore là, on ne peut parler de symétrie entre les inten-tions déclarées des deux types d'écoles. Le projet édu-catif protestant, marqué depuis toujours par le

---

[4] « Chaque culture reflète en effet des options portant sur une certaine manière d'être humain, d'où l'importance d'une identité cul-turelle dynamique et ouverte, puisant à toutes les sources de sa vita-lité; d'où également le risque d'une déculturation qui ferait perdre à la collectivité ses assises morales et spirituelles ». (CC,1994, p. 4-5)

pluralisme, ne vise pas à ce que les croyances et valeurs issues de cette tradition inspirent toute l'action éducative (bien que certaines écoles protestantes présentent un climat confessionnel nettement plus accentué, dépendant des confessions majoritairement en présence dans ces écoles). La religion n'y est pas désignée non plus comme tenant lieu de matrice identitaire que l'école devrait nourrir.

L'argumentaire des instances catholiques est encore empreint d'une identification étroite entre culture québécoise et identité catholique : « Au Québec, nous avons eu du mal à assumer pleinement notre histoire /.../ sans nourrir un fort ressentiment à l'égard de bien des aspects de *nos origines catholiques* en terre d'Amérique », [...] « *La population résiste* en effet *globalement* à faire table rase de *son héritage religieux*, comme en font foi de nombreux indices. Ainsi, malgré tous les torts de nos ancêtres et des institutions qui les ont soutenus, on semble encore voir dans *l'école catholique un symbole identitaire* et un lien tangible avec une source d'inspiration qui a tout de même aidé à vivre de nombreuses générations jusqu'à nos jours ». Le document du Comité catholique ajoute : « Avant de renoncer à cette dimension de l'éducation de nos jeunes, ne faudrait-il pas s'interroger sérieusement sur l'appauvrissement possible qui pourrait en résulter non seulement pour eux mais pour *l'ensemble de notre peuple* ? » (CC, 1996, p. 28, nous soulignons).

La fonction éthique : la transmission des valeurs « chrétiennes communes »

La fonction de transmission de valeurs morales associées au catholicisme, qui a toujours été partie intégrante de l'enseignement religieux catholique, est maintenue dans ses nouvelles orientations, la confessionnalité étant considérée comme garante d'un certain ordre de valeurs morales, « présumées » partagées dans la population. On inscrit sa contribution à la formation aux valeurs civiques communes, puisque « le développement d'une compétence religieuse fait aussi partie d'une formation civique libérale » (CC, 1996, p. 24). Les valeurs « communes » sont en fait des valeurs chrétiennes qui sont jugées « porteuses d'humanité » (CC, 1996, p. 29).

Ainsi, aux yeux des instances confessionnelles, ces valeurs privilégiées dans l'enseignement et dans la définition du projet éducatif ne seraient pas contraignantes, ni pour les enfants ni pour les enseignants, parce qu'elles « rejoignent des aspirations qui ne sont pas le monopole d'une religion particulière, même si elles se ressentent pourtant bien de l'influence de la foi chrétienne » (CC, 1996, p. 22). Nous pouvons reconnaître là un postulat explicite dans les documents du Comité catholique selon lequel « l'école n'a pas à se dépouiller de tout particularisme [religieux] pour être commune et donner accès au patrimoine universel » (CC, 1995, p. 22).

Le discours officiel des instances catholiques insiste beaucoup sur l'apport de l'école et de l'enseignement religieux catholiques pour une formation morale dont la spécificité est son ancrage dans l'humanisme chrétien, « une façon de se centrer sur des valeurs porteuses d'humanité » (CC, 1996, p. 29). Cet enseignement est donc « confessionnel en ce qu'il véhicule essentiellement la vision chrétienne de la personne, du monde et de la vie, comme pouvant éclairer la recherche d'humanisation » (p. 25), mais le Comité affirme dans le même souffle que ce particularisme confessionnel, de par son caractère présumé universel, permet d'accueillir des jeunes de toutes provenances et « sans aucunement porter atteinte à leur liberté de conscience » (p. 29).

Selon la logique déployée dans cette perspective, l'exploration d'autres traditions religieuses (jugées nécessaires dans certains contextes pluralistes) et le développement de l'esprit critique (afin de mieux fonder ses propres choix) se feraient à partir du pôle intégrateur de l'identité que sont les valeurs et le cadre de références chrétiennes, proposées comme inspirantes et éclairantes pour l'expérience et, de par leur caractère universel, permettraient la maturation morale et spirituelle de *tous* les élèves, quelle que soit leur appartenance religieuse (Côté, 1995, p. 94, CC, 1994, p. 6-7 et 1996, p. 25). En outre, il est postulé que ce n'est qu'à partir d'un tel pôle intégrateur qu'il devient possible d'aborder avec tolérance et respect les autres cultures et traditions.

Les instances confessionnelles misent ainsi sur un double pari : celui de maintenir une pertinence et un rôle dans la socialisation et celui de sauvegarder les liens socio-religieux dans une lignée croyante dont les amarres communautaires et familiales sont largement fragilisées. L'enseignement confessionnel est considéré comme garant d'une acculturation inclusive d'une vision religieuse de soi et du monde. La socialisation des jeunes de toutes provenances serait mieux réussie parce que la fibre religieuse, postulée comme inhérente à l'héritage transmis, est réappropriée par chacun, ce qui assurerait un développement harmonieux et intégral. L'enseignement se présente également comme garant d'une assurance morale, d'un « certain ordre de valeurs », dans un contexte de relativité des repères et d'un pluralisme induisant le problème des modes de validation spécifique du croire et de l'éthique sociale.

La transmission d'une culture religieuse sans références confessionnelles

Malgré l'indéniable recul de l'influence institutionnelle des religions, l'importance de certains aspects de celles-ci dans la vie des individus et dans les dynamiques sociales a nourri depuis plusieurs années, au Québec et dans d'autres contextes nationaux, une réflexion sur l'apport positif d'une éducation à la religion, sans objectif confessionnel, à l'école publique. Nous examinerons à son tour cette conception de l'éducation religieuse selon les trois paramètres utilisés précédemment, soit le cadre de références privilégiées, les postulats éducatifs quant à la fonction d'intégration culturelle et à la visée éthique d'une telle éducation.

La socialisation religieuse familiale s'étant précarisée, les parents eux-mêmes, même en contexte fortement laïc comme la France[5], se sont montrés ouverts à un apprentissage de la religion à l'école. Face à une quasi absence de socialisation religieuse dans la famille et la communauté croyante, n'attend-on pas que l'école prenne, par défaut, le relais des autres instances traditionnelles (familles et églises) dans la formation religieuse ? C'est l'analyse que font les tenants de l'exclu-

---

[5] Quelques références aux débats européens se retrouvent en bibliographie: Beaubérot, 1990, Willaime, 1990 et Hervieu-Léger, 1990.

sion de la question religieuse de l'école et du curriculum. Toutefois, plusieurs intervenants, tant dans le monde de l'éducation que chez les parents, même ceux qui préconisent la déconfessionnalisation du système scolaire, valorisent une éducation au phénomène religieux, afin que les jeunes puissent mieux comprendre certains éléments fondamentaux de la dynamique sociale, de l'histoire ou des arts. À cet objectif se joignent souvent d'autres finalités, comme le développement spirituel et du jugement critique ou l'éducation civique.

Un cadre de références de l'ordre des savoirs critiques

Depuis le Rapport Parent sur l'éducation au Québec (1966) et, selon diverses formes, dans d'autres contextes nationaux, un enseignement culturel sur les religions a été préconisé, selon une approche différente de celle qui privilégie la continuité de la lignée croyante. Cet enseignement peut correspondre toutefois à des réalités diversifiées et se fonder sur des motifs tout aussi variés. Malgré une certaine variabilité des attentes possibles à l'égard des objectifs poursuivis dans le cadre d'un enseignement de type culturel, une constante se dégage : il importe d'aborder chaque religion ou idéologie selon les mêmes paramètres de connaissance et de délibération critique, sans privilégier une religion ou une idéologie particulière dans le traitement qui en est fait dans l'enseignement ou dans la définition des orientations d'un projet éducatif global. Le but est d'abord de transmettre aux jeunes des repères communs de l'ordre du savoir comme clés de compréhension de l'expérience religieuse, tout en favorisant chez eux l'ouverture respectueuse à la diversité des appartenances et, plus largement, aux questions existentielles portées par les traditions religieuses.

Le Conseil supérieur de l'Éducation, dans un avis datant de 1987, avait déjà souligné l'importance d'une telle formation « d'histoire et de culture religieuses » (1987, p. 25) qui n'implique pas seulement l'adhésion ou la transmission des particularismes, même définis comme universels. Il posait à cet effet un certain nombre de conditions à une véritable éducation aux valeurs :

> Pour être un véritable éveil à la pluralité et à l'altérité, l'initiation culturelle doit être aussi un éveil au caractère inéluctablement

> partiel et relatif de ce à quoi on initie : la maturité de l'adhésion
> et de l'affirmation comprend aussi une certaine conscience de la
> distance /.../ Cet enjeu rejoint très directement l'action de l'école,
> dont on dit couramment qu'elle doit être « foyer de culture »,
> c'est-à-dire un lieu où on se familiarise en profondeur avec sa
> propre culture et avec l'univers plus large des cultures. Mais une
> perspective pédagogique qui ne soulignerait que la tâche scolaire
> de la transmission des valeurs, sans promouvoir aussi une cer-
> taine clarification du processus même d'émergence des valeurs
> et la conscience de leur relativité, ne serait pas une véritable
> éducation à la différence. Il ne s'agit pas de s'empêcher d'adhé-
> rer à sa propre culture ou de promouvoir vigoureusement cer-
> taines valeurs; il s'agit de ne pas s'y enfermer comme dans un
> univers totalitaire. (1987, p. 12-13)

Au Québec, la notion de « culture religieuse » pour décrire la mise en place d'une perspective non confessionnelle dans l'enseignement de la religion a donné lieu a une polémique fortement polarisée, où, notamment pour les instances catholiques, un enseignement religieux « culturel » s'en tiendrait à une présentation froide et uniquement rationnelle de la religion, détachée de l'expérience religieuse de l'enfant et laissant celui-ci à lui-même devant un éventail éclectique de propositions de salut (Côté, 1995; Tremblay, 1995; CC, 1994, 1996). Il est vrai que le programme de culture religieuse qui a eu cours dans les années soixante-dix, préoccupé de distinguer ses objectifs des approches confessionnelles, avait accentué la dimension intellectuelle et critique dans l'enseignement[6]. Toutefois, la caricature dont il a été l'objet n'est pas justifiée. En voulant initier les jeunes tant à l'auto-compréhension, à l'hétéro-compréhension des traditions religieuses qu'à la relativisation critique de ces phénomènes (Ouellet, 1985), l'expérience du jeune était nécessairement considérée.

Depuis quelques années, plusieurs instances (non-confessionnelles) et intervenants sur la scène sociale ont remis à la une la nécessité d'assurer une formation pour tous sur les religions. Hormis les fonctions d'intégration culturelle et de formation civique qui sont mises de l'avant, (tel que je le décris plus loin), la prise en considération de l'expérience spirituelle tend à être

---

[6] Voir à ce propos la seconde contribution de Fernand Ouellet dans le présent ouvrage.

considérée comme faisant partie des objectifs d'un enseignement sur les religions (Harvey, 1992; Ouellet, 1995; CEQ, 1995). Les expériences éducatives qui ont cours en Grande-Bretagne sur ce type d'enseignement depuis les années soixante-dix tendent à démontrer qu'il n'est pas impossible d'allier une initiation intellectuelle aux grandes religions et une prise en compte de l'expérience spirituelle ou de la quête de sens des enfants[7].

On peut quand même souligner qu'il s'agit là de deux types d'objectifs et d'approches et reposent sur des fondements épistémologiques et éducatifs différents. Que ce soit une approche confessionnelle, basée sur l'expérience religieuse, incluant une connaissance objective et rigoureuse des religions ou une approche non confessionnelle qui, à une connaissance objective, intègre des finalités concernant les quêtes de sens particulières de chaque enfant, le défi éducatif de ce « mixage » ne va certainement pas sans une certaine complexité.

La fonction d'intégration culturelle ou la prise en compte de la diversité religieuse

L'intégration culturelle fait partie des justifications explicites de la promotion d'une étude non confessionnelle de la religion. Les concepts de culture et de patrimoine ne recouvrent pas les mêmes réalités que dans la logique confessionnelle présentée plus haut. La culture religieuse ne réfère pas à une matrice identitaire, mais à un répertoire de connaissances plus général, et le patrimoine ne renvoie pas à l'étendue de la chrétienté dans le monde, mais à la présence diversifiée des expériences religieuses dans les différents contextes socio-historiques, dont la société québécoise. Ce sont là deux distinctions conceptuelles importantes quant au statut de la religion

---

[7] Le syllabus de Birmingham et le manuel qui l'accompagne (*Living together*, 1975) énoncent les trois finalités fondamentales de l'enseignement religieux non confessionnel: contribuer à une meilleure communication entre les groupes formant la société pluraliste; permettre une meilleure compréhension de la religion; permettre aux élèves de formuler leur propre vision du monde et leur propre philosophie par suite de leur rencontre avec les religions du monde. Les spécialistes anglais accordent beaucoup d'importance dans le cadre de cet enseignement à rejoindre l'expérience personnelle des jeunes de toutes traditions (Grimmitt 1978).

à l'école, impliquant un projet éducatif et un enseignement sur les religions sans références confessionnelles.

La filiation identitaire n'est considérée que dans la mesure où elle peut être une réalité pour certains enfants, mais sans que l'objectif de l'enseignement soit d'en assurer sa continuité dans le temps. L'éclairage est mis davantage sur le fait que l'identité religieuse de l'environnement est plurielle plutôt que d'insister sur un héritage, une identité et des racines qui renverraient explicitement à la filiation identitaire d'une tradition religieuse particulière. La filiation religieuse des jeunes n'est pas refoulée, mais accueillie dans l'école selon une logique éducative où la socialisation à un espace civique commun est considéré comme devant primer sur la reproduction des particularismes identitaires (CEQ, 1995; Ouellet, 1995; Aubert et Milot 1994; Milot, 1995).

Les objectifs qui peuvent être assignés à un tel enseignement sont diversifiés. La connaissance objective des religions prend l'avant-plan. Par exemple, les sondages réalisés en Grande-Bretagne, où on parle paradoxalement de *religious education* (d'« éducation religieuse »), montrent que seulement 20 % des parents attendent de l'école des objectifs de transmission d'une foi religieuse ou des croyances, contre 38 % qui estiment que l'école doit fournir des éléments de connaissance sur l'histoire et les autres cultures (*The Independent*, 6.9.1993, p. 1 et 3). De même en France, malgré un contexte de laïcité affirmée, un vaste sondage (*Encyclopaedia universalis*-SOFRES, 1989) indiquait que 65 % des Français étaient favorables à la création d'un cours d'histoire des religions dans les lycées et collèges[8]. Plus récemment au Québec, un sondage réalisé par SONDAGEM (septembre 1996) indiquait que 71,8 % de la population sondée préférait que l'école offre à tous les élèves un cours d'éducation morale et civique avec une initiation aux traditions religieuses, plutôt qu'un

---

[8] Au Québec, les instances confessionnelles citent souvent à l'appui de leur thèse sur la nécessité de conserver une place à la religion (confessionnelle) à l'école publique cet intérêt manifesté dans différents pays européens pour la question de la formation religieuse. On aura compris que les motifs sous-tendant cet intérêt pour la culture religieuse se différencient nettement de la volonté de légitimer, même en les renouvelant, les approches confessionnelles québécoises.

enseignement religieux seulement aux catholiques et aux protestants (16,6 %) ou autant de cours d'enseignement religieux qu'il y a de religions dans l'école (11,6 %).

La nécessité d'une compréhension des expériences religieuses diversifiées qui font partie de l'environnement de l'enfant dès le début de la scolarisation s'inscrit dans un objectif d'ouverture à la diversité, ouverture et compréhension jugées nécessaires pour une intégration culturelle harmonieuse de chaque citoyen. Le postulat éducatif qui sous-tend cette approche est à l'effet que l'enfant n'a pas nécessairement une « identité religieuse » qu'il faut d'abord former. Par ailleurs, la familiarisation avec les visions du monde partagées dans son milieu ne commande pas d'être faite selon une modalité pédagogique qui insisterait sur la lignée croyante des enfants. Cette perspective inscrit là encore sa différence par rapport à la logique confessionnelle qui postule que « pour s'ouvrir avec profit aux grandes traditions spirituelles de l'humanité, l'enfant a d'abord besoin de former sa propre identité religieuse » (Côté, 1995, p. 90; CC 1994 et 1996). L'étude des religions est toutefois suspectée, notamment par les institutions religieuses, un certain nombre de croyants et les tenants d'une laïcité complète. Ces derniers redoutent un prosélytisme déguisé derrière un soi-disant discours objectif tenu sur les religions. Les groupes religieux, quant à eux, appréhendent généralement que cet enseignement ne soit pas abordé « correctement ». Les instances catholiques, par exemple, craignent que cet enseignement, en définitive, ne laisse les jeunes « à eux-mêmes, devant un éventail de doctrines religieuses entre lesquelles ils auraient à choisir » (CC, 1996, p. 25-26). Cette réserve révèle une transposition de la logique éducative confessionnelle selon laquelle toute éducation en matière de religion conduit nécessairement à confirmer ou faire un choix de croyances et d'adhésion.

L'enseignement sur les religions fait craindre que celles-ci soient renvoyées dos à dos, à partir d'un relativisme philosophique, favorisant subrepticement un scepticisme généralisé (Beaubérot, 157). On peut considérer, en effet, qu'« un enseignement sur les religions, tout en étant objectif et rigoureux, risquera toujours de heurter certaines sensibilités pour la simple raison que diffuser, à travers l'école, les savoirs scientifiques sur les religions (leur origine, la formation de leurs textes fondateurs, leur évolution) heurtera inévitablement les visions non critiques — en particulier apologétiques — de ces religions et de leur histoire » (Willaime, 1995, p. 11). Cette crainte est notamment présente chez les parents fermement attachés aux croyances et pratiques religieuses traditionnelles, catholiques, musulmanes, juives ou autres, et qui s'objectent à ce qu'on aborde la religion d'une façon objective et critique, en situant, par exemple, les circonstances de production du discours dit « révélé ». Ces parents, pour qui la religion est généralement un aspect important de leur identité et source première de normativité du comportement, disent même préférer que leur enfant soit exempté d'un tel cours (exemption que plusieurs de ces mêmes parents demanderont par ailleurs pour d'autres aspects du curriculum, comme l'éducation sexuelle, ou à la limite, les théories de l'évolution biologique des espèces). De multiples exemples de ce phénomène ont été relevés, notamment aux États-Unis, où la religion ne fait pourtant pas partie du curriculum : plusieurs jugements de cours portent justement sur le fait que des parents demandent que leurs enfants soient exemptés même des cours de lecture, parce qu'on y présente des visions du monde différentes de celle promue par leur religion (Macedo, 1995).

Même si les organisations religieuses renoncent à voir en l'école un lieu de promotion de leur foi particulière, là ne s'arrête pas la question des rapports entre ces groupes et l'enseignement religieux à l'école. En effet, par crainte d'une approche par trop critique ou non orthodoxe de leur tradition, des représentants expriment la nécessité que la section des programmes d'études concernant leur tradition soit en quelque sorte « agréée » par eux. Cette méthode a déjà été mise en place en Angleterre, par la formule des *Agreed Syllabus*. Cette entente d'agrément peut cependant soulever deux problèmes. Celui tout d'abord d'identifier les représentants des communautés religieuses. Seront-ils rabbins, prêtres et imams, ou universitaires croyants impliqués dans les organisations ? Qui désigne qui est spécialiste ? La plupart des organisations religieuses sont généralement divisées, avec différentes factions centristes, gauchistes ou intégristes. L'unanimité est impossible à réaliser. La désignation par des fonctionnaires de l'État revient à agréer ses propres partenaires qui devront agréer les programmes produits par ceux-ci. Est-ce que l'« agrément » doit s'étendre jusqu'à la formation des maîtres et au choix du personnel enseignant, voire à la surveillance de la conduite morale de ce personnel ? Il n'est pas improbable que les réclamations des leaders religieux aillent jusque-là, d'autant plus que les instances confessionnelles au Québec présentement jouissent déjà d'un pouvoir assez étendu en ce domaine. Par ailleurs, et c'est là la deuxième source de problème potentiel, compte tenu des divergences évidentes entre certains aspects propres à chaque religion, on ne saurait éviter que le fait d'aborder les religions dans le cadre d'un enseignement non confessionnel puisse heurter les sensibilités croyantes de sous-groupes particuliers dans chaque tradition religieuse.

La fonction éthique : le cadre d'une formation civique commune

D'autres types d'objectifs peuvent être rattachés, directement ou indirectement à ce type d'enseignement, en premier lieu la formation morale (éthique ou civique, le vocabulaire étant variable selon les écoles de pensée ou les orientations spécifiques attendues de l'enseignement). Le souci d'accorder une importance à la dimension éthique dans la socialisation scolaire fait indéniablement partie des attentes de la majorité des parents, des institutions religieuses et des tenants d'un enseignement sur les religions. Au Québec, c'est là un aspect généralement partagé que ce souci de fournir des balises éthiques aux jeunes (Milot, 1991). Les sondages précités, en Grande-Bretagne et en France, suggèrent aussi ce type d'attentes de la part des parents : 36 % en Grande-Bretagne et pas moins de 42 % chez les Français. Mais cette formation doit-elle être nécessairement liée à l'enseignement sur les religions ?

Encore là, différents cas de figures sont possibles, selon que l'on a affaire à des objectifs explicites de formation morale rattachés au programme d'enseignement des religions ou aux incidences de nature éthique découlant de la formation religieuse générale. Ainsi, on s'attend à ce qu'une meilleure connaissance des religions abaisse les préjugés face à la différence, rendent les jeunes plus tolérants et respectueux face à la diversité (CSE, 1987;

Aubert et Milot, 1994). L'orientation des *Agreed Sylla-bus* en Grande-Bretagne entend faire place également à la question morale, en définissant que l'éducation reli-gieuse devrait favoriser chez les jeunes leur développe-ment spirituel, moral, culturel et social, notamment en développant leur conscience des questions fondamen-tales de la vie soulevées par les expériences humaines (School Curriculum an Assesment Authority, *Model Syllabuses*, London, 1994, p. 4). Rappelons également le fort pourcentage de réponses favorables (71,8 %) dans le sondage SONDAGEM cité plus haut, que recueillait l'option d'un enseignement civique et moral associé à une initiation aux traditions religieuses.

Des objectifs de formation à la délibération critique et démocratique (Ouellet, 1994, 1995; Milot, 1995) se profilent dans le cadre des visées de cet enseignement et sont de nature à renouveler la pertinence de l'éduca-tion au phénomène religieux. Ces perspectives ont été remises à l'ordre du jour des débats qui se déroulent présentement sur la question de la confessionnalité sco-laire par la publication notamment du *Rapport final* de la commission des États généraux sur l'éducation du Québec (1996). Ce rapport, audacieux dans ses recom-mandations, en appelle à une déconfessionnalisation complète du système scolaire québécois. Toutefois, s'il recommande que l'enseignement religieux confession-nel soit aboli, ce n'est pas pour « sortir la religion des écoles », comme le prétendent les opposants à ces re-commandations, mais pour viser plus explicitement la connaissance du phénomène religieux en élaborant des contenus d'enseignement culturel plus rigoureux. Mais ce qui apparaît clairement, c'est que cet enseignement se situe dans l'axe de formation à la démocratie (p. 21) où l'on retrouve une insistance sur l'importance qu'il faut accorder à une véritable éducation civique. Ainsi, l'éducation au phénomène religieux n'est pas située dans le cadre de la formation de la personne, mais dans celui de « l'univers social et de l'apprentissage de la vie en démocratie », où l'importance de l'éducation aux valeurs et de la connaissance culturelle des religions est claire-ment rappelée (p. 54-56).

Cependant, si une visée d'enseignement sur les reli-gions comporte inévitablement des incidences de l'or-dre de la formation morale et de l'éducation civique, il ne s'agit pas ici de lier morale et religion comme ce fut souvent le cas par le passé, et encore moins de puiser aux différentes morales religieuses pour éduquer aux valeurs et au phénomène religieux. En fait, ce n'est pas le cours de religion qui remplit des objectifs de formation morale (ce qui n'aurait rien d'évident, car non seulement, il y a des éthiques religieuses tout à fait divergentes, mais des pratiques fondées sur des valeurs religieuses peuvent apparaître comme immorales dans notre contexte culturel et juridique), mais une formation au phénomène religieux peut être avantageusement située dans le prolongement d'un apprentissage aux valeurs civiques.

On pourra se demander si, en arguant la liberté de conscience, on pourrait légalement être autorisé à se soustraire à un enseignement visant la connaissance et la compréhension des traditions religieuses selon une perspective non confessionnelle. Les tenants d'une éducation démocratique soutiendront que non[9]. Par ailleurs, la question de l'agrément par les confessions religieuses, du discours socio-historique concernant leur tradition, soulèvera aussi un certain nombre de difficultés au Québec. Si un enseignement culturel sur les religions devait s'instaurer, on peut prévoir que des forces internes tendraient à vouloir prolonger les habitus historiques du long passé confessionnel, où l'autorité des confessions religieuses sur les contenus d'enseignement était totale. L'expérience britannique, analysée par Jackson dans son texte présenté en première partie, démontre bien l'importance de cette force politique des regroupements confessionnels.

Un choix éducatif qui reste à faire

Il en va donc de deux configurations scolaires qui traduisent des types différents de gestion des rapports entre religion et socialisation scolaire. Le type confessionnel, même explicitement ouvert à la différence et s'auto-définissant comme public et commun, appelle dans un système comme celui du Québec le droit à la

---

[9] Voir l'analyse intéressante de F. Ouellet, dans sa première contribution, qui présente des travaux d'Amy Gutmann.

réciprocité. Cette réciprocité donne lieu à une *logique de segmentation* du système scolaire selon les grandes conceptions religieuses et philosophiques de l'homme et du monde. On observe en effet, conjointement à cette réaffirmation (surtout catholique) de la pertinence de l'orientation confessionnelle de l'école publique et de l'enseignement religieux, une augmentation du nombre d'écoles privées, ethnico-religieuses (juives, musulmanes, orthodoxes, arméniennes et quelques dénominations protestantes fondamentalistes), soit une quarantaine en 1993-1994 (Proulx, 1995). Cette extension de la vision du monde propre à une confession particulière peut donc se retrouver également dans l'argumentation que veulent faire valoir d'autres groupes confessionnels, par exemple certains leaders musulmans qui veulent proposer des projets d'école publique musulmane, en mettant de l'avant dans la définition du projet éducatif les valeurs véhiculées par leur tradition mais propres, selon eux, à enrichir et promouvoir une culture publique commune au Québec. Chaque tradition religieuse peut se prétendre à la fois particulière et universelle, la définition du « public » et du « commun » prenant dès lors des colorations aussi diversifiées qu'il y a de promoteurs d'une ou l'autre religion dans l'espace social.

Selon cette conception, l'apprentissage à la citoyenneté serait mieux assuré par le fait que le jeune puisse s'intégrer à la société dans le prolongement d'une communauté historiquement identifiée. On peut reconnaître dans cette conception de la transmission scolaire les principes de la démocratie libérale tels que décrits par Thériault dans le présent ouvrage. Poussée à la limite, cette tendance, comme l'auteur le fait bien remarquer, « favorise la fragmentation et le différencialisme au sein de la société. L'école qui en ressort, en multipliant les projets scolaires, reproduit les différences inhérentes à la société civile ». Ainsi, le partage de valeurs communes peut être empêché dans le déploiement de la citoyenneté.

Il importe de souligner que le projet de loi sur l'Instruction publique (projet de loi 107) consacre entièrement cette conception de la place de la religion à l'école comme le prolongement de la lignée croyante, en maintenant le droit des confessions catholique et protestantes en ce qui concerne la confessionnalité des écoles et des enseignements religieux. En outre, on y retrouve la possibilité pour des écoles de se définir selon des projets éducatifs s'inspirant d'autres traditions religieuses que catholique ou protestante et d'offrir des enseignements religieux confessionnels d'autres traditions. Les projets éducatifs pourraient, de façons diverses et à des degrés variables, à la fois reposer sur les « particularismes » d'une confession religieuse et se définir comme « publique et commune »[10], prétentions qui sont réaffirmées dans les documents récents des instances catholiques, comme nous l'avons déjà noté plus haut. Si le maintien de cette perspective confessionnelle peut sembler économique d'un point de vue politique, il surprend davantage d'un point de vue sociologique, où l'école apparaît plus religieuse que l'espace social et où la religion est conçue uniquement comme une réalité à laquelle on adhère ou que l'on rejette.

La question demeure, à savoir si l'école peut assurer la valorisation de points de repères communs sur fond de références aux croyances et aux valeurs d'une tradition religieuse particulière, sans être répressive à l'égard de ce que chacun en a sélectionné ni à l'égard de ceux qui ne partagent pas ce cadre de références. En fait, le cadre de références chrétiennes occupe, dans les orientations déclarées des instances catholiques, une double position. Si les dogmes et les éléments centraux de la foi sont présentés non comme à croire, mais comme une information dite « objective », le fait néanmoins de s'en inspirer pour éclairer le développement spirituel et moral leur confère un caractère non objectif, puisqu'ils ne peuvent être à la fois un cadre pré-défini de références globales (non soumis à la délibération critique) et un contenu, supposé objectif (soumis à la délibération critique). En définitive, il s'agit d'une option religieuse particulière, présentée comme éclairage du développement humain et des choix de valeurs, qui échappe aux standards académiques de vérification et de délibération critique.

La formation civique et l'intégration culturelle, qui apparaissent comme des objectifs déclarés dans les visées de l'école et de l'enseignement confessionnels,

___

[10] Au moment d'écrire cet article, les décisions politiques concernant la confessionnalité scolaire ne sont pas encore arrêtées.

demeurent ainsi inféodées à une vision religieuse particulière de l'homme et de la société. Un tel projet particulariste poserait moins de problèmes sur les plans juridique et démocratique s'il concernait une école privée (bien que cela puisse également être discutable). Mais n'est-on pas au Québec en contexte de religion dominante, se réclamant d'être majoritaire, jouissant de droits acquis et dont les écoles reconnues confessionnelles devraient s'engager dans un long processus pour révoquer ce statut ? La contribution de Marcel Aubert, au début de cet ouvrage, nous illustre bien cette situation juridique paradoxale.

La seconde logique de configuration du système scolaire se présente comme une *logique d'intégration* de la diversité des écoles publiques et de leurs différents projets éducatifs selon des paramètres communs et partagés, excluant de l'école publique la référence à une conception religieuse ou philosophique basée sur une vérité absolue mais non partagée par tous. On met l'accent sur le rôle de l'école comme horizon de culture plutôt que comme reproduction de cultures religieuses particulières. Les visées de l'éducation religieuse s'ajustent en quelque sorte à l'évolution de l'expérience religieuse des citoyens, sans discrimination selon leur appartenance religieuse.

Pour reprendre le modèle des deux écoles de la démocratie décrit par Thériault, cette logique d'intégration s'apparenterait à l'individualisme démocratique. Poussée à l'extrême, ce sont ici les dangers qui guettent l'école républicaine qui risquent de surgir. « Pour répondre à tous, de façon égalitaire, une telle école doit se délester de tout contenu culturel [...] elle doit éloigner les communautés de la gestion scolaire ». En niant tout particularisme, une école court en effet le risque de tendre vers une abstraction culturelle. C'est dire que pour produire une communauté d'idées « suffisante à l'organisation d'un monde commun », il ne s'agit pas pour l'école de nier la pluralité des appartenances. Mais par ailleurs, un particularisme religieux ne saurait y définir l'espace commun nécessaire au déploiement de la citoyenneté.

En définitive, ce qui est en jeu, c'est la conception même du rôle de l'école en matière de transmission de la religion : l'inévitable et nécessaire « transmutation » à l'école des socialisations familiales et communautaires devra trouver une voie qui évite les risques inhérents à chacune des configurations lorsqu'elles sont poussées à l'extrême, soit la fragmentation sociale ou l'abstraction culturelle.

Références

AUBERT, M. et M. MILOT dir.(1994). *La problématique de la religion à l'école*, Supplément-1 du Bulletin de la Société québécoise pour l'étude de la religion, Montréal, mars.

BARIL, D. (1995). *Les mensonges de l'école catholique*, Montréal, VLB éditeur, 190 pages.

BEAUBÉROT, J. (1990). *Vers un nouveau pacte laïque ?* Paris, Seuil, 272 pages.

CEQ (Centrale de l'Enseignement du Québec) (1995). « Le débat est lancé : l'école doit-elle être laïque ? », *Nouvelles CEQ*, Janvier-février, p. 21-26.

COTÉ, G. (1995). « L'enseignement religieux et la pastorale à l'école », dans Charron, André, dir., *École et religion, Le débat*, Montréal, Fides, p. 83-104.

Comité catholique (1995). *Le point sur l'école catholique*, Avis, 40 pages (annexes).

Comité catholique (1994). *L'enseignement moral et religieux catholique au primaire. Pour un enseignement mieux adapté aux jeunes et aux contextes actuels*, Avis, avril, 29 P.

Comité catholique (1996). *L'évaluation du vécu confessionnel. L'école catholique, un choix éducatif et culturel*, 35 pages.

Commission des états généraux sur l'éducation (1996). *Rénover notre système d'éducation : dix chantiers prioritaires*, Rapport Final, Gouvernement du Québec, 90 p.

Conseil supérieur de l'Éducation (1987). *Les défis éducatifs de la pluralité*, Avis.

Direction de l'enseignement catholique (1984). *Programme d'études, Primaire*, Ministère de l'Éducation.

HARVEY, J. (1992). « Une laïcité scolaire pour le Québec », *Relations*, Septembre, p. 213-217.

HERVIEU-LÉGER, D. (dir) (1990). *La religion au Lycée*, Paris, Cerf, 150 p.

KEPEL, G. (1991). *La revanche de Dieu. Chrétiens, Juifs et musulmans à la conquête du monde*, Paris, Seuil.

MACEDO, S. (1995). « Liberal Civic Education and Religious Fundamentalism : The Case of God v. John Rawls ? », *Ethics*, Numéro 105, April, p. 468-496.

MILOT, M. (1995). « École et religion : enjeux sociaux, culturels et éducatifs », dans *Les institutions face aux défis du pluralisme ethnoculturel*, Fernand Ouellet, directeur, Québec, Institut québécois de recherche sur la culture, p. 237-254.

MILOT, M. (1991). « L'enseignement religieux à l'heure du pluralisme :

une distinction nécessaire entre contenu et processus d'acquisition », dans *Pluriethnicité, éducation et société,* Construire un espace commun, F. Ouellet et Michel Pagé (éd.), Québec, Institut québécois de recherche sur la culture, p. 399-428.

MILOT, M. (1991). *Une religion à transmettre ? Le choix des parents,* Sainte-Foy, Les Presses de l'Université Laval, 165 p.

OUELLET, F. (1995). « L'enseignement religieux à l'école face aux défis du pluralisme ethnoculturel », Actes du colloque Les convergences culturelles dans les sociétés pluriethniques, A.C.F.A.S., 29 pages.

OUELLET, F. (1995). « L'éducation religieuse à l'école : pour sortir de l'impasse », dans *Les institutions face aux défis du pluralisme ethnoculturel,* Fernand Ouellet, directeur, Québec, Institut québécois de recherche sur la culture, p. 255-272.

OUELLET, F. (1985). *L'étude des religions dans les écoles : l'expérience américaine, anglaise et canadienne,* Waterloo, Éditions SR, Wilfrid Laurier University Press, 672 p.

PROULX, J.-P. (1994). « Le pluralisme religieux dans l'école québécoise : bilan analytique et critique », *Repères,* Essais en éducation, Université de Montréal, Faculté des sciences de l'éducation, 15, p.157-210.

WILLAIME, J.-P. (1995). « Transmission sans appartenance ? La revalorisation du rôle de l'école dans la transmission de la religion en Europe », Conférence prononcée au congrès de la Société internationale de sociologie des religions, Québec, Université Laval, le 29 juin, 14 p.

WILLAIME, J.-P. (dir) (1990). *Univers scolaires et religions,* Paris, Cerf, 149 p.

Chapitre 7

L'enseignement religieux comme formation à la délibération démocratique

Fernand Ouellet

L'enseignement religieux a-t-il sa place dans le curriculum des écoles publiques d'une société démocratique moderne ? Voilà une question qui soulève présentement beaucoup de controverse dans les milieux de l'éducation québécois. Ce débat s'est concentré récemment autour de la proposition de la Centrale de l'enseignement du Québec en faveur d'une laïcité ouverte où l'enseignement religieux confessionnel serait remplacé par un enseignement moral et un enseignement culturel sur les diverses religions. Dans cette perspective, l'enseignement religieux à l'école cesserait d'être un instrument de reproduction des particularismes religieux pour « développer les valeurs d'entraide, de coopération, de liberté et de justice qui inspirent la démocratie » (Centrale de l'enseignement du Québec, 1995, p. 16). La proposition de la Centrale, qui a fait l'objet d'une vaste consultation auprès de ses membres, va dans le même sens que la prise de position de la Société québécoise pour l'étude de la religion en mai 1994. Ce regroupement de chercheurs québécois en sciences religieuses réclamait « la mise au point de programmes d'éducation au phénomène religieux en dehors de toute forme de contrôle confessionnel, [...] dans une perspective de formation civique et démocratique... » (SQÉR, 1994, p. 18-19).

Cette option d'aborder l'enseignement religieux sous l'angle de la formation civique et démocratique m'apparaît fondamentalement saine et féconde. Dans une société où on trouve une diversité de plus en plus grande d'options et d'appartenances religieuses et para-religieuses, c'est la seule voie praticable pour tenir compte à la fois des attentes légitimes des parents concernant l'enseignement religieux à l'école et de la nécessité de créer un espace commun où les futurs citoyens pourront apprendre à vivre et à travailler en coopération avec des gens qui ne partagent pas les mêmes convictions religieuses.

Toutefois, cette vision des choses est encore loin de faire l'unanimité. Dans les pays où il y a de l'enseignement religieux à l'école publique, cet enseignement relève généralement des Églises ou des groupes religieux et a une orientation confessionnelle[1]. Et là où l'enseignement religieux à l'école est interdit par la Constitution, au nom de la séparation de l'Église et de l'État, les initiatives pour introduire des programmes d'étude comparée de la religion n'ont pas réussi à décoller (Ouellet, 1985, p. 3-91). Au Québec, les défenseurs d'un enseignement religieux confessionnel à l'école publique s'appuient justement sur les principes de la démocratie et sur le droit des parents à un enseignement religieux conforme à leurs convictions pour défendre le statu quo. Plusieurs sondages semblent en effet confirmer qu'une forte majorité des parents tiennent à ce que leurs enfants reçoivent un enseignement religieux à l'école, même s'ils ont eux-mêmes pris des distances par rapport à l'Église et à la pratique religieuse.

Je voudrais tenter ici, en m'inspirant des travaux d'Amy Gutmann (1987), de dégager quelques principes généraux d'une éducation démocratique et d'en expliciter les conséquences pour la définition des objectifs généraux de l'enseignement religieux. Cela m'amènera à examiner l'articulation de l'enseignement religieux et de l'enseignement moral, car, comme nous le verrons, l'éducation à la démocratie comporte nécessairement une composante de formation morale. Je tenterai ensuite de vérifier, à la lumière de ces principes, la solidité de quelques-uns des arguments avancés par les défenseurs de l'enseignement religieux confessionnel à l'école pour rejeter la possibilité même d'un enseignement culturel de la religion à l'école.

---

[1] Comme nous le verrons, l'Angleterre constitue sur ce point une exception. Tout en conservant l'enseignement religieux à l'école, on a réussi dans une large mesure à en redéfinir les orientations sur une base éducative plutôt que confessionnelle.

L'éducation démocratique selon Amy Gutmann

Les principes de l'éducation démocratique

Toute discussion sur la place de l'enseignement religieux dans les écoles publiques soulève une question fondamentale : dans une société démocratique où cohabitent plusieurs groupes qui ont des options religieuses différentes et des conceptions différentes de la bonne vie, qui a l'autorité de déterminer les orientations du projet éducatif de l'école publique ? Cette autorité repose-t-elle dans les mains de l'État, des parents ou des éducateurs professionnels ? Gutmann (1987) rejette les trois théories éducatives qui voudraient confier cette autorité d'une manière exclusive à l'une ou l'autre de ces instances : la théorie platonicienne de *l'État-famille* où le philosophe-roi (ou reine) peut imposer sa conception de la bonne vie, la théorie de *l'État des familles* où les parents sont les seuls autorisés à « prédisposer leurs enfants, par l'éducation, à choisir une orientation de vie cohérente avec leur héritage familial » (p. 28) et la théorie de *l'État des individus* où l'autorité est dans les mains d'éducateurs professionnels qui ont pour mission de promouvoir les valeurs libérales de neutralité et de liberté de choix.

La théorie de l'éducation démocratique élaborée par Gutmann (1987) permet de reconnaître la valeur de la contribution éducative des parents, et des communautés auxquelles ils se rattachent, qui cherchent à transmettre et à perpétuer une conception particulière de la bonne vie. Elle se distingue en cela de la théorie de l'État-famille qui cherche à arracher l'enfant à son milieu familial pour lui inculquer « la vraie » conception de la bonne vie. Et, contrairement à la théorie de l'État des individus, elle ne rejette pas la responsabilité de l'État et « reconnaît la valeur de l'éducation politique qui prédispose les enfants à apprécier et à évaluer les façons de vivre qui sont compatibles avec le partage des droits et des responsabilités du citoyen dans une société démocratique » (p. 42). Enfin, contrairement à la théorie de l'État des familles, elle reconnaît la valeur de l'autorité professionnelle des éducateurs qui habilitent les enfants à apprécier et à évaluer des façons de vivre différentes de celles que favorise leur famille.

Dans la théorie de l'éducation démocratique, l'État, les familles et les éducateurs professionnels exercent donc une responsabilité partagée dans la définition des orientations du projet scolaire et contribuent à la promotion de la valeur centrale de la démocratie, « la reproduction sociale consciente dans sa forme la plus inclusive » (p. 42). La promotion de cette valeur suppose que les futurs citoyens soient préparés à participer collectivement à façonner leur société. Cela suppose qu'ils seront capables de comprendre et d'évaluer les différentes conceptions de la bonne vie qui s'affrontent au sein de cette société :

> Une condition nécessaire (mais non suffisante) de la reproduction sociale consciente est que les citoyens aient la capacité de délibérer sur des façons alternatives de mener leur vie personnelle et politique (p. 40).

Dans la perspective de l'éducation démocratique développée par Gutmann, l'apprentissage de la délibération critique entre les conceptions divergentes de la bonne vie occupe donc une place centrale. Cette insistance sur la délibération critique est incompatible avec les théories éducatives de l'État-famille et de l'État des familles où l'on cherche à inculquer une conception particulière de la bonne vie, plutôt qu'à développer la capacité de comprendre et d'évaluer des conceptions divergentes de la bonne vie et de la bonne société. Mais elle est un trait essentiel de toute société démocratique :

> La valeur de la délibération critique [permettant de s'orienter] dans les conceptions de la bonne vie et de la bonne société serait négligée dans une société qui inculquerait aux enfants une acceptation non-critique de toute forme particulière d'orientation de vie (personnelle ou politique) (p. 44).

Ainsi, une société où l'école inculquerait des valeurs sexistes et enseignerait que le seul rôle acceptable pour les femmes est de servir les hommes et d'élever les enfants ne serait pas une société démocratique, non pas parce que ces valeurs soient fausses (ce qu'elles sont certainement, au moins dans notre société), mais parce qu'elles ne fournissent pas un espace de délibération où ces valeurs pourraient être examinées de manière critique.

Selon Gutmann, pour qu'un tel espace de délibération existe, il faut que l'État et les parents s'imposent des limites à leur autorité sur l'éducation et qu'ils délèguent une partie de cette autorité à des éducateurs professionnels. Parce que les enfants sont à la fois membres d'une famille et d'un État, l'autorité que l'un et l'autre ont sur l'éducation ne peut être que partielle pour être justifiée :

> Il faut distinguer le droit des parents d'éduquer leurs enfants comme membres d'une famille et celui de les protéger du contact avec des façons de vivre ou de penser qui sont en conflit avec les leurs (p. 29).

Cette limitation de l'autorité éducative de l'État et des parents dans les sociétés démocratiques s'appuie sur deux principes : la non-répression et la non-discrimination. Le principe de *non-répression* empêche l'État ou tout groupe à l'intérieur de l'État « d'utiliser l'éducation pour restreindre la délibération rationnelle sur des conceptions divergentes de la bonne vie et de la bonne société » (p. 44). Ce principe n'est pas incompatible avec l'utilisation de l'éducation pour « inculquer des traits de caractères comme l'honnêteté, la tolérance religieuse et le respect mutuel des personnes qui servent de fondement à la délibération ou à la considération des différentes façons de vivre » (*Ibid.*).

Le principe de *non-discrimination* est une extension du principe de non-répression. Il empêche l'État ou les familles d'exclure des groupes entiers d'enfants de l'accès à une éducation qui leur donnerait accès à la délibération critique sur les conceptions divergentes de la bonne vie et de la bonne société. « Aucun enfant éducable ne peut être exclu d'une éducation adéquate pour participer au processus politique qui structure le choix entre les bonnes vies » (p. 45).

Une théorie de l'éducation qui accepte ces deux principes peut être qualifiée de démocratique, car elle n'enferme pas les citoyens dans l'horizon de la communauté particulière à laquelle ils appartiennent et permet à tous d'être éduqués « de manière à avoir une chance de participer à façonner consciemment la structure de leur société » (p. 46). L'éducation démocratique ne défend pas la neutralité entre les conceptions divergentes de la bonne vie, mais la possibilité de les examiner et de les critiquer librement. Même si elle ne limite pas l'espace de délibération par rapport à ces conceptions divergentes, elle restreint la poursuite de façons de vivre qui dépendent de la « suppression de connaissances politiquement pertinentes ». L'éducation démocratique supporte le choix entre les façons de vivre qui sont compatibles avec la « reproduction sociale consciente » (*Ibid.*).

Gutmann fournit des précisions intéressantes sur la responsabilité respective de la famille et de l'école dans la formation des enfants à la délibération démocratique. Selon elle, la part de l'école dans cette formation s'accroît au fur et à mesure que les enfants grandissent :

> Pour la plupart des enfants, la famille joue pendant plusieurs années un rôle important pour bâtir le caractère et enseigner les habiletés de base. Mais les parents commencent tôt à partager ces fonctions éducatives primaires avec d'autres associations : garderies de jour, écoles élémentaires (et secondaires), églises et synagogues, organisations civiques, cercles d'amis et groupes de travail (p. 50).

Cette délégation progressive par la famille de sa responsabilité pour la formation de l'enfant s'accompagne d'une diminution de la place relative de la discipline et de l'exemple, et d'une augmentation de celle de délibération rationnelle :

> On ne peut présumer que les enfants sont nés prêts pour la délibération rationnelle. La première éducation n'est pas et ne peut pas être basée sur des préceptes ou sur le raisonnement; elle doit se fonder sur la discipline et sur l'exemple [...]. Lorsque les enfants sortent de leur famille, leur caractère et leurs habiletés sont façonnés par les exemples de ceux qu'ils aiment et respectent et par les règles qui régissent les associations dont ils font partie.
>
> Mais cette forme d'entraînement par l'exemple n'est qu'une forme d'éducation, sans doute la plus efficace pendant notre enfance. Mais assez tôt dans leur développement, les enfants réagissent à une autre forme d'éducation, plus intellectuelle et plus rationaliste dans ses méthodes. Ils apprennent les trois R^2 par instruction directe. Ils développent aussi des capacités de critique, d'argumentation rationnelle et de prise de décision en se faisant enseigner à penser logiquement, à développer des arguments cohérents et justes et à considérer les alternatives pertinentes avant d'en venir à une conclusion (*Ibid.*).

Même s'il n'est pas exclu que les éducateurs puissent exercer une influence sur le développement des élèves

---

[2] Les mathématiques (*aRithmethic*), l'écriture (*wRiting*) et la lecture (*Reading*).

par l'exemple qu'il leur donne dans leur comportement personnel et professionnel, c'est surtout par leur contribution au développement de la pensée critique qu'ils apportent une contribution essentielle au développement de la « vertu démocratique » :

> Cette forme d'entraînement « didactique » est désirable en démocratie, car il rend les citoyens aptes à comprendre, à communiquer et, dans certains cas, à solutionner leurs désaccords. Sans cette sorte de compréhension mutuelle, on ne pourrait pas s'attendre à une tolérance généralisée du désaccord et au respect des façons différentes de vivre... Mais indépendamment de cette fonction politique, les enfants devront éventuellement être capables de délibérer rationnellement pour faire des choix difficiles dans des situations où les habitudes et les autorités ne sont pas des guides clairs et cohérents... Les enfants doivent apprendre non seulement à se *comporter* en accord avec l'autorité, mais aussi à développer une *pensée* critique sur l'autorité, s'ils veulent être à la hauteur de l'idéal démocratique de partage de la souveraineté politique par les citoyens (p. 50- 51).

Les éducateurs occupent donc une place centrale dans la conception de l'éducation démocratique élaborée par Gutmann. Dans cette conception, l'école publique a pour mission fondamentale le développement des capacités de délibération critique chez tous les élèves; et pour qu'elle puisse accomplir cette mission, les parents et l'État doivent déléguer aux enseignants une partie de leur autorité sur l'éducation des élèves. Sans cette délégation partielle de l'autorité sur l'éducation, l'école ne pourrait constituer cet espace de délibération démocratique où les diverses conceptions de la bonne vie que les élèves apportent avec eux et qui se font compétition dans la vie sociale pourront faire l'objet d'un examen critique.

Cette conception de l'éducation démocratique a des implications importantes dans la façon d'aborder la question de l'éducation morale et celle de l'enseignement religieux. Mais avant de les examiner, il peut être éclairant d'examiner rapidement comment les principes de non-répression et de non-discrimination permettent à Gutmann de prendre position dans quelques controverses qui agitent le monde de l'éducation aux États-Unis.

Les principes démocratiques appliqués à quelques questions controversées en éducation

Si le but premier de l'école dans une société démocratique est de « cultiver les valeurs démocratiques communes chez tous les élèves, quelle que soit leur habileté scolaire, leur classe sociale, leur race, leur religion ou leur sexe » (p. 116), on peut se demander s'il est légitime de permettre aux parents d'envoyer leurs enfants dans des écoles privées qui « réclament le droit de cultiver des valeurs particulières et de sélectionner les élèves selon leur habileté scolaire, leur classe sociale, leur religion, leur race et leur sexe » (*Ibid.*). Les tenants de la conception de l'État des familles soutiennent que le droit à l'école privée s'appuie sur un « droit naturel » des parents à contrôler l'éducation de leurs enfants. Gutmann rejette cette argumentation, mais elle ne croit pas que l'abolition de l'école privée conduirait à une amélioration du système public. Une société démocratique peut accepter que des parents « intensément insatisfaits du manque d'éducation religieuse ou autre dans les écoles publiques » (p. 117) envoient leurs enfants à l'école privée, mais à une condition : que ces écoles, comme les écoles publiques enseignent les valeurs démocratiques communes. Gutmann reconnaît que la mise en œuvre d'un tel enseignement peut poser des difficultés dans certains cas, mais elle ne croit pas que ces difficultés justifient l'élimination du réseau des écoles privées.

La question du droit des parents d'exiger que leurs enfants soient exemptés d'une pratique scolaire qui entre en conflit avec leurs convictions religieuses est une autre question controversée que Gutmann tranche en s'appuyant sur les principes de l'éducation démocratique. Ainsi, l'école peut, sans enfreindre les principes de la non-répression et de la non-discrimination, exempter les enfants des Témoins de Jéhovah du salut au drapeau. En accordant cette exemption, l'école ne limite pas les chances de ces élèves d'avoir une bonne éducation et elle n'interfère pas avec l'éducation démocratique des autres élèves. Mais il en irait tout autrement si des adeptes du Klu Klux Klan refusaient que leurs enfants soient assis à côté d'élèves noirs ou si des Amish[3] réclamaient le droit pour les adolescents de leur communauté d'abandonner l'école après la neuvième année, car « un tel droit pourrait aboutir à abréger d'une manière importante le temps où les adolescents amish sont exposés aux connaissances et aux façons de penser qui sont essentielles à la délibération démocratique » (p. 123).

Le choix des manuels scolaires et des volumes pour les bibliothèques des écoles est une autre question où les principes de l'éducation démocratique ne sont pas toujours mis en œuvre d'une manière satisfaisante. Tout en reconnaissant la nécessité de bannir de l'école les livres qui incitent les élèves à adopter des idées et des façons de vivre socialement inacceptables, Gutmann critique l'extension parfois abusive qu'on donne à cette notion, ce qui conduit à des formes de censure qui enlèvent aux élèves l'occasion de réfléchir sur des points de vue politiques et des comportements déviants. Selon elle, il n'est pas légitime de protéger les élèves de tout ce qui prête à controverse. Elle critique également, au nom du principe de non-répression, les procédures souvent peu démocratiques qui conduisent à bannir certains ouvrages des bibliothèques scolaires. Pour qu'une procédure de sélection des manuels scolaires soit légitime, elle doit être ouverte à la participation des citoyens et accorder une place plus grande « aux opinions des enseignants et des historiens qu'à ceux des électeurs » (p. 101).

La question de l'éducation sexuelle à l'école est un autre sujet qui soulève des débats passionnés chez les parents. Une majorité des parents sont en faveur d'un tel enseignement. Mais certains parents croient que la sexualité est quelque chose d'éminemment privé et

---

[3] Jeff Spinner (1994) croit que cette exemption pourrait être justifiée dans le cas des Amish qui vivent en marge de la société dominante et qui ont choisi d'assumer le statut de « citoyens partiels ». Selon lui, on peut « tolérer » à contre-cœur qu'ils imposent à leurs enfants des valeurs contraires aux valeurs libérales comme la subordination de la femme, car en imposant à leurs enfants l'éducation obligatoire à l'école publique jusqu'à la fin du secondaire, on les empêcherait de perpétuer leur style de vie particulier. Cette tolérance s'appuie également sur le fait qu'il est possible de quitter la communauté et qu'une proportion significative des membres se prévalent chaque année de cette possibilité.

intime et que l'éducation sexuelle n'a pas sa place à l'école dans une société démocratique :

> En voyant que la sexualité est encore plus privée (dans le sens d'intime) que la religion et au moins aussi controversée, un démocrate pourrait être tenté de bannir l'éducation sexuelle des écoles publiques, en même temps que l'éducation religieuse, afin de pouvoir mieux s'occuper de l'enseignement de matières comme l'éducation civique qui s'inscrivent clairement dans le domaine public. Bien sûr, enseigner sur la sexualité n'est pas la même chose qu'enseigner la sexualité, tout comme enseigner sur la religion n'est pas la même chose qu'enseigner la religion. Les défenseurs les plus ardents de la séparation de l'Église et de l'État pourraient admettre sans incohérence un cours d'étude comparée des religions dans le curriculum de l'école publique. Cependant, la distinction entre l'enseignement de la sexualité et l'enseignement sur la sexualité est beaucoup plus difficile à maintenir en pratique. Parce que la sexualité est si intime, il est plus difficile d'enseigner sur la sexualité sans enseigner une attitude envers la sexualité que d'enseigner sur la religion sans enseigner une attitude envers la religion (même si cela non plus n'est pas facile) (p. 108-109).

Selon Gutmann, les principes de l'éducation démocratique ne permettent pas de trancher en faveur ou contre l'éducation sexuelle obligatoire à l'école. Mais comme la vaste majorité des parents sont en faveur, et comme les conséquences sociales de l'activité sexuelle chez les adolescents sont très importantes, elle croit que les programmes d'éducation sexuelle ont leur place à l'école. Toutefois, il lui paraît sage de permettre aux parents qui y voient une offense à leurs convictions profondes sur le caractère sacré de la sexualité d'exempter leurs enfants de ces cours. L'école pourrait s'en remettre « aux enseignements informels des amis pour éduquer ces adolescents qui ne sont pas eux-mêmes engagés par rapport au point de vue de leurs parents » (p. 110).

Les récits bibliques de la création peuvent-ils être enseignés sur le même pied que les théories scientifiques sur l'origine du monde dans les programmes de biologie ? Voilà une autre question qui soulève beaucoup de controverses aux États-Unis. La théorie de l'éducation démocratique permet à Gutmann d'adopter une position très nette dans ce débat :

> Enseigner le créationisme comme une science — même si on le présente comme une théorie scientifique raisonnable parmi d'autres — viole le principe de la non-répression en imposant indirectement à tous les élèves un point de vue religieux sectaire déguisé en science. Enseigner le créationisme comme une théorie scientifique implique d'enseigner aux enfants à accepter un point de vue religieux qui prend les paroles de la bible comme une vérité littérale donnée par Dieu fournissant une explication scientifique des origines des espèces. D'autre part, enseigner le créationisme comme une vérité religieuse plutôt que comme une doctrine scientifique n'a pas plus sa place dans une classe de biologie que l'enseignement du Notre Père (p. 103).

L'enseignement du créationisme n'a donc pas sa place à l'école publique, qu'il soit présenté comme science ou comme alternative à la science :

> Les arguments avancés pour enseigner une doctrine religieuse particulière dans les écoles publiques — soit comme une science ou comme une alternative raisonnable à la science — entrent en conflit avec les arguments en faveur de la culture chez tous les citoyens de critères de raisonnement séculiers et communs. Enseigner le créationisme *comme* science signifie qu'on n'enseigne pas la science (qui comporte des standards séculiers d'enquête et de connaissance). Enseigner le créationisme comme une alternative à la science signifie qu'on permet aux écoles publiques d'accorder un temps égal à toute croyance religieuse à laquelle des citoyens adhèrent fermement, même si la croyance est déraisonnable (comme dans le cas du créationisme) ou incompatible avec les principes démocratiques fondamentaux (comme dans le cas des doctrines racistes) (p. 103-104).

C'est donc parce que l'enseignement du créationisme à l'école lui apparaît comme fondamentalement incompatible avec le caractère non confessionnel de l'école publique que Gutmann le refuse aussi catégoriquement. Selon elle, l'effet indirect et direct de la confessionnalité scolaire dans le cas qui nous occupe serait de limiter la délibération rationnelle entre des conceptions différentes des origines du monde :

> Si la majorité démocratique dans une société marquée par la diversité religieuse refuse de différencier entre un curriculum sectaire et séculier, elle bloquera, qu'elle le veuille ou non, le développement de standards intellectuels partagés parmi les citoyens et discréditera les écoles publiques aux yeux des citoyens dont les croyances religieuses ne sont pas reflétées dans le curriculum établi. Une démocratie marquée par la diversité religieuse

doit donc choisir entre l'abolition de la confessionnalité scolaire ou l'abolition *de facto* sinon *de jure* des écoles démocratiques (p. 104).

Cette incompatibilité entre la confessionnalité scolaire et l'éducation démocratique exclut-elle la mise sur pied de programmes d'éducation civique qui chercheraient à développer des valeurs communes ? Gutmann croit que non :

> Les écoles publiques peuvent éviter même la répression indirecte et pourtant favoriser ce qu'on pourrait appeler une religion civile démocratique : un ensemble de croyances, d'habitudes et de façons de penser séculières qui supportent la délibération démocratique et sont compatibles avec un large éventail d'engagements religieux (*Ibid.*).

Cette religion civile démocratique pourrait prendre la forme d'un enseignement renouvelé de l'éducation civique et de l'histoire où l'un des objectifs majeurs des enseignants serait de « stimuler leurs étudiants à penser d'une manière critique sur l'histoire ou la politique » (p. 106). Selon elle, les programmes d'éducation civique en particulier n'ont pas mis suffisamment l'accent sur cette formation à la pensée critique :

> Cette habileté est si essentielle à l'éducation démocratique que l'on pourrait se demander si des cours d'éducation civique qui réussiraient à accroître la confiance, l'efficacité et les connaissances politiques mais ne développeraient pas la capacité des élèves de raisonner sur la politique ne serait pas indirectement répressifs. Comment un enseignement civique peut-il légitimement enseigner aux jeunes à faire plus confiance à leur gouvernement sans leur enseigner aussi à réfléchir sur la sorte de gouvernement qui mérite la confiance ? (p. 106-107)

Délibération démocratique et formation morale

L'éducation civique et l'éducation politique apparaissent donc comme un lieu privilégié pour l'enseignement de la « vertu démocratique », la capacité de délibérer d'une manière critique sur les diverses conceptions de l'histoire et de la politique. Il apparaît ainsi tout à fait naturel que l'école démocratique doive également se préoccuper de la formation morale des élèves. Ce n'est toutefois pas l'avis de ceux qui croient que l'école doit s'en tenir à l'enseignement des « matières de base » :

> Enseignez-leur l'anglais, l'histoire, les mathématiques et les
> sciences et nous... nous nous occuperons de leurs âmes (*Washing-*
> *ton Post*, 21 octobre 1984, p. H 1; cité par Gutmann, 1987, p. 53).

Cette position est intenable, car l'école exerce, qu'elle le veuille ou non, une influence déterminante sur le caractère moral des élèves qu'elle reçoit :

> En insistant pour que les élèves restent assis à leur place (à
> côté d'élèves de couleurs et de religions différentes), lèvent la
> main avant de parler, remettent leurs devoirs à temps, ne brisent
> pas les locaux, aient l'esprit sportif, [...] l'école contribue à for-
> mer le caractère moral en même temps qu'elle enseigne les habi-
> letés cognitives de base (*ibid.*).

Mais si l'école ne peut éviter de faire de l'éducation morale et de contribuer à la formation du caractère, il n'y a pas d'unanimité sur la façon dont elle doit le faire. Est-ce en laissant les élèves libres de choisir leurs valeurs comme le prétendent les adeptes de la clarification des valeurs qui veulent aider les élèves à comprendre et à développer leurs propres valeurs et à respecter celles des autres ? Gutmann rejette cette approche qui remet dans les mains des individus toute l'autorité sur les finalités de l'éducation et qui conduit à une forme de subjectivisme du genre « J'ai mon opinion et vous avez les vôtres; qui peut dire qui a raison ? » L'école ne peut promouvoir un respect sans discrimination de toutes les valeurs que les enfants amènent à l'école :

> Si les jeunes arrivent à l'école en croyant que les noirs, les
> juifs, les catholiques et/ou les homosexuels sont des êtres infé-
> rieurs qui ne devraient pas avoir les mêmes droits que nous, ce
> qu'il faut, c'est la critique et non seulement la clarification des
> valeurs... Un respect sans discrimination des valeurs des enfants
> ne peut être défendu ni comme fin ultime ni comme moyen sus-
> ceptible de cultiver le bon caractère (p. 56).

Gutmann se démarque également du moralisme qui restreint les choix des enfants à ceux qui méritent d'être poursuivis selon les adeptes de l'État-famille ou ceux de l'État des individus. Sous sa forme conservatrice, le moralisme cherche à protéger les élèves des fausses croyances politiques et religieuses, plutôt que de leur fournir des raisons de les critiquer et d'y résister. Il insiste sur l'importance du respect de l'autorité et de la discipline, des rituels patriotiques et du code vestimentaire.

Sous sa forme libérale, il vise au développement de

l'autonomie morale. Les théoriciens libéraux, sous l'influence de Rawls et de Kohlberg, distinguent trois stades dans le développement moral :

- la *moralité fondée sur le respect de l'autorité* représente un progrès par rapport à l'anarchie des désirs;
- la *moralité fondée sur l'association avec d'autres* est caractérisée par l'acceptation des règles parce qu'elles permettent de remplir les rôles que jouent les individus à l'intérieur de diverses associations; elle représente un progrès sur la morale d'autorité parce que « les enfants apprennent à modifier leurs habitudes et à critiquer les autorités en place par empathie pour les autres et dans un souci d'équité »;
- la moralité *fondée sur le respect des principes moraux* est « caractérisée par un attachement aux principes moraux eux-mêmes » (p. 60).

Les moralistes libéraux ont tenté de déterminer ce que les écoles peuvent faire pour amener les élèves jusqu'au troisième stade, mais la recherche montre qu'ils n'y sont pas parvenus. Selon Gutmann, en plaçant l'objectif trop haut, contrairement aux moralistes conservateurs qui le placent trop bas, ils risquent de conduire au cynisme moral.

L'école devrait plutôt se contenter de promouvoir la moralité fondée sur l'association, car même si elle constitue un idéal subordonné du point de vue philosophique, elle représente néanmoins un idéal politique primordial. Pour une école, promouvoir la moralité fondée sur l'association, c'est chercher à développer des « sentiments moraux de coopération comme l'empathie, la confiance, la bienveillance et l'équité » (p. 62) et enseigner « le respect entre les races, la tolérance religieuse, le patriotisme et le jugement politique » (p. 63). Le rôle de l'école n'est donc pas de promouvoir l'autonomie morale, mais de travailler au développement de la vertu démocratique entendue dans un sens très large :

> Si par vertu, on désigne l'autonomie morale, le rôle de l'école dans l'éducation morale est nécessairement limité. Nous avons peu de raisons de croire que l'école, ou quiconque d'autre, peut enseigner la vertu en ce sens. Par contre, nous avons de nombreux indices qui nous permettent de penser que la vertu démocratique peut être enseignée de plusieurs manières – en plaçant les garçons et les filles, les élèves protestants et catholiques, noirs et blancs ensemble dans la même classe dès le plus bas âge, en

élevant le niveau minimum d'éducation pour tous les enfants éducables, en respectant les différences religieuses et ethniques, en enseignant l'histoire américaine non pas comme une série d'élections, de lois, de traités et de batailles, mais comme une leçon pas toujours réussie de vertu politique qui exige le développement d'un jugement intellectuel discipliné (*ibid.*).

Ainsi donc, selon Gutmann, l'école a une responsabilité importante dans le développement moral des enfants pour les préparer à participer à la « reproduction sociale consciente » dans une société démocratique. Mais sa mission ne consiste pas à promouvoir des valeurs libérales ou conservatrices particulières, mais plutôt à développer les « vertus » démocratiques. Et elle ne peut le faire si elle ne fournit pas aux élèves un espace de délibération rationnelle sur les conceptions divergentes de la bonne vie. Les parents et l'État ont également un rôle à jouer dans la formation morale des jeunes, mais les exigences de la démocratie supposent qu'ils acceptent que leurs interventions soient limitées par les principes de la non-répression et de la non-discrimination. En vertu de ces principes, l'école devrait fournir à tous les élèves un espace de délibération rationnelle que l'État ou les parents ne peuvent chercher à restreindre sans ébranler les fondements mêmes de la démocratie.

Dans un article où il discute des demandes de parents dont les croyances se fondent sur « la parole de Dieu telle qu'on la trouve dans la Bible » (p. 471) et qui voudraient protéger leurs enfants de points de vue divergents, Macedo (1995) montre à quelles conditions une éducation libérale peut échapper à l'accusation d'être une forme subtile d'endoctrinement à des valeurs libérales comme l'individualisme et l'autonomie morale dont les fondements ultimes peuvent faire l'objet de contestation par des gens raisonnables. Cette discussion l'amène à rejeter les thèses de ce qu'il appelle le « libéralisme intégral » (*comprehensive*) (Raz, 1990). Il opte plutôt pour une forme de libéralisme élaborée par Rawls (1993), le libéralisme politique[4], qui nous invite à mettre de côté certaines de nos croyances lorsqu'il s'agit de poser les bases d'institutions politiques communes : « Le libéralisme politique ne nous demande pas

---

[4] Pour une critique de la position de Rawls, voir Kautz (1995, p. 177-179).

de renoncer à ce que nous croyons vrai, mais de reconnaître la difficulté d'établir une seule version de la vérité totale » (p. 474).

Gutmann conteste la validité de cette distinction entre libéralisme politique et libéralisme intégral lorsqu'il s'agit de définir les objectifs de l'éducation civique. Elle note une remarquable convergence des positions que les représentants de ces deux formes de libéralisme adoptent sur ce point (Gutmann, 1995). Contrairement à ce que semble insinuer Macedo, (1995, p. 473), la promotion de la délibération rationnelle sur les conceptions divergentes de la bonne vie telle que la conçoit Gutmann ne constitue pas nécessairement une forme subtile d'endoctrinement aux valeurs libérales, mais apparaît plutôt comme une composante essentielle de l'éducation à l'acceptation de la diversité culturelle et religieuse dans une société démocratique pluraliste.

Toutefois, Gutmann ne fournit pas d'indications détaillées sur la façon dont l'école peut le mieux contribuer à la formation morale des jeunes et elle ne précise pas si le développement de « vertu démocratique » suppose la mise sur pied d'un programme scolaire distinct. Il peut être intéressant ici de comparer sa conception de l'éducation à la délibération démocratique à celle de John Dewey. Au terme d'une analyse très éclairante des principales théories qui servent de cadre de références aux recherches actuelles sur l'éducation morale, Barry Chazan (1985) présente un résumé intéressant des caractéristiques de la personne moralement éduquée selon Dewey :

> Premièrement, la personne morale est capable de réfléchir et de raisonner sur les questions morales en suivant un processus de pensée bien structuré (problème/information/hypothèse/théorie/vérification/conclusion).
>
> Deuxièmement, une telle personne confronte les questions morales avec un sentiment moral et avec passion...
>
> Troisièmement, la personne moralement éduquée fait partie d'un groupe social et d'une communauté qui l'influencent... Elle a donc des préoccupations, des responsabilités et des habiletés sociales.
>
> Quatrièmement, la personne moralement éduquée a développé certaines habiletés ou dispositions qui s'expriment dans sa vie quotidienne...
>
> Enfin, la personne moralement éduquée est un soi « total » ou

« organique » (une idée parfois associée au concept de « caractère ») : ses pensées et ses actions dans la vie quotidienne reflètent une structure cohérente et compréhensible, plutôt que des séries de réponses morales aléatoires et incohérentes (p. 111-112).

Selon Chazan, ces caractéristiques de la personne moralement éduquée se retrouvent à quelques nuances près chez des auteurs comme E. Durkheim, J. Wilson, L. Kohlberg qui ont développé des théories très articulées sur l'éducation morale et chez les représentants de la clarification des valeurs qui exercent une grande influence dans les milieux de l'éducation. Tous ces auteurs, à l'exception peut-être des promoteurs de la clarification des valeurs dont la problématique théorique est beaucoup moins articulée, soulignent le caractère multidimensionnel de l'éducation morale, même si dans les faits, l'école a toujours tendance à réduire l'éducation morale à l'une ou l'autre de ses dimensions.

Chazan fait état de plusieurs courants d'idées qui s'opposent à l'implantation de programmes distincts d'éducation morale dans le curriculum scolaire (p. 91-102). Mais selon lui, ces contestations n'ont pas réussi à éliminer l'éducation morale de la maquette horaire des écoles élémentaires et secondaires. Elles ont toutefois contribué à remettre en question les idées reçues dans ce domaine. Durkheim, Kohlberg et Wilson sont les théoriciens qui ont le plus marqué la réflexion sur l'éducation morale et sa mise en œuvre effective. Ils s'entendent avec les promoteurs de la clarification des valeurs pour reconnaître qu'un enseignement distinct de cette discipline a sa place à l'école et qu'il devrait être dispensé par des enseignants ayant reçu une formation spéciale. Chazan distingue chez ces auteurs trois conceptions du rôle de l'enseignant en éducation morale :

- celle de Durkheim de l'enseignant comme transmetteur des grandes valeurs qui sont chères à une société particulière;
- celle de promoteurs de la clarification des valeurs pour qui l'enseignant est un thérapeute dont le rôle est d'aider les élèves à se situer personnellement et émotivement par rapport à des questions morales;
- celle de Wilson et de Kohlberg pour qui l'enseignant est un pédagogue dont le rôle est de développer le *processus* de jugement moral ou de délibération morale qui constitue l'essence de la moralité.

La conception de l'éducation démocratique développée par Gutmann se rapproche de celle de Dewey qui insiste sur le rôle de l'école dans la formation du caractère moral et sur la nécessité de développer la capacité de raisonner d'une manière critique et rationnelle sur les questions morales. La position de Dewey lui apparaît comme une combinaison heureuse de la conception de Durkheim et de celles de Wilson et de Kolhberg.

Toutefois, Gutmann prend une certaine distance par rapport à ces auteurs dans la mesure où ils lient le développement moral à certaines valeurs libérales particulières. Et elle est plus consciente que Durkheim des difficultés que pose la transmission des valeurs chères à une société particulière dans un contexte pluraliste où coexistent plusieurs conceptions différentes de ces valeurs. Cette conscience, qu'elle partage avec les promoteurs de la clarification des valeurs, ne l'empêche pas de critiquer cette dernière approche qui recherche une impossible neutralité de l'école dans le domaine des valeurs et des conceptions de la bonne vie. Elle met l'accent sur l'apprentissage de la capacité de délibération démocratique et insiste sur la nécessité d'aménager un espace où cette délibération est possible. C'est ce qui l'amène à restreindre la sphère d'intervention de l'État et des parents par les principes de non-répression et de non-discrimination. Tout en protégeant une sphère d'intervention spécifique aux éducateurs, ces principes les empêchent de faire de l'école publique un lieu de promotion des valeurs de groupes particuliers ou d'une vision particulière de la société, qu'elle soit conservatrice, libérale, socialisante ou communautariste. Les seules valeurs que ces principes les autorisent à promouvoir sont les valeurs démocratiques, celles qui rendent possible la coexistence d'une pluralité de valeurs. La position de Gutmann rejoint ici celle de Camilleri :

> Ainsi, « l'interculturel »... s'inscrit dans un mouvement... de légitimation morale et de prise en compte sociale d'un nombre croissant de différences : depuis les différences idéologiques, religieuses, politiques, de condition sociale, de sexe, d'âge... Il importe de voir que ce mouvement de fond implique un contrat social d'un nouveau type. Ce n'est plus l'association « totalisante » ... mais l'association « dialectique », où l'acceptation d'un minimum d'uniformité dans les représentations-valeurs et de contraintes dans les règles à observer est la condition pour obtenir

le contraire : le maximum de diversité dans les représentations-valeurs et de liberté dans les comportements (1992, p. 45).

Tout comme Gutmann, Camilleri fait ressortir la nécessité d'un espace commun pour la coexistence harmonieuse d'une diversité de valeurs culturelles, religieuses et sociales dans une société moderne. Ces deux auteurs soulignent que les diverses composantes des sociétés marquées par la diversité socioculturelle et religieuse n'ont pas à nier leur spécificité ni à se fondre dans un magma indifférencié. Il s'agit plutôt pour ces diverses composantes, qu'elles soient majoritaires ou minoritaires, de s'imposer un minimum de restrictions de manière à ce que tous les citoyens puissent se sentir membres à part entière de cette société. L'espace commun dont parle Gutmann n'est pas un plus petit commun dénominateur de toutes les tendances présentes dans la société, ni un élargissement du modèle culturel ou religieux dominant dans cette société. C'est plutôt un espace de délibération démocratique où tous les particularismes peuvent s'affirmer dans la mesure où ils acceptent d'être l'objet d'un débat public et ouvert à la critique rationnelle. Pour qu'une société soit démocratique, les individus doivent pouvoir réviser librement leurs conceptions de la bonne vie et de la bonne société à la lumière de ce débat. Une société où cet espace de délibération fait l'objet d'une répression par l'État ou par la communauté d'appartenance des individus n'est pas une société démocratique. Une société qui prive certains de ses membres de cette possibilité de délibération ne peut pas non plus être considérée comme démocratique.

On ne trouve pas chez Gutmann de théorie explicite sur la place de l'enseignement de la religion dans les écoles publiques et sur les défis pédagogiques que représente la mise en œuvre d'un tel enseignement. Cela n'est pas trop surprenant, car il se passe très peu de choses dans ce domaine aux États-Unis, la Constitution américaine interdisant toute forme d'enseignement religieux confessionnel dans les écoles publiques au nom du principe de la séparation de l'Église et de l'État. Même si l'étude « scientifique » de la religion n'est pas incompatible avec la Constitution, les éducateurs américains ont toujours hésité à la promouvoir par crainte de poursuites légales contre des enseignants qui pourraient être accusés d'utiliser cet enseignement pour promouvoir une option religieuse particulière[5]. Mais les principes de l'éducation démocratique élaborés par Gutmann peuvent apporter un éclairage utile dans le débat qui oppose présentement les promoteurs d'un enseignement religieux confessionnel renouvelé et ceux d'un enseignement culturel de la religion.

Les principes démocratiques dans le débat sur l'enseignement religieux dans les écoles du Québec

Si l'on adopte la théorie de l'éducation démocratique de Gutmann, il y a une incompatibilité fondamentale entre la confessionnalité scolaire et les principes de l'éducation démocratique. Dans une société où coexistent plusieurs traditions religieuses et plusieurs systèmes de convictions globales, une école dont les orientations, les programmes et le projet éducatif relèvent d'un groupe religieux particulier ne peut être considérée comme une école « publique », ouverte à tous les citoyens qu'elle dessert, quelles que soient leurs options au plan religieux. Même si une telle école prévoit des aménagements qui permettent à ceux qui ne partagent pas les options confessionnelles de l'école de suivre un enseignement moral plutôt qu'un enseignement religieux et même si l'enseignement qu'elle dispense est largement ouvert à la diversité culturelle et religieuse, une telle école ne peut être considérée comme démocratique, car son caractère confessionnel l'oblige à faire appel à des vertus comme l'ouverture et la tolérance[6] qui ont toujours un certain caractère paternaliste.

Dans une société marquée par le pluralisme religieux, la confessionnalité scolaire est potentiellement répressive, car elle limite l'éventail des options religieuses, para-religieuses et non-religieuses qui feront l'objet d'un examen critique dans le cadre des cours d'enseignement religieux. Et, ce qui est encore plus grave, en accordant aux représentants d'une tradition religieuse particulière

---

[5] On trouvera dans la première partie de mon ouvrage de 1985 une analyse détaillée des efforts infructueux pour introduire l'étude des religions dans les écoles américaines dans les années 1970.

[6] Francis L. K. Hsu définit la tolérance comme « la permission d'exister qu'accorde celui qui est supérieur à celui qui est inférieur ».

une position privilégiée pour déterminer ce qui mérite de faire partie du programme d'enseignement religieux, elle limite indûment la possibilité de délibération critique dans ce domaine. D'ailleurs, beaucoup de responsables de l'éducation chrétienne reconnaissent que l'enseignement confessionnel obligatoire a produit des résultats très décevants en ce qui a trait à la connaissance par les jeunes de la tradition chrétienne elle-même à la fin du cours secondaire, après onze années d'enseignement religieux confessionnel. Il est permis de penser que cette inculture pourrait être liée en partie à cette absence d'espace de délibération critique dans cette matière qui semble relever d'une logique différente de celle des autres matières scolaires.

D'autre part, on peut se demander si le système d'option entre l'enseignement religieux catholique et l'enseignement moral qui a été mis sur pied pour tenir compte de la diversité des convictions religieuses des élèves et de leurs parents est compatible avec le principe de la non-discrimination. Si l'éducation morale occupe une place aussi importante que le soutiennent Gutmann et Dewey dans la formation du caractère et dans le développement de la vertu démocratique, il y a quelque chose d'étrange à la réserver aux élèves qui veulent être exemptés du cours d'enseignement religieux. Et si, comme le soutiennent les défenseurs de l'école confessionnelle, le développement religieux des jeunes catholiques exige que l'école fournisse un enseignement religieux qui leur permette de s'enraciner dans leur tradition religieuse (Côté, 1995, p. 16), ce n'est pas un enseignement moral, mais un enseignement confessionnel qu'il faudrait offrir à ceux qui appartiennent à d'autres traditions religieuses. Mais des raisons pratiques font que c'est impossible à réaliser pour plusieurs élèves qui sont ainsi victimes d'un traitement discriminatoire.

Toutefois, les défenseurs de la confessionnalité scolaire semblent avoir une conception différente de la démocratie, une conception qui se rapproche de la théorie de l'« État des familles ». S'appuyant sur le « fait »[7]

---

[7] Comme le souligne Milot dans sa première contribution au présent ouvrage, ce « fait » apparemment incontestable doit être interprété à la lumière du contexte particulier dans lequel les sondages qui l'établissent ont été effectués.

qu'une très forte majorité des parents sont en faveur du maintien d'un enseignement religieux à l'école et ne remettent pas en question la confessionnalité de l'école, les tenants de la confessionnalité scolaire sont convaincus d'être du côté de la démocratie et plaident pour le droit de la majorité de parents à l'école de leur choix. Dans le contexte québécois actuel, l'abandon de la confessionnalité scolaire constituerait selon eux une intervention antidémocratique de l'État :

> Pour implanter partout un réseau uniforme d'écoles laïques, il faudrait une décision autoritaire de l'État, qui priverait les parents de l'exercice de leur droit démocratique à l'école de leur choix et qui étoufferait la vie en niant la diversité des besoins et des aspirations selon les milieux et les régions (Côté, 1995, p. 79).

D'après les analyses de Milot (1991, 1995) qui a réalisé une des rares études scientifiques que nous possédons sur les attentes des parents par rapport à l'enseignement religieux confessionnel, il est abusif de conclure que la majorité des parents veulent le maintien du système confessionnel. Ce qu'ils veulent, c'est que l'école se préoccupe de l'héritage religieux qu'ils ont reçu de leurs parents et qu'ils considèrent comme un élément important du patrimoine culturel qu'ils souhaitent transmettre à leurs enfants. Même s'ils ont eux-mêmes pris des distances par rapport à la tradition chrétienne, ils tiennent à ce qu'elle soit transmise à leurs enfants parce que cela leur fournira des « étais » qui les aideront à traverser les crises de l'existence. Toutefois, et c'est là un point que ceux qui se servent de cette étude pour justifier le maintien de l'enseignement confessionnel passent souvent sous silence, ils rejettent tout contrôle de l'Église sur les orientations et le contenu de cette enseignement. Ils veulent que cet enseignement soit transmis non pas par des représentants de l'Église, mais par des enseignants qui devraient être choisis pour leur compétence éducative et non leur engagement chrétien. On voit mal comment cet aspect des attentes des parents exige avec le maintien du contrôle du Comité catholique sur les orientations et sur le contenu des programmes d'enseignement religieux à l'école publique.

D'autre part, on peut s'interroger sur le contexte général dans lequel s'est effectué jusqu'ici la consultation sur l'opportunité de maintenir l'enseignement religieux confessionnel à l'école. Les défenseurs de l'enseignement religieux confessionnel ne croient pas qu'il est possible d'aborder l'exploration de l'expérience religieuse autrement que dans une perspective confessionnelle et dans le cadre d'une structure confessionnelle où l'Église catholique, par le biais du Comité catholique, exerce un contrôle sur les orientations et sur le contenu de cet enseignement. La seule alternative à l'enseignement religieux confessionnel qu'on présente aux parents, c'est l'abolition pure et simple de tout enseignement religieux à l'école. Les promoteurs de l'école laïque ont parfois contribué à renforcer cette impression en insistant sur les économies que la déconfessionnalisation de l'école permettra de réaliser et sur les périodes de la maquette horaire qui pourront être récupérées pour l'enseignement du français et des mathématiques (Baril, 1995). Dans un tel contexte, l'abolition de la confessionnalité scolaire apparaît comme une rupture radicale par rapport au passé et comme un appauvrissement de la qualité de la formation dispensée par l'école. On peut facilement comprendre que les parents refusent de l'abandonner.

Cependant, il est loin d'être évident que les parents s'opposeraient à la déconfessionnalisation de l'école si on présentait cette transformation non pas comme une rupture symbolique par rapport au passé, mais comme un ajustement institutionnel nécessaire pour refléter l'évolution de la société québécoise (Milot, 1995). Cela supposerait toutefois qu'on leur propose une alternative crédible à l'enseignement confessionnel[8] et que la mise en œuvre de ce nouveau programme d'éducation religieuse soit confiée à une instance non confessionnelle qui aurait la responsabilité de s'assurer qu'il soit implanté dans le respect des principes de l'éducation démocratique. Mais comme les défenseurs de la confessionnalité scolaire semblent avoir comme stratégie d'empêcher l'émergence de toute alternative à l'enseignement religieux confessionnel et de dénigrer toute initiative dans ce domaine, la situation semble complètement bloquée.

---

[8] On trouvera dans mon autre contribution au présent ouvrage et dans celles de Robert Jackson beaucoup d'éléments qui permettent d'affirmer qu'il existe une alternative viable à l'enseignement religieux confessionnel.

Dans un numéro récent de la revue *L'Église canadienne*, la proposition par la Société québécoise d'étude de la religion d'un enseignement de la religion dans une perspective d'éducation civique et démocratique est présentée comme une position extrémiste, la « laïcité pure et dure », qu'on oppose à celle de l'Association des parents catholiques en faveur d'une « confessionnalité mur à mur » (Robillard, 1995, p. 72-75). Dans ce contexte, le Comité catholique et l'épiscopat du Québec apparaissent comme les défenseurs d'une position nuancée qui évite les extrêmes et qui tient compte des particularités du contexte québécois et de la volonté des parents. Il s'agit là d'une habile manipulation de la réalité où les deux positions extrêmes sont celle de l'épiscopat et du Comité catholique qui s'accrochent au maintien d'un enseignement religieux confessionnel à l'école et celle de certains militants d'un laïcisme radical qui luttent pour l'abolition de l'enseignement religieux à l'école et son remplacement par l'enseignement moral.

Le président du Comité catholique développe à ce sujet une argumentation qu'il est intéressant d'examiner ici. Selon lui, l'enseignement religieux dispensé dans les écoles confessionnelles est différent de la catéchèse qui « vise à catéchiser les enfants, à approfondir leur communion à Jésus Christ, leur adhésion à son message et à l'Église » (p. 14). L'enseignement religieux catholique est présenté comme une réponse aux attentes des parents telles que la recherche de Milot permet de les définir :

> Au yeux de nombreux parents qui se reconnaîtraient comme des « croyants culturels », l'enseignement religieux scolaire devrait simplement offrir à l'enfant un horizon de sens et un ensemble de valeurs sans doute inspirées de la tradition chrétienne, mais sans viser à en faire des croyants engagés. Ils comptent sur la compétence de l'école pour réaliser leurs attentes de manière ordonnée et éclairée, en évitant toute forme d'endoctrinement ou d'embrigadement (Côté, 1995, p. 15).

Toutefois, cette distinction entre catéchèse et enseignement religieux catholique est difficile à tenir en pratique, car le président du Comité catholique souligne lui-même que l'une des fonctions importantes de l'éducation religieuse à l'école est d'éveiller les enfants à la dimension spirituelle et que cet éveil ne peut se faire sans témoins engagés dans une tradition religieuse particulière :

> La dimension religieuse ne peut prendre un sens concret pour lui [l'élève] qu'en lien avec une tradition vivante, culturellement et socialement située, c'est-à-dire avec une tradition présente dans son milieu, dont on peut repérer les traces et reconnaître les témoins (p. 16).

Un enseignement religieux qui repose sur le témoignage, qui s'inscrit dans une tradition religieuse particulière, qui vise à l'éveil spirituel des élèves en favorisant « l'éclosion et le développement » de leur foi « à travers une présentation respectueuse et intéressante du fait chrétien » n'est peut-être pas de la catéchèse, mais c'est certainement de l'enseignement religieux confessionnel. Le président du Comité catholique le reconnaît d'ailleurs explicitement :

> En ce sens, l'enseignement religieux est confessionnel puisqu'il est centré sur l'apport d'une confession précise à l'éducation des jeunes. Mais il s'agit d'une confessionnalité ouverte et critique : ouverte à l'apport des autres traditions religieuses et critique par rapport à ses propres limites. Il s'agit également d'une confessionnalité diaconale, de service, par opposition à une confessionnalité de pouvoir ou de privilège. L'enseignement religieux confessionnel ne cherche pas à promouvoir les intérêts d'une Église, mais à servir la mission éducative auprès des jeunes (p. 53).

La position du président du Comité catholique est justement qu'il ne peut exister d'autre forme d'enseignement religieux à l'école que l'enseignement confessionnel. L'enseignement religieux culturel, qu'il associe à la promotion d'une « culture religieuse commune » (Harvey, 1992, p. 213-217) ne constitue pas une réponse valable aux exigences de la pluralité religieuse. Selon le président du Comité catholique, la solution serait plutôt dans un enseignement religieux catholique ouvert aux grandes religions et, dans le cas où les groupes religieux le demandent, un enseignement multi-confessionnel. Selon lui, ce scénario est de loin préférable à l'établissement d'un réseau uniforme d'écoles laïques :

> Ce choix s'inscrit dans une perspective d'affirmation de la majorité culturelle au Québec, qui n'a pas à disparaître pour faire place aux minorités (Côté, 1995, p. 79)[9].

[9] Il est troublant de trouver ici sous la plume du président du Comité catholique une allusion au danger que fait courir l'immigration à l'identité culturelle du groupe majoritaire. C'est là un thème

Le président du Comité catholique minimise les risques de fragmentation du système scolaire associés à ce scénario en soulignant le fait que jusqu'ici, très peu de groupes religieux ont présenté des demandes pour un enseignement confessionnel autre que catholique et protestant.

Pour appuyer cette prétention de l'enseignement confessionnel à occuper tout le champ de l'éducation religieuse à l'école, Côté apporte une série d'arguments qui visent à miner la légitimité de ce que les partisans de la laïcité ouverte présentent comme une alternative à cet enseignement : l'enseignement religieux culturel. Selon lui, « ce qu'on appelle la culture publique commune s'impose de plus en plus depuis quelques années comme un objectif social majeur » (p. 15). Mais il souligne que l'extension de ce concept à celui de culture religieuse commune qu'utilise le père Harvey pour justifier la laïcisation de l'enseignement religieux à l'école soulève des difficultés. Une première difficulté touche à la question fondamentale de la liberté religieuse :

> Si l'on comprend que cette culture inclurait une ouverture affective à la dimension religieuse, on se trouve devant la proposition d'une option religieuse, qui se voudrait commune pour tous les membres d'une société donnée. Or il est périlleux de lier citoyenneté et option religieuse, même si celle-ci se veut non-confessionnelle. On risque alors de confondre les ordres séculiers et religieux, et de porter atteinte à la liberté de conscience et de religion. Toute option religieuse, confessionnelle ou non, est nécessairement libre. La société comprend donc des gens pour qui la dimension religieuse signifie quelque chose, et d'autres qui y restent fermés. Quel peut alors être le sens d'une culture religieuse commune pour quelqu'un qui ne s'intéresse pas du tout à la religion ? (Côté, 1995, p. 15-16)

Il y a quelque chose d'ironique que ce soit le président du Comité catholique qui se fasse le défenseur de la liberté religieuse, quand on sait qu'en 1988, la Commission des droits de la personne s'est prononcée contre la confessionnalité scolaire parce qu'elle va à l'encontre des droits fondamentaux (liberté de conscience et de religion et égalité de traitement) et que le gouverne-

---

dominant dans le discours des groupes d'extrême droite comme le Front national en France et le mouvement pour la suprématie blanche au Canada et aux États-Unis !

ment du Québec doit faire appel à la clause nonobs-tant[10] pour protéger l'application des règlements du Comité catholique des contestations juridiques qui s'appuieraient sur la Charte des droits et libertés ! Néanmoins, ses objections au concept de culture religieuse commune doivent faire l'objet d'un examen sérieux.

Même si toute l'argumentation du père Harvey en faveur d'une révision en profondeur des orientations de l'enseignement religieux à l'école continue d'être tout à fait pertinente, indépendamment du concept de culture religieuse commune sur lequel il s'appuie, il n'en demeure pas moins qu'il s'agit là d'un concept qui prête à confusion. On pourrait le préciser en s'appuyant sur les thèses d'Amy Gutmann sur la nécessité de développer une espace commun de délibération démocratique. C'est cet espace commun de délibération critique qui permet de concilier la diversité des options, religieuses ou non, que les élèves apportent avec eux à l'école et qui constitue une base de cohésion sociale dans une société où coexistent plusieurs conceptions différentes de la bonne vie.

Il faut d'ailleurs souligner ici une distinction essentielle entre la notion d'*espace commun de délibération démocratique* et le concept de *culture publique commune* que Côté reprend sans le critiquer. Côté définit la culture publique commune comme un « ensemble de valeurs et de principes fondamentaux, tels que chez nous le respect des droits humains, la démocratie parlementaire, l'égalité des sexes, la tradition judéo-chrétienne, la primauté de la langue française, qui font partie de la culture du groupe d'accueil, et que les membres d'une société s'entendent pour respecter » (Côté, 1995, p. 15). Plusieurs chercheurs soutiennent qu'une telle conception « substantive » de la culture publique commune ne constitue pas une base adéquate pour assurer la cohésion sociale dans une société pluriethnique. Ils proposent plutôt une approche qui ne suppose pas « l'adhésion à des contenus culturels préétablis », mais qui vise au développement d'une « culture civique » où l'on recherche, comme dans l'éducation démocratique définie par Gutmann, « le développement des dispositions et

---

10 Voir la contribution d'Aubert dans le présent ouvrage.

des capacités que requiert la participation politique future du citoyen (Bourgeault *et al.*, 1995).

L'impression générale qui se dégage de tout ce débat, c'est que les tenants de la confessionnalité scolaire ont le sentiment d'être en position de force et qu'ils refusent de considérer sérieusement toute alternative à l'arrangement confessionnel. Leur stratégie principale est de convaincre les parents que l'enseignement religieux confessionnel est la seule voie praticable pour répondre à leurs attentes concernant l'éducation de leurs enfants au plan religieux. Pour y arriver, ils tentent d'élargir la notion d'éducation religieuse confessionnelle de manière à ce qu'elle réponde aux attentes des parents, même si ces attentes n'ont souvent plus rien à voir avec la spécificité de la confession religieuse particulière qui contrôle les orientations de l'enseignement religieux. L'autre pendant de la stratégie consiste à délégitimer l'enseignement religieux culturel qui apparaît pourtant à plusieurs chercheurs et éducateurs comme une alternative sérieuse à l'enseignement confessionnel. On place ainsi les parents devant un choix où les défenseurs de la confessionnalité sont sûrs de gagner : le maintien d'une confessionnalité ouverte ou la rupture radicale que représente une école laïque dans laquelle l'éducation religieuse est remplacée par un enseignement moral ou une éducation civique sans référence à la dimension religieuse.

Mais le problème le plus fondamental que soulève la prise de position du Comité catholique tient selon moi au fait qu'elle s'appuie sur une conception de la démocratie qui représente une option trop unilatérale en faveur de l'une des deux conceptions de la démocratie dont Thériault a esquissé la typologie dans sa contribution au présent ouvrage, le libéralisme différentialiste. Thériault a bien montré les dangers pour la cohésion sociale que représente cette conception si elle n'est pas étroitement articulée à celle de l'individualisme républicain. En éliminant la tension créatrice qui constitue selon Thériault la seule façon acceptable de réconcilier les deux pôles de cette typologie, le Comité catholique est amené à défendre une conception de l'enseignement de la religion à l'école incompatible avec le pluralisme culturel, religieux et idéologique qui caractérise les sociétés démocratiques modernes.

Mais comment se situe la conception de l'éducation démocratique élaborée par Gutmann par rapport à cette typologie ? Par son insistance sur la délibération critique et sur les principes de non-répression et de non-discrimination, Gutmann ne risque-t-elle pas de rompre l'équilibre dans le sens contraire du Comité catholique et de promouvoir une conception de la démocratie trop unilatéralement centrée sur les valeurs de l'individualisme républicain, négligeant les aspirations légitimes liées à l'appartenance à des communautés humaines concrètes ? Je crois que ce serait mal comprendre sa position sur l'éducation démocratique que d'en faire une incarnation du modèle de l'individualisme républicain. Sa position, nous l'avons vu, repose sur un équilibre en tension entre les intérêts légitimes des parents et des communautés et ceux de l'État qui acceptent l'un et l'autre de déléguer une partie de leur autorité à des éducateurs professionnels.

La position de Gutmann m'apparaît plus proche de celle du libéralisme classique, dont Locke et Montesquieu sont les principaux interprètes, que de celle des théoriciens contemporains du libéralisme. Comme le montre Kautz, le libéralisme classique ne cherche pas à convertir tout le monde au point de vue libéral, mais se contente de réclamer un « espace de liberté » dans un environnement hostile où les partisans de la vertu (les républicains) et les partisans de l'égalité (les démocrates) sont en bien meilleure position que les partisans de la liberté (les libéraux) :

> La modération exige souvent que les libéraux se contentent de la tolérance ou de la « permission » et ne cherchent par obtenir par surcroît « les louanges » ou le « respect » pour leurs modes de vie privés. Bien souvent, les démocrates et les républicains sont prêts à accepter des individualistes libéraux dans la communauté aussi longtemps que leur hétérodoxie n'est pas trop visible ni donc trop menaçante. Mais les libéraux qui ne demandent pas seulement la permission, mais le respect ou qui demandent à être traités avec « un souci et un respect égal » dépassent parfois les bornes. En demandant le respect de la communauté, le dissident admet implicitement que ses choix privés concernent la communauté; un tel libéral angoissé n'est pas content qu'on le laisse tranquille et il n'est pas prêt à laisser les autres tranquilles. Il ne « se mêle pas de ses affaires » (Kautz, 1995, p. 63).

Gutmann semble toutefois penser que cet appel à la « modération » libérale ne doit pas être poussé trop loin et que dans les société pluralistes modernes, l'éducation civique ne peut se contenter de promouvoir la tolérance. Elle doit aller jusqu'à chercher à développer la compréhension et le « respect » de modes de vie différents de ceux que l'on partage soi-même pourvu qu'ils ne soient pas hostiles aux principes démocratiques de non-répression et de non-discrimination » (Gutmann, 1995). Mais la position de Gutmann ne suppose pas, comme celle de Rawls ou de Dworkin, un consensus sur certaines valeurs libérales. Elle se contente d'exiger l'existence d'un « espace de délibération » régi par les principes de la non-répression et de la non-discrimination. Il y a là un compromis entre les intérêts des partisans de la liberté et ceux des partisans de l'égalité qui se rapproche de la stratégie proposée par Kautz pour défendre le libéralisme.

Enfin, cette conception de l'éducation démocratique apparaît tout à fait conciliable avec les principes éducatifs sous-jacents à la conception de l'éducation « multireligieuse » qui a été expérimentée depuis trente ans en Grande-Bretagne, même s'il est évident que l'implantation d'une telle approche apparaît très difficile dans le contexte américain. En particulier, on voit mal comment les visées d'« édification », même entendues au sens très précis que Jackson donne à ce terme dans sa deuxième contribution au présent ouvrage, pourraient être conciliables avec les clauses de la Constitution américaine qui interdit tout support de l'État à une option religieuse particulière. Toutefois, l'expérience britannique en éducation « multireligieuse », avec toutes ses ambiguïtés et ses tensions internes, apparaît comme un exemple concret d'une conception de la démocratie comme celle que propose Thériault, où les exigences de l'individualisme démocratique sont arc-boutées d'une manière créatrice à celles du libéralisme communautarien. Et, comme je tenterai de le montrer dans ma deuxième contribution à cet ouvrage, une transformation radicale des orientations de l'éducation religieuse comme celle qui s'est faite en Grande-Bretagne paraît plus prometteuse comme voie d'avenir dans ce domaine pour le Québec que l'abstentionnisme prudent qui caractérise l'approche américaine et l'anachronisme du monopole confessionnaliste préconisé par le Comité catholique et les évêques québécois qui invitaient récemment les catholiques à « prendre tous les moyens » pour sauver l'école catholique.

Références

Baril, D. (1995). *Les mensonges de l'école catholique*, Montréal, VLB éditeur.

Bourgeault, G., Gagnon, F., McAndrew, M. et Pagé, M. (1995). « L'espace de la diversité culturelle et religieuse à l'école dans une démocratie de tradition libérale », *Revue européenne des migrations internationales*, vol. 11, no 3, p. 79-103. .

Camilleri, C. (1992). « Les conditions de base de l'interculturel », dans Damiano, dir. *Verso una società interculturale : Pour une société interculturelle*, ACLI-CELIM, Bergamo, 1992, p. 35-45.

Centrale de l'enseignement du Québec (1995). « Le débat est lancé. L'école doit-elle être laïque ? », *Nouvelles CEQ*, janvier-février p. 21-26.

Chazan, B. (1985). *Contemporary Approaches to Moral Education. Analyzing Alternative Theories*, Teachers College Press.

Cohen, E. (1994). *Le travail de groupe. Stratégies d'enseignement pour la classe hétérogène*, Tr. F. Ouellet, Montréal, La Chenelière.

Côté, G. (1995). « L'enseignement religieux et la pastorale à l'école », *L'Église canadienne*, vol. 28, no. 1-3, p. 13-16; 52-54; 78-80.

Évangéliste, C. et al. (1995). « Une expérience de pédagogie coopérative à l'école Victor-Lavigne », dans F. Ouellet, dir., *Les institutions face aux défis du pluralisme ethnoculturel*, Québec, Institut Québécois de Recherche sur la Culture, p. 161-172.

Évangéliste, C. et al. (1996). *Apprendre la démocratie. Guide de sensibilisation et de formation selon l'apprentissage coopératif.* Chenelière/McGraw-Hill.

Gutmann, A. (1987). *Democratic education*, Princeton, Princeton University Press.

Gutmann, A. (1995). « Civic Education and Social Diversity », *Ethics*, avril, p. 557-579.

Harvey, J. (1992). « Une laïcité scolaire pour le Québec », *Relations*, septembre, p. 213-217.

Kautz, S. (1995). *Liberalism and community*, Cornell University Press, Ithaca & London.

Lebeau, E.C. (1988/1990). « La compréhension interculturelle : définition opérationnelle et pertinence pour la formation des éducateurs », dans Ouellet, F. dir, *Pluralisme et école*, Québec, Institut Québécois de Recherche sur la Culture, p. 535-564.

Lucier, p. (1975). « Voies et impasses : voie ou impasse », *Relations*, vol 35, no. 405, p. 63-67.

Macedo, S. (1995). « Liberal Civic Education and Religious Fundamentalism : The Case of God v. John Rawls », *Ethics*, 105, Avril, p. 468-496.

Milot, M. (1991). *Une religion à transmettre ? Le choix des parents*, Québec, Québec, Les presses de l'Université Laval.

MILOT, M. (1995). « La religion dans la société québécoise », dans *RND*, Juin.

OUELLET, F. (1981). « L'étude des religions et l'éducation religieuse à l'école : l'expérience anglaise et sa pertinence pour le Québec », dans F. Ouellet et B. Denault, *Confessionnalité et pluralisme dans les écoles du Québec : les principaux enjeux du débat*, Cahiers de l'ACFAS, 15, p. 175-190.

OUELLET, F. (1988). « L'éducation interculturelle : un nouveau défi pour l'enseignement religieux et moral », *Cahiers de recherche en sciences de la religion* (Numéro spécial sur « Le défi de l'enseignement religieux. Problématiques et perspectives »), Vol. 9, p. 181-208.

OUELLET, F. (1980). « L'étude des religions dans les écoles : essai de problématique », *Studies in Religion/Sciences religieuses*, 9/1, Hiver, p. 69-85.

OUELLET, F. (1985). *L'étude des religions dans les écoles : l'expérience américaine, anglaise et canadienne.* Éditions SR, Wilfrid Laurier University Press, 672 p.

OUELLET, F. (1996). « L'enseignement religieux à l'école face aux défis du pluralisme ethnoculturel », dans K. Fall, R. Hadj-Moussa et D. Simeoni, dir., *Les convergences culturelles dans les sociétés pluriethniques*, Montréal, Presses de l'Université du Québec, p. 219-237.

OUELLET, F. (1995). « L'éducation religieuse à l'école. Pour sortir de l'impasse », dans : Ouellet, F., dir, *Les institutions face aux défis du pluralisme ethnoculturel. Expériences et projets d'intervention*, Québec, I.Q.R.C, p. 255-271.

PAGÉ, M. (1995). « Apprendre en coopération en milieu hétérogène », dans F. Ouellet, dir., *Les institutions face aux défis du pluralisme ethnoculturel*, Québec, Institut québécois de recherche sur la culture, p. 103-133.

PAGÉ, M. (1995a). « Diversité culturelle et éducation au pluralisme », Centre d'études ethniques, Université de Montréal.

RAZ, J. (1990). « Facing Diversity : The Case of Epistemic Abstinence », *Philosophy and Public Affairs* 19, p. 3-47.

RAWLS, J. (1993). *Political Liberalism*, New York, Columbia University Press.

ROBILLARD, D. (1995). « L'école confessionnelle », *L'Église canadienne*, vol. 28, no. 1-3, p. 7-12; 44-51; 71-77.

SPINNER, J. (1994). *Boundaries of Citizenship. Race, Ethnicity and Nationality in the Liberal State*, Johns Hopkins University Press.

Société québécoise pour l'étude de la religion (SQÉR) (1994). « L'enseignement religieux et la confessionnalité des structures scolaires au Québec. Position de la Société québécoise pour l'étude de la religion », *Bulletin*, no 9, automne-hiver, p. 17-20.

VIEL, A. et OUELLET, F. (1984). « Intérêt, motivation et attitudes des étudiants du secondaire face à l'étude des religions », dans *Studies in Religion/Sciences religieuses*, 13/1, Hiver p. 64-85.

Chapitre 8

La « nouvelle éducation religieuse » en Grande-Bretagne. Bilan partiel de trente années de recherches[1]

Robert Jackson

Introduction

Ce chapitre tente de passer en revue quelques-uns des développements les plus significatifs de la recherche empirique et théorique en éducation effectuée en Grande-Bretagne au cours des trente dernières années. Après la présentation de quelques recherches d'intérêt général, j'accorderai une attention spéciale aux recherches reliées à l'éducation multireligieuse (*multifaith religious education*). Je ferai par la suite le compte-rendu d'un projet récent de développement de matériel pédagogique qui découle des recherches empiriques et théoriques présentées ici.

Recherches empiriques

La psychologie du développement cognitif

La recherche sur le développement de la pensée des enfants sur la religion s'est inscrite dans les tendances générales en psychologie de l'éducation. Les travaux de Ronald Goldman (1964) ont exercé une grande influence, parce qu'il était vraisemblablement le seul britannique à faire de la recherche sur l'éducation religieuse au début des années 1960. Ces travaux, fortement influencés par la recherche de Piaget sur le développement cognitif, étaient basés sur des entrevues avec de

---

[1] Traduction française par Fernand Ouellet.

petits échantillons d'élèves utilisant des récits de la Bible. Les découvertes de Goldman indiquaient que la pensée religieuse se développe en passant par une série de stades de plus en plus complexes (intuitif, pré-opérationel, concret, abstrait) et que ce développement était similaire à celui de toute autre pensée. Sa conclusion, à l'effet que tous les concepts religieux abstraits devraient être exclus de l'éducation religieuse tant que les enfants n'ont pas atteint l'âge mental de treize ans, a amené des disciples trop zélés à éliminer beaucoup de matériel pédagogique explicitement religieux de cet enseignement dans les écoles primaires. Les recherches ultérieures d'un chercheur piagétien américain, John Peatling, ont permis de dépasser certaines faiblesses méthodologiques de Goldman tout en confirmant le développement de la pensée religieuse en une série de stades. Toutefois, les recherches de Peatling suggèrent un long stade intermédiaire entre le stade opératoire concret (âge mental : 10 ans) et la pensée abstraite (âge mental : 16 ans).

Les recherches de ce genre ont suscité plusieurs critiques. Par exemple, Brian Gates (1976; 1977) fait une distinction entre la capacité intellectuelle des enfants de manipuler des concepts religieux et leur capacité de comprendre avant de pouvoir penser comme des adultes. Il se demande si les chercheurs ont mesuré ce que les enfants comprennent réellement. Alors que la recherche de Goldman se limitait à des enfants issus de la tradition chrétienne, celle de Gates inclut des enfants d'un large éventail de traditions religieuses. La recherche de Merlin Price (1988), sous l'influence des travaux de Jerome Brunner et de Margaret Donaldson, va plus loin que celle de Gates en montrant que le degré de compréhension des récits religieux par les jeunes enfants dépend en partie de la capacité des chercheurs d'explorer en profondeur leurs réponses grâce à l'utilisation d'un langage adapté et d'activités signifiantes pour eux.

La psychologie sociale et la sociologie

Le processus de sécularisation qui a caractérisé la Grande-Bretagne d'après-guerre se reflète dans la recherche sur les attitudes des jeunes à l'égard de la religion. Les recherches psychométriques menées par Leslie

Francis (1979; 1983; 1989a et b; 1992) et par d'autres montrent un déclin croissant avec l'âge de l'attitude positive à l'égard de la religion chrétienne traditionnelle. La recherche sociologique de Martin et Pluck (1977) a également montré que la plupart des jeunes sont indifférents aux croyances religieuses traditionnelles. Toutefois d'autres recherches portant sur des jeunes dont le milieu familial appartient à diverses traditions religieuses révèlent une situation plus complexe (Francis, 1984; 1986; Jackson et Nesbitt, 1991; 1993).

La recherche ethnographique

La recherche ethnographique sur les enfants et les jeunes de diverses traditions religieuses a été amorcée au cours des années 1980 par mon propre groupe de recherche. Eleanor Nesbitt a assumé le leadership des études sur le terrain. C'est notre intérêt pour la façon dont les communautés immigrantes en Grande-Bretagne, les hindous en particulier, pratiquaient leur religion qui nous a amenés à entreprendre ces recherches (Jackson, 1976; 1981). Nous nous sommes intéressés en particulier aux enfants des communautés hindoues. Comment les enfants acquièrent-ils des connaissances sur la tradition de leurs parents? Quels sont les changements qui se produisent dans cette tradition? Qu'est-ce qu'un professionnel de l'éducation religieuse peut apprendre de ces connaissances? Nos avons entrepris une étude du processus formel d'initiation (*nurture*) hindoue, de la socialisation religieuse dans des écoles privées (*supplementary schools*) gérées par les communautés (Jackson et Nesbitt, 1986). Nous avons utilisé les méthodes ethnographiques pour étudier en détail la socialisation religieuse formelle et informelle d'un groupe d'enfants hindous (Jackson et Nesbitt, 1993).

Par la suite, d'autres études du même genre furent entreprises dans deux villes du West Midlands sur des enfants chrétiens, juifs, musulmans et sikhs. Les études de terrain utilisant l'observation participante et des entrevues informelles et semi-structurées furent menées entre 1990 et 1993 (Jackson, 1996; Jackson et Nesbitt, 1992; Nesbitt et Jackson, 1995; Woodward et Jackson, 1993; Woodward, 1994; Woodward, 1996).

A titre d'exemple, je vais référer brièvement aux études

sur les enfants chrétiens et sikhs. Pour les fins de l'étude des enfants chrétiens de Coventry, nous avons considéré comme chrétiens les enfants qui assistaient régulièrement aux célébrations religieuses et aux activités de jeunesse reliées à l'église. Nous avons inclus des enfants appartenant à douze dénominations. Nous avons fait de l'observation participante lors des célébrations à l'église, des classes du dimanche et des célébrations collectives dans les écoles gérées par les églises. La cueillette des données a été complétée par des entrevues semi-structurées avec au moins un leader de l'église ou un adulte impliqué dans la transmission de l'enseignement chrétien. Cinquante enfants âgés de 8 à 13 ans ont été interviewés à l'école. Treize furent sélectionnés pour des études plus approfondies et furent par la suite interviewés plusieurs fois à la maison. Nous avons recueilli la documentation utilisée pour les célébrations et l'initiation formelle et nous avons constitué une banque de plus de mille diapositives.

L'analyse des données a montré que les principales variables dans l'expérience du christianisme par les enfants étaient la croyance, la pratique rituelle, l'ethnicité et la dénomination. Nous avons trouvé une très grande diversité d'expériences et d'interprétations, particulièrement en ce qui a trait au symbolisme et à l'importance du Saint-Esprit, du baptême, de la sainte communion et des saints. Mais nous avons trouvé également beaucoup de points communs en ce qui a trait à l'importance de Dieu et de Jésus et à la signification de Noël. Dans certains cas, il y avait une étroite corrélation entre l'ethnicité et la dénomination (v.g. Ukrainiens et Église Unie; Jamaïquains et Église de Dieu du Nouveau Testament ou Première Église apostolique unie de Jésus Christ; Cypriote Grec et Grec Orthodoxe). Plusieurs enfants étaient associés avec plus d'un type d'église, v.g. des catholiques ukrainiens allant à l'école catholique; des enfants grecs orthodoxes, de l'Armée du Salut et de l'Église Réformée Unie allant à l'école secondaire privée de l'Église d'Angleterre, etc. (Jackson et Nesbitt, 1992; Nesbitt, 1993).

Pour l'étude sur les enfants sikhs, nous avons utilisé des méthodes similaires comportant l'observation participante et différents types d'entrevues. Nous avons découvert, par exemple, que leur utilisation du mot Dieu et celle de leurs parents différaient radicalement de ce qu'on trouve dans les *Agreed Syllabuses*, dans le matériel didactique et des publications sikhs en langue anglaise. Alors que dans les manuels scolaires on affirme que Dieu est un et qu'il n'y a qu'un Dieu, l'utilisation populaire du terme était beaucoup plus large. Par exemple, l'impact des *sants* (maîtres spirituels vivants) est évident dans l'expérience de quelques jeunes sikhs. Le *sant* est appelé *babaji*, un terme que les enfants traduisaient par Dieu et appliquaient également aux écritures et aux Gurus historiques. Nous en avons conclu qu'il faut rechercher les racines de la tradition sikh dans le contexte de la grande tradition indienne où les affirmations théologiques d'Unité sont faites dans un contexte qui affirme également les nombreuses manières de la percevoir et de l'exprimer; même si le concept indien de monothéisme recoupe le concept occidental, il ne lui est pas identique.

Pour les enfants, l'identité sikh était reliée à *amrit chhakna* (l'initiation avec l'eau sacrée), aux cinq K (les signes extérieurs de l'allégeance à la Khalsa), au vêtement panjabi pour les femmes, au végétarisme et à l'abstinence d'alcool. L'importance de l'*amrit* dans l'expérience des enfants sikhs de Coventry confirme et remet en cause son importance dans la littérature normative sikh. Les références à l'*amrit* par les enfants ne portaient pas seulement sur la discipline et l'apparence des sikhs qui ont reçu l'initiation mais aussi sur l'*amrit* comme eau sacrée dont le pouvoir origine de la proximité avec le Guru Granth Sahib (à la fois écriture et guru) ou avec un *sant*. Les enfants boivent cet *amrit* ou l'utilisent pour des aspersions (parfois tous les jours) à des fins de purification, de protection, de guérison et de succès dans leurs études. La proéminence et la diversité des croyances et des pratiques entourant l'*amrit* soulèvent la question de la représentation de la tradition sikh dans les sciences religieuses et dans l'éducation religieuse (Nesbitt et Jackson, 1995)

Nous effectuons présentement une étude longitudinale de la perception par les jeunes hindous de leur tradition religieuse (1995-1997). Nous avons contacté à nouveau les enfants dont nous avions étudié l'expérience religieuse en détail lorsqu'ils avaient 8-13 ans. Ils sont maintenant au début de la vingtaine. Nous serons ainsi en mesure de comparer leurs perceptions présentes de l'identité hindoue et celles qu'ils avaient lorsqu'ils étaient plus jeunes.

D'un point de vue éducatif, l'intérêt de telles études ethnographiques sur les enfants et les jeunes de diverses traditions religieuses en Grande-Bretagne est qu'elles remettent en question les postulats conventionnels sur la nature de la religion conçue comme un système unifié de croyances et de doctrines, qu'elles illustrent les changements et la continuité dans les pratiques et les croyances religieuses dans un contexte qui n'est pas entièrement étranger à la majorité des jeunes de Grande-Bretagne et qu'elles montrent que la religion est vivante et se porte bien dans l'expérience d'au moins quelques enfants et de quelques jeunes. Nous indiquerons plus loin comment nous avons utilisé les données ethnographiques pour développer du matériel didactique.

La recherche théorique

Les changements de paradigme concernant la nature de l'éducation religieuse en Grande-Bretagne sont le reflet d'un changement dans les postulats théoriques sur la nature de la religion et dans les points de vue sur les finalités de cette discipline. Une première distinction porte sur la fonction de l'enseignement religieux : transmettre ou promouvoir la croyance et la culture religieuse ou bien développer une compréhension critique de la religion; une seconde distinction concerne le but de cet enseignement : étudier les religions ou contribuer au développement personnel des élèves.

Jusqu'à la fin des années 1960, le postulat que l'éducation religieuse dans les écoles de comté (c'est le terme utilisé dans la législation sur l'éducation pour les écoles pleinement financées par l'État) devait être un véhicule pour promouvoir la foi et la moralité chrétiennes chez les élèves était à peu près universellement admis. À cette époque, les nouveaux développements entraînaient des changements dans la pédagogie plutôt que dans les finalités sous-jacentes. Ainsi, les travaux de Ronald Goldman (1964) et de Harold Loukes (1961; 1965) ont hâté l'introduction des approches centrées sur l'enfant et de contenus non traditionnels, tout en maintenant les postulats d'une vision chrétienne du monde.

Ces deux auteurs ont influencé la rédaction des *Agreed Syllabuses* de la fin des années 1960 (en particulier, West Riding, 1966 et ILEA, 1968). L'approche de Goldman mettait l'accent sur l'expérience par les enfants de valeurs chrétiennes comme le souci des autres et les sentiments de révérence et d'admiration comme fondement d'une éducation religieuse plus articulée aux théories du développement cognitif. Pour sa part, Loukes, influencé par des théologiens chrétiens libéraux comme Paul Tillich et exprimant son propre point de vue quaker, plaidait pour une méthode qui procède à partir de questions pertinentes pour les jeunes et qui cherche à les explorer en profondeur.

Les travaux de Goldman et de Loukes ont été qualifiés de *néo-confessionnels*, pour les distinguer des approches traditionnelles d'autrefois qui étaient plus directement confessionnelles. On les a également qualifiés d'*expérienciels*, à cause de l'insistance qu'ils mettent sur l'expérience propre qu'on les enfants des valeurs, des sentiments et des questions débattues dans les cours d'enseignement religieux. On a aussi désigné leur approche comme celle de la *religion implicite* puisque, comme Paul Tillich, Loukes ramenait la religion aux éléments de l'expérience que les gens ressentent comme profondément importants. Pour ce qui est du matériel didactique développé en s'inspirant de Goldman, il abandonnait les sujets explicitement religieux en faveur de thèmes (*life theme*) explorant des émotions associées à une vision chrétienne du monde.

Entre le milieu des années 1960 et le début des années 1970, les écrits sur l'éducation religieuse, notamment ceux d'Edwin Cox (1966), de Ninian Smart (1968) et de J.W. D. Smith (1969), commencèrent à tenir compte de la sécularisation croissante et du pluralisme de la société britannique. Malgré d'importantes différences dans les arguments de ces auteurs, on constate chez eux une tendance à suivre le mouvement général de la philosophie de l'éducation et de la religion de l'époque vers une justification épistémologique de la place de l'éducation religieuse dans le curriculum. Cette justification ne reposait plus sur la vérité évidente ou publiquement acceptée de la religion, mais sur son rôle comme forme de connaissance ou, plus précisément, comme domaine distinct de l'expérience humaine. Les travaux de Cox en particulier montrent que le passage à une étude critique et séculière de la religion a été provoqué par la sécularisation (dans les classes et dans la littérature théologique) plutôt que par le pluralisme religieux. La publication du livre de Cox précède l'éveil de l'intérêt pour l'étude des religions du monde, inspirée par les travaux de Ninian Smart, et l'étude des religions en Grande-Bretagne, provoqué par la migration de familles entières de traditions hindoue, sikh ou musulmane, suite à l'indépendance et à l'africanisation des pays de l'Afrique de l'Est. C'est l'arrivée en Grande-Bretagne à la fin des années 1960 et au début des années 1970 de leaders religieux instruits originaires des pays d'Asie du Sud qui a suscité l'accroissement de la pratique religieuse dans les temples, les gurudwaras et les mosquées, créant un pluralisme religieux plus visible.

Les approches phénoménologiques

Ninian Smart était professeur au premier département de sciences religieuses du Royaume Uni (même s'il y avait eu quelques départements d'étude comparée de la religion) et il s'intéressait principalement à la religion comme phénomène global plutôt qu'aux religions présentes dans la Grande-Bretagne multiculturelle. Son livre *The Religious Experience of Mankind* (1971) est devenu une référence de base dans plusieurs cours de sciences religieuses et d'éducation religieuse. C'est surtout en éducation religieuse que les idées théoriques de Smart ont eu une influence marquante, en partie parce qu'elles constituaient l'étai philosophique du *Schools Council Secondary Project on Religious Education* (mis sur pied en 1969 à l'Université de Lancaster sous la direction de Smart). En outre, elles apportaient des réponses à l'insatisfaction croissante qu'éprouvaient plusieurs professionnels de l'éducation religieuse à l'égard des approches dogmatiques qu'adoptaient encore les *Agreed Syllabuses*. Dans un document de travail très largement diffusé, *Religious Education in Secondary Schools* (Schools Council, 1971), les responsables du projet défendaient une approche phénoménologique ou non dogmatique de l'éducation religieuse et voyaient la discipline comme un lieu pour développer la compréhension sans promouvoir un point de vue religieux particulier, un processus qui fait appel à des méthodes savantes pour générer l'empathie pour la foi des individus et des groupes.

Pour plusieurs enseignants, le document de travail était un premier contact avec la phénoménologie de la religion. Le terme a probablement été forgé au XIXe siècle par un historien hollandais de la religion, P. D. Chantepie de la Saussaye, pour décrire la comparaison de certains traits communs de différentes religions. La phénoménologie de la religion est devenue une approche académique dont la popularité s'est accrue en Europe continentale sous l'influence de la phénoménologie d'Edmund Husserl, en particulier par son adoption des concepts d'*epoché*, la suspension du jugement, et de *vision eidétique*, la capacité de saisir l'essence d'un phénomène. Même si les phénoménologues de la religion ne partagent pas la même vision de leur discipline, la plupart d'entre eux ont cherché à mettre leurs propres présuppositions entre parenthèses lorsqu'ils ont cherché à comprendre la foi d'un autre et à étudier des phénomènes similaires dans différentes religions afin de dégager les structures fondamentales et les formes qui permettent de saisir l'essence de la réalité religieuse.

Le premier de ces aspects de la phénoménologie a eu beaucoup plus d'influence que le second sur les professionnels de l'éducation religieuse. La notion d'une étude impartiale, où l'enseignant et les élèves tentent de suspendre leurs propres présuppositions lorsqu'ils entrent en empathie avec des croyants, attirait beaucoup d'enseignants en éducation religieuse qui étaient réticents par rapport aux approches théologiques. Sauf quelques exceptions, les enseignants en éducation religieuse ont été moins influencés par le souci phénoménologique de saisir l'essence de la religion. Cela est dû en partie à la complexité de l'exercice et en partie à l'élément subjectif de la *vision eidétique*; mais cela tient peut-être encore plus au fait que la phénoménologie postule que la religion est une catégorie de valeur autonome et irréductible. Plusieurs enseignants préféreraient laisser la question de la nature de la religion ouverte à l'exploration par les élèves. Néanmoins, l'étude thématique de divers traits communs à différentes religions — les rituels, les rites de passages, les saintes écritures, etc. — est devenue une pratique très répandue en éducation religieuse.

Depuis ce temps, les contributions les plus significatives à la réflexion sur l'éducation religieuse ont été des développements des approches phénoménologiques ou de réactions à celles-ci. Certaines de ces réactions ont réactivé l'axiome de Goldman et de Loukes à l'effet que l'éducation religieuse devrait se préoccuper du développement des valeurs et des croyances des enfants, tout en rejetant le cadre théologique que postulaient ces auteurs.

Il faut souligner ici que plusieurs critiques de la phénoménologie étaient basées sur une mauvaise connaissance de la question ou étaient dirigées contre du matériel didactique de pauvre qualité qui interprétait mal, appliquait mal ou ignorait les écrits sur la phénoménologie de la religion. Plusieurs critiques ont considéré la phénoménologie comme une approche unique et inflexible. Il suffit de jeter un coup d'œil sur un ouvrage comme *Classical Approaches to the Study of Religion* de Waardenburg (1973) pour voir qu'il n'en est rien. Les réticences habituelles face à la phénoménologie postulent qu'elle n'est pas capable de développer la capacité critique de l'étudiant et qu'elle propage une forme de relativisme selon laquelle toutes les affirmations religieuses sont considérées comme également vraies. De telles réticences reposent sur la présupposition erronnée que la phénoménologie ne cherche qu'à transmettre de l'information et qu'elle exclut l'utilisation d'autres approches. L'objectif central de l'utilisation des méthodes phénoménologiques en classe est de parvenir à présenter la vie religieuse en des termes qui se rapprochent de ceux du croyant ou de l'adepte. Cela n'exclut pas d'autres activités comme le travail critique ou la discussion des implications du matériel étudié pour les croyances et les valeurs de l'élève. Par exemple, il suffit d'examiner rapidement l'ouvrage de Smart, *Secular Education and the Logic of religion*, pour se rendre compte qu'il souhaitait que les jeunes développent des habiletés critiques pour se former des jugements sur la vérité ou la fausseté des vérités religieuses.

On accuse également l'approche thématique associée à la phénoménologie de mêler les enfants en leur présentant un matériel indigeste emprunté à des visions du monde disparates dont les éléments ne sont reliés entre eux que par le fil ténu de thèmes comme « les fondateurs », les « édifices religieux » ou « les pèlerinages ». C'est une critique valide dans le cas d'un certain type de matériel thématique qui présente aux enfants une demi-douzaine de traditions en quelques centaines de mots, sans aucune tentative pour encourager la pensée ou la réflexion critique et sans tenter d'encourager les enfants à utiliser leur imagination pour entrer dans l'univers spirituel des autres. Ce n'est pas une critique valide pour l'ensemble de l'approche thématique comme telle.

Autres approches

Il est impossible de rendre justice en quelques lignes à l'étendue et à la profondeur des écrits récents sur l'éducation religieuse et j'espère que les auteurs me pardonneront les distorsions qu'engendre la brièveté. Il est également impossible de mentionner tous les travaux qui sont en cours; les exemples sont sélectifs, mais ils illustrent certaines des principales lignes de pensée.

Certains auteurs voyaient l'éducation religieuse comme une composante d'une éducation aux valeurs. Par exemple, Edwin Cox (1983) suggère que les jeunes devraient explorer les croyances religieuses et séculières sur la nature de la réalité et de l'humanité afin d'apprendre à mieux voir clair dans leurs propres dilemmes et leurs propres questions. D'autres ont souligné l'interface entre l'éducation religieuse et d'autres disciplines. Par exemple, John Hull (1983) a analysé les relations entre la théologie et l'éducation religieuse.

Les approches expériencielles

Une école de pensée a souligné la nécessité que les élèves aient une expérience personnelle de la religion ou de la spiritualité pour pouvoir la comprendre, une position qui s'est souvent combinée avec une critique de la phénoménologie. Par exemple le directeur de la *Religious Experience Research Unit*, Edward Robinson (1977) a soutenu que l'approche phénoménologique a encouragé la curiosité aux dépens de l'engagement. Selon lui, les enfants peuvent apprendre beaucoup de choses sur la religion sans savoir ce qu'est la religion. Il postule l'existence d'une dimension spirituelle de l'expérience, unique et universelle, qui peut être éveillée par l'éducation religieuse. Plutôt que l'étude de la religion, Robinson supporte l'utilisation pratique des arts de création et la réflexion sur des exemples d'art séculier moderne qu'il considère comme une illustration de la soif spirituelle de l'homme contemporain. Une bonne éducation religieuse est celle qui habilite les élèves à exercer leur curiosité spirituelle et qui favorise chez eux une ouverture imaginative aux possibilités infinies de la vie. À certains moments, sa pensée s'apparente à un argument en faveur du théisme à partir de l'expérience religieuse ou spirituelle : « c'est dans cette ouverture que nous devenons conscients du fait que la réalité n'est pas neutre et qu'elle n'est pas indifférente à notre recherche de sens et qu'il y a des pouvoirs et des forces qui répondent d'une manière si sensible à nos initiatives que nous ne pouvons les décrire qu'en termes personnels » (Robinson, 1984).

La position de Robinson soulève un problème : en insistant sur une forme particulière d'expérience spirituelle, il confine l'éducation religieuse à son exploration et il empêche cette discipline de s'engager dans l'exploration des grandes traditions religieuses. Elle a également tendance à rendre floues les frontières entre l'expérience religieuse et l'expérience esthétique et à présenter des récits personnels d'expérience spirituelle qui reflètent une option confessionnelle, sans en faire l'analyse critique.

David Hay (1982a, b), le successeur de Robinson à la direction de la *Religious Experience Research Unit* a poursuivi avec d'autres collaborateurs les recherches sur l'expérience et l'éducation religieuses et le développement de matériel didactique pour les enseignants et les élèves. Il est d'accord avec les critiques des approches antérieures et partage sa conviction que l'énergie et les formes culturelles des religions dérivent d'une dimension spirituelle unique et universelle. Toutefois, contrairement à Robinson, Hay s'inspire des techniques utilisées dans les religions et dans les champs du counseling et de la psychologie humaniste. Il cherche à développer des activités pratiques visant à aider les jeunes à se centrer sur leur expérience intérieure personnelle comme préparation à une compréhension religieuse plus profonde. Son intention est d'aider les enfants à comprendre des domaines de l'expérience humaine qui sont d'une grande importance pour les croyants, sans tomber dans l'évangélisation et l'endoctrinement. Le *Religious Experience Research Project* a développé des activités pédagogiques (Jones, 1986) et a produit un manuel sur l'apprentissage expérienciel pour les maîtres (Hammond et Hay, 1990).

Même si Hay formule des critiques de la phénoménologie, sa propre approche n'est pas fondamentalement anti phénoménologique et certains de ses collaborateurs pour le manuel soulignent la complémentarité entre l'approche phénoménologique et l'approche expériencielle. Leur préoccupation de sensibiliser les jeunes aux éléments de la spiritualité a des traits en commun avec la *vision eidetique*. Cependant, on peut objecter à leur approche, comme à celle de la phénoménologie, qu'elle considère l'expérience religieuse comme une donnée autonome et universelle. Leur approche a été accusée de privilégier l'expérience religieuse au langage religieux (Wright, 1996) et d'être intrinsèquement dualiste (Thatcher, 1991 ; voir la réponse de Hay et Hammond, 1992).

Une critique qu'on peut faire aux approches qui comportent un haut degré d'implication des élèves, mais un engagement limité ou nul par rapport aux traditions religieuses, c'est qu'elle tendent à universaliser une conception de l'expérience religieuse qui peut être très loin de la pratique des religions. Certains spécialistes de l'éducation religieuse ont cherché à éviter cet écueil en développant des approches basées sur une interaction entre l'étude des religions et le développement personnel des élèves.

« Apprendre sur » et « apprendre de »

Michael Grimmitt (1987) a joué un rôle important dans le développement d'une éducation religieuse par delà les limites de la phénoménologie. En combinant les deux objectifs « d'apprendre sur » et « apprendre de » la religion, il a apporté une contribution majeure à la discipline. Même si les travaux de Grimmitt n'ont pas encore reçu toute l'attention critique qu'ils méritent, sa distinction entre « apprendre sur » et « apprendre de » a été retenue par plusieurs *Agreed Syllabuses* et dans les « Syllabus modèles ».

Grimmit recommande l'exploration des divers

modèles d'humanité fournis par les différentes religions et les différentes philosophies. Selon lui, c'est l'existence d'une variété de modèles d'humanité qui constitue la valeur éducative de l'étude des religions du monde. Il définit l'éducation comme un processus dans lequel et par lequel les élèves peuvent commencer à explorer ce que cela signifie que d'être humain. Une exploration de divers modèles d'humanité par les élèves les amène à évaluer leur compréhension de la religion en termes personnels et à évaluer leur propre compréhension d'eux-mêmes dans les termes des religions étudiées. Le matériel sur les religions que Grimmitt espère voir utiliser par les enseignants inclut des thèmes qui ont une signification particulière pour la croissance personnelle et ce qu'il appelle la formation humaine (*human shaping*); il en donne plusieurs exemples dans la deuxième partie de son livre. Selon lui, l'enseignant habile devrait marier ces thèmes avec la propre quête de connaissance de soi des élèves de manière à ce qu'ils élargissent leur compréhension de la nature et des buts de la recherche religieuse ou spirituelle dans les différentes religions et à ce qu'ils soient encouragés à réfléchir sur les implications de l'adoption d'une vision religieuse de la vie pour leur propre compréhension d'eux-mêmes et pour leur développement comme personne. Ce souci d'impliquer les élèves est bienvenu, mais il y a un certain risque qu'en choisissant du matériel d'une religion à partir d'un cadre théorique extérieur à cette religion, on la décrive d'une manière qui serait considérée comme « déformée », tant par les adeptes que par les spécialistes.

Une approche interprétative

Mes propres travaux s'appuient sur une critique de la phénoménologie et des constructions conventionnelles des religions et des cultures qui ont été les postulats non critiqués de beaucoup de recherches et de développement de matériel didactique en éducation religieuse (Jackson, 1997). Mes critiques de la phénoménologie de la religion comme cadre théorique et méthode en éducation religieuse ont deux volets. Tout d'abord, il y a une présupposition qu'il y a des essences qui sont universelles dans la conscience humaine. Dans les travaux de plusieurs phénoménologues de la religion, ce postulat s'exprime en termes d'essences (*eideia*) considérées universelles dans l'expérience religieuse de l'humanité. En plus du fait qu'il est ironique qu'une méthode qui prétend ne pas avoir de présupposition soit elle-même basée sur une présupposition, c'est la nature de cette présupposition qui pose problème.

La plupart des travaux récents en philosophie, dans les sciences sociales, dans la critique culturelle et dans la critique littéraire remettent en question l'existence d'essences universelles communes à diverses formes de vie et qui pourraient être mises en lumière par l'application d'une méthode. Wittgenstein et d'autres ont attiré l'attention sur l'importance du contexte pour établir la signification d'une terminologie dans l'utilisation du langage. Wittgenstein (1958) soutient que dans plusieurs cas où le mot signification est utilisé, le sens d'un mot réside dans la façon dont il est utilisé dans le langage de la forme de vie particulière (nous pourrions dire mode de discours ou même vision du monde) où il se trouve. Cela ne signifie pas qu'il n'y a rien de commun dans la nature humaine, mais cela doit nous rendre prudent dans la recherche d'essences universelles inscrites dans la conscience des individus, ayant une signification commune indépendamment de la culture ou de la vision du monde dans laquelle elles s'insèrent et qu'on pourrait mettre en lumière en utilisant les méthodes appropriées. Il faut plutôt reconnaître que les personnes qui appartiennent à des milieux culturels différents ou qui ont des modes de vie différents ont des façons différentes d'utiliser le langage qui affecte la signification des mots. La grammaire de l'utilisation du langage doit être saisie avant que la signification des termes ne devienne évidente. On fait une « erreur de catégorie » lorsqu'on pose des essences correspondant à sa propre utilisation (ou à l'utilisation avec laquelle on est culturellement familier) de termes comme « religion », le « numineux » et spécialement de concepts flous comme « spiritualité », et qu'on cherche à trouver leurs équivalents directs dans un autre mode vie.

Le problème ne s'arrête pas là, car nous n'avons pas seulement à être prudents par rapport à nos propres tendances dans cette direction et à celles de nos contemporains. Des exemples antérieurs de contacts de cultures ont abouti à la projection de termes, de postulats et de structures appartenant à une vision du monde.

Ces structures ont par la suite été insérées dans la littérature et le langage et ont eu tendance à être acceptées comme des vérités reçues et comme relevant du sens commun. Ce n'est pas seulement une question d'incompréhension fortuite, mais cela découle d'une relation de pouvoir inégale. Dans les périodes d'expansion coloniale, ce déséquilibre de pouvoir continuel a permis aux cultures ou aux groupes politiquement et technologiquement plus forts de définir les groupes plus faibles.

Edward Said (1978) retrace les origines de ce déséquilibre au dix-septième siècle et son apogée au dix-neuvième et au début du vingtième siècle. Il le décrit comme un « orientalisme » dont les caractéristiques principales en sont le paternalisme — les auteurs occidentaux parlant au nom de l'Orient silencieux, reconstituant sa vérité corrompue ou oubliée et mieux renseignés sur lui que les autochtones ne purent jamais l'être — et l'utilisation de stéréotypes abstraits — comme l'Orient éternel et immuable, l'Arabe sexuellement insatiable, le despotisme corrompu et l'autorité mystique. Les exemples de Said sont tirés presqu'entièrement du Moyen-Orient arabe, mais ses principes s'appliquent tout aussi bien en Inde à la structuration de l'hindouisme par les britanniques et, dans une moindre mesure, par les autres européens.

Le terme hindouisme est un terme occidental et il a probablement été utilisé la première fois par écrit en 1808, non pas par un indien, mais par un orientaliste britannique. Les auteurs britanniques du dix-huitième siècle exprimaient le concept auquel il référaient par les termes religion *hindoo, gentoo* ou *hindoue*. Le terme était utilisé pour désigner un âge d'or, celui de la religion védique monothéiste; le sanskrit était la langue religieuse, comme le grec et le latin classiques. Au contraire, l'époque moderne était décrite comme une période de décadence et de superstitions polythéistes. Les orientalistes britanniques ont contribué à une renaissance hindoue. Et, à l'exception de quelques savants comme H.H. Wilson, ils n'avaient que très peu d'expérience directe de la tradition hindoue vivante. Leur construction combinée avec les évaluations et les interprétations des « Anglicistes »[2] et des missionnaires du dix-neuvième siècle ont

---

[2] J'utilise ici ce terme pour référer à la combinaison lâche des chrétiens évangélistes et de ceux qui avaient une orientation plus séculière

déterminé la perception de l'hindouisme comme une religion qui a une histoire et un contenu particulier (et certaines pratiques modernes dégoûtantes). On peut trouver une description de cette religion dans les *Agreed Syllabuses for Religious Instruction* des années 1950 et même après et on en trouve des traces dans certains manuels sur l'hindouisme (Jackson, 1996). Il est donc nécessaire d'opérer une déconstruction avant que les élèves ne puissent s'engager dans une étude de l'hindouisme. La conclusion de cette brève discussion est que toute recherche transculturelle d'essences religieuses ou spirituelles est philosophiquement discutable et ignore les influences historiques sur la construction des concepts.

Le second problème de la phénoménologie est l'importance qu'elle donne à l'empathie comme moyen de comprendre l'univers de l'autre. Vous commencez par mettre vos présuppositions entre parenthèses, puis vous entrez en empathie. La discussion qui précède devrait avoir montré le caractère irréaliste d'une telle entreprise. Selon un phénoménologue éminent, Gerardus van der Leeuw, la mise entre parenthèses des présuppositions ou l'*epoché* dépend d'une attitude de chaleur, d'une dévotion chaleureuse spontanée à l'égard du phénomène comportant un élément de négation de soi. Quoi qu'en dise van der Leeuw, la discussion qui précède devrait avoir montré que le moindre pas en direction de l'*epoché* exige au moins certaines habiletés et certaines connaissances. D'un point de vue pragmatique, vous ne pouvez faire plus que de chercher à être conscient d'au moins quelques-unes de vos présuppositions et vous accrocher à cette conscience (nous avons vu que cela peut exiger des études historiques et des connaissances philosophiques). Celui ou celle qui fait l'étude est toujours là avec ses postulats, ses questions et ses préoccupations.

Venons-en maintenant à l'empathie (*enfühlung*) elle-même. Dans les termes mêmes de van der Leeuw, l'empathie consiste à se transporter à l'intérieur de l'objet ou à en refaire l'expérience. La métaphore de la transposition révèle l'intense intérêt que van der Leeuw portait à la musique. Il compare l'empathie qu'on peut avoir

qui, contrairement aux Orientalistes, partageaient la conviction que la culture britannique devait être imposée aux gens vivant dans les colonies britanniques.

pour un phénomène religieux avec l'expérience de la musique :

> Nous nous abandonnons à une mélodie au moyen de l'empathie, nous en discutons les éléments non pas en tant qu'ils constituent des séries de vibrations de l'air dont on peut faire des mesures quantitatives ni comme expressions d'une certaine idée, mais comme un phénomène, pour ainsi dire, comme idées tonales…

Ce dont van der Leeuw ne discute pas, c'est de sa propre familiarité étroite avec la grammaire de la haute culture musicale européenne à laquelle il réfère et de son rôle dans sa capacité d'entrer en empathie avec elle et d'en interpréter des exemples. On peut se demander ce qu'il aurait fait devant un orchestre gamelan de Bali, les sons du nagaswara de l'Inde du Sud ou un solo de saxophone alto par Charlie Parker. Ce n'est pas que l'une ou l'autre de ces formes musicales n'auraient pas pu lui parler ou qu'il n'aurait pas pu être touché émotivement par elles, mais il aurait probablement fait de sérieuses erreurs d'interprétation s'il ne s'était fié qu'à l'empathie pour y trouver un sens. Il ne s'agit pas ici de nier l'importance de l'empathie et de la capacité de sensibilité qui lui est associée lorsqu'il s'agit de saisir le mode de vie d'un autre. Je soutiendrais que la sensibilité est une condition nécessaire mais non suffisante pour la compréhension. Il est possible que la capacité d'empathie ne se développe qu'après qu'on ait saisi la grammaire du discours de l'autre.

La phénoménologie, au moins dans sa forme classique, ne fournit pas les outils pour interpréter les visions du monde des autres avec un minimum de distorsions. Il existe heureusement d'autres disciplines et d'autres méthodes qui peuvent aider beaucoup. Lorsqu'il s'agit d'étudier des religions vivantes, l'anthropologie sociale et culturelle est un terrain particulièrement fertile, d'autant plus que la plupart des travaux récents dans ces disciplines incorporent les développements dans les autres sciences sociales, dans les sciences humaines et les arts. La question centrale dans l'interprétation anthropologique a été de trouver un équilibre entre les concepts, les symboles, les institutions, etc. de l'*insider*, d'une part, et, d'autre part, le vocabulaire — dont une partie est technique et l'autre non — que l'anthropologue utilise pour reconstruire le monde de l'*insider* et pour l'interpréter.

L'anthropologie interprétative de Clifford Geertz est particulièrement pertinente pour notre propos. Pour Geertz, l'essence de l'analyse anthropologique réside dans la création d'un équilibre entre ce qu'il appelle les concepts « proches de l'expérience » et les concepts « éloignés de l'expérience ». Un concept proche de l'expérience est un concept qu'un individu — un patient, un sujet, dans notre cas, un informateur — pourrait utiliser naturellement et sans effort lui-même pour définir ce que lui-même et ses compagnons voient, ressentent, pensent, imaginent et qu'il pourrait facilement comprendre lorsque d'autres l'utilisent de la même manière. Un concept éloigné de l'expérience est un concept que des spécialistes de toutes sortes — un analyste, un expérimentateur, un ethnographe, et même un prêtre ou un idéologue — utilisent pour atteindre leurs objectifs scientifiques, philosophiques ou pratiques (Geertz, 1983).

Geertz reconnaît que la distinction entre les concepts proches et éloignés de l'expérience en est une de degré. Elle se compare à la distinction entre les termes *folk* et les termes analytiques que font parfois les auteurs en méthodologie ethnographique. L'art de l'analyse anthropologique est de bien saisir les concepts qui, pour d'autres, sont proches de l'expérience et de les placer «…dans une connexion éclairante avec les concepts éloignés de l'expérience que les spécialistes ont forgés pour saisir les traits généraux de la vie sociale… » (Geertz, 1983). Comment faire cela? Ce n'est pas en entrant en empathie avec les gens qu'on étudie, l'ethnologue s'imaginant qu'il peut devenir quelqu'un d'autre et voir ce qu'il a pensé. Selon Geertz, la façon de procéder est «…de rechercher et d'analyser les formes symboliques — les mots, les images, les institutions, les comportements — que les gens utilisent partout pour se représenter à eux-mêmes et les uns aux autres » (Geertz, 1983).

La méthode de Geertz en est une de type herméneutique. Son analyse des données consiste à saisir la culture dans son ensemble à travers ses parties et à comprendre chaque partie — chaque symbole, que ce soit un mot, une image, une institution ou un comportement — en considérant sa relation à l'ensemble. Un dernier point relié à celui-ci consiste à reconnaître les divers niveaux d'interprétation qui opèrent dans le travail ethnographique. Par exemple, un ethnologue peut tenter de comprendre un mode de vie qui n'est ni le sien ni celui de son informateur. C'est par une description « riche » (*thick*) de ce mode de vie dans des notes de terrain détaillées que différents niveaux d'interprétation apparaissent. Cela revient à admettre que même si l'ethnologue peut s'approcher de la conception de l'*insider*, il ne peut être un *insider* et il doit y avoir interprétation. Cette activité a un fort élément artistique et elle s'apparente plus à la critique littéraire qu'à la méthode scientifique.

Certains critiques ont accusé Geertz d'utiliser des artifices littéraires pour établir subtilement l'autorité de l'ethnologue et de faire des généralisations abusives en passant parfois d'exemples particuliers à des stéréotypes culturels. Sa vision de la culture tend à minimiser le conflit et la contestation qui se produisent à l'intérieur des cultures et à ignorer la mobilité que développent certaines personnes — particulièrement dans les sociétés multiculturelles — et la capacité de compétences culturelles multiples (Jackson et Nesbitt, 1993). Il y a des éléments de vérité dans ces critiques, mais elles n'invalident pas la méthode herméneutique et elles ne proposent pas de meilleures techniques pour saisir la grammaire de l'interaction culturelle. Dans mes propres travaux, je tente de faire une synthèse des idées de Geertz et de celles de certains de ses critiques ainsi que des réticences de savants comme Wilfred Cantwell Smith et Edward Said (Jackson, 1997) à l'égard des postulats conventionnels sur la nature des religions.

Le développement de matériel didactique

Il y a eu plusieurs projets en éducation religieuse au cours des dernières années. Parmi ceux qui traitent de la situation multireligieuse, il faut mentionner le projet de Westhill, *Religion in the Service of the Child* (Read *et al.* 1992; Read, Rudge et Howarth, 1992a et b; Read, Rudge et Hunt, 1992; Austeerberg, 1992) et le projet de Warwick en éducation religieuse. Je me concentrerai ici sur le projet de Warwick qui est une application de l'approche interprétative décrite ci-dessus. Les lecteurs pourront ainsi voir de l'intérieur le déroulement d'un projet de développement de matériel didactique.

Le projet de Warwick en éducation religieuse

Ce projet de développement de matériel didactique s'est développé dans le contexte de la préparation de la série d'études ethnographiques sur les enfants de diverses communautés religieuses en Grande-Bretagne mentionnée plus haut et du développement de la théorie interprétative qui vient d'être discutée. Nous voulions, mes collègues et moi, pousser plus loin des tentatives antérieures pour développer du matériel didactique à partir du matériel de recherche ethnographique (Jackson, 1989; Jackson et Nesbitt, 1990). La décision de développer du matériel scolaire fut également influencée par notre conviction que les exigences de la production de matériel didactique nous obligeraient à faire face à toute une série de questions méthodologiques et pratiques; par exemple, il nous faudrait voir comment les méthodes herméneutiques de l'anthropologie sociale se traduiraient en activités pratiques destinées aux enfants et utilisées par des enseignants qui sont pour la plupart des non-spécialistes. Nous pensions également que la production de matériel concret nous fournirait d'autres occasions d'expérimenter des façons d'impliquer dans le processus de développement de matériel didactique des membres des traditions religieuses étudiées lors de nos études ethnographiques.

Le projet de Warwick en éducation religieuse fut ainsi mis sur pied en collaboration avec un éditeur (Heinemann). On décida de produire deux séries de livres : *Bridges to Religions* (5-7 ans et 7-11 ans) et *Interpreting Religions* (11-14 ans). Le travail impliqua la coopération entre les membres d'une équipe comprenant le directeur du projet, des ethnologues, un coordonnateur, des assistants et des photographes pour le développement du matériel didactique. Les enfants et les adultes qui faisaient l'objet d'une étude intensive sur le terrain ainsi que les leaders des communautés et d'autres conseillers appartenant aux traditions présentées dans le matériel jouèrent également un rôle important.

Le rôle des membres de l'équipe

Une partie du rôle du directeur a consisté à introduire des idées dans les discussions de l'équipe sur les questions touchant la conversion des données ethnographiques en matériel didactique. Ces idées provenaient de lectures en anthropologie, en philosophie, en études culturelles, en psychologie sociale et en relations raciales et ethniques. Certaines de ces idées ont été discutées avec les ethnologues et elles ont influencé leurs délibérations sur la nature et la méthodologie de l'ethnologie, le rôle de l'ethnologue, l'analyse des données et le processus de rédaction. Certains des postulats théoriques du projet ont été renforcés dans le processus (par exemple, celui de la diversité interne des « religions » et de l'importance des « groupes d'appartenance »).

La coordonnatrice joua un rôle crucial dans la transmission des idées théoriques et du matériel ethnographique aux assistants chargés du développement du matériel didactique et dans la liaison avec les membres des traditions présentées dans les textes (Everington, 1996a). Elle a également contribué à la production des ébauches du matériel didactique. Elle a transmis les premières versions au directeur et aux ethnologues pour obtenir leurs commentaires et fait tester le matériel en classe lorsque possible (Everington, 1996b). Elle a également soulevé des questions de théorie et de présentation pour qu'elles soient discutées par le reste des membres de l'équipe (Everington, 1993a et b).

Le rôle des ethnologues, en plus de réaliser le travail de terrain, l'analyse des données, la rédaction des rapports sur la recherche ethnographique et les écrits sur la méthodologie, a consisté à communiquer les résultats de leur travail aux autres membres de l'équipe. Pour préparer la conception du matériel didactique, la coordonnatrice et les assistants chargés du développement du matériel ont eu des rencontres avec les ethnologues afin d'expliquer leurs idées préliminaires sur le contenu du matériel selon les différents stades de développement des élèves. Les assistants connaissaient le stade pour lequel ils préparaient le matériel et la tradition religieuse qu'ils devaient présenter par le biais des communications orales et écrites des ethnologues. Ceux-ci apportaient leurs commentaires et leurs suggestions et introduisaient les assistants chargés du développement du matériel didactique aux données recueillies sur le terrain (entrevues enregistrées, transcriptions d'entrevues, diapositives prises pendant le travail de terrain, document recueilli sur le terrain, comme par exemple matériel d'enseignement utilisé par un groupe religieux particulier). Les assistants utilisaient ces sources d'information pour concevoir le matériel didactique pour chacun des stades. Les idées préliminaires étaient testées auprès de plusieurs membres de l'équipe de recherche et elles étaient modifiées à la lumière des commentaires et de suggestions reçues. De plus, l'éditeur fournissait des avis sur les formats les plus susceptibles d'être utilisables par les enseignants et en proposant des façons commercialement réalistes de réaliser les objectifs de l'équipe du projet.

Les rôles des « insiders »

Au fur et à mesure que les idées se sont précisées, il est devenu nécessaire de rétablir le contact avec les familles de groupes religieux dont les enfants avaient fait l'objet d'études approfondies dans le cadre de la recherche ethnographique. Les ethnologues ont pris contact avec les familles pour leur expliquer l'utilisation envisagée des données recueillies dans le cadre de l'enquête ethnographique, pour leur demander si elles étaient disposées à participer à la préparation du matériel didactique et à accueillir la coordonnatrice de cette opération et quelques assistants. Quelques familles ont décliné l'invitation, mais la plupart ont accepté d'y participer. Les membres des familles qui participèrent au développement du matériel didactique ont formulé des commentaires sur le matériel qui avait été développé et elles ont fourni des informations additionnelles qui ont été intégrées à ce matériel. Lorsque nécessaire, d'autres diapositives ont été réalisées. Un des principes que nous avions établi était que les photographies devaient être authentiques, reflétant des événements réels au moment où ils se sont passés.

Les familles ont été impliquées dans la vérification, l'approbation, la critique, la discussion ou l'élaboration du matériel provisoire produit par les assistants chargés du développement du matériel didactique. Leurs idées ont été intégrées directement dans le texte. Lorsque le matériel s'approchait de sa forme finale, il y a également eu des consultations de spécialistes appartenant à chacune des traditions religieuses. Dans chaque cas, il s'agissait d'une personne faisant autorité dans la communauté locale étudiée, reconnue nationalement et qui était directement intéressée à l'éducation.

Il y a eu à l'occasion des tensions entre les membres de l'équipe de recherche qui voulaient présenter ce qui s'était passé sous l'angle de l'ethnologie et les *insiders* (les parents, les leaders de la communauté locale ou les conseillers nationaux) qui souhaitaient à l'occasion présenter une image plus idéalisée ou une image représentant la perspective d'une conception particulière de l'orthodoxie. Les stratégies pour gérer ces tensions ont impliqué la négociation entre les membres de l'équipe de recherche et les *insiders* et, lorsque cela n'était pas possible, un processus de « délibération » par les membres de l'équipe de recherche pour prendre en considération les conséquences de voies alternatives et pour en discuter avant de prendre une décision finale. Everington (1996a) présente des exemples de ces négociations et de ces délibérations.

Les questions de représentation

La conversion de données ethnographiques sur les traditions religieuses en matériel didactique a amené les membres de l'équipe à s'engager dans la discussion de questions théoriques et pratiques concernant la représentation et l'interprétation. Ce sont là des questions étroitement interreliées qui avaient une grande pertinence dans le travail ethnographique comme dans le développement de matériel didactique. Ainsi, certaines des méthodes d'interprétation utilisées par les ethnologues ont été adaptées pour une utilisation par les enfants à l'école.

Les principales questions de représentation rencontrées dans l'élaboration du matériel pour les élèves et pour les enseignants ont été les suivantes :

a) *Une reconsidération du caractère des « religions » à la lumière des travaux en sciences religieuses, en anthropologie et en psychologie sociale.*

Pour éviter la tendance de plusieurs textes utilisés en

enseignement religieux à percevoir et à présenter les religions comme des systèmes unifiés de croyances, l'équipe s'est entendue sur une politique visant à réduire l'utilisation de termes modernes (v.g. l'hindouisme, le christianisme) pour désigner les religions et à penser plutôt en termes de « traditions religieuses » moins figées. Notre matériel ethnographique nous a été particulièrement utile pour nous permettre d'utiliser des narrations personnelles qui reflétaient la vigueur et la diversité interne des traditions plutôt que des présentations « statiques » et abstraites. Les titres des livres pour les enfants évitent délibérément les noms standards pour désigner les religions. Les titres pour les enfants les plus jeunes soulignent la participation individuelle des enfants à des événements. Par exemple, *Something to Share* présente l'expérience de la célébration d'un anniversaire de naissance par une jeune musulmane (Barratt, 1994c), tandis que *the Seventh Day is Shabbat* traite de l'expérience du Shabbat d'un jeune juif et de sa famille. (Barratt, 1994e). Les livres destinés aux enfants plus âgés mettent l'accent sur les gens plutôt que sur les systèmes comme l'indiquent les titres : *Meeting Christians*, pour les enfants de 7-11 ans (Barrat et Price, 1996a; Everington, 1996c) et *Christians, Muslims and Hindous*, pour les enfants de 11-14 ans (Robson, 1995; Mercier, 1996; Wayne *et al.*, 1996).

b) *Reconnaître que les « religions » et les « cultures » sont des réalités dynamiques et changeantes, dont le contenu et la portée sont négociés et parfois contestés, et dont les limites ne sont pas toujours tracées de la même manière par différents* insiders *et* outsiders.

L'équipe du projet a cherché à utiliser les données ethnographiques d'une manière telle que le livre du maître et le manuel des élèves ne présentent pas les enfants et les adultes comme faisant partie d'une tradition qui a changé dans le passé, mais qui est maintenant fixée. Pour les fins d'interprétation ethnographique et d'élaboration pédagogique nous avons utilisé le modèle à triple volet décrit plus haut (« tradition », « groupe d'appartenance » et « individu ») comme un moyen de donner une image moins figée, plus personnelle et plus organique des traditions religieuses que celle présentée dans certaines versions de la phénoménologie.

L'interprétation d'un mode de vie religieux inclut un

examen de la relation entre les individus dans le contexte de leurs groupes d'appartenance et de la tradition religieuse plus large. La compréhension s'accroît lorsqu'on prévoit des activités qui obligent les élèves ou le maître à aller de l'un à l'autre de ces trois pôles. Dans cette relation herméneutique, la tradition, le « tout » est utilisé comme un point de référence pour le matériel particulier qu'on utilise, mais les données sur les individus et sur les groupes, sur leur langage, leurs symboles et leurs expériences sont également conçues pour aider l'élève à se former une idée provisoire de la tradition qu'il pourra réviser dans ses apprentissages ultérieurs.

Bien sûr, il y a différentes conceptions de la portée de toute tradition religieuse, qu'on l'aborde de l'intérieur ou de l'extérieur. Les membres de l'équipe étaient conscients des représentations différentes de chacune des traditions par les membres particuliers des groupes étudiés et aussi par les différentes parties de la tradition — définitions différentes, insistances théologiques et doctrinales différentes, postulats culturels différents, etc. Pour les fins de production du matériel didactique, l'équipe a considéré chaque « religion » comme une tradition cumulative (Smith, 1978). Toutefois, dans les données que nous avons utilisées, nous n'avons pas observé de cas où ceux qui adhèrent à une partie de la tradition s'objectaient à l'inclusion de matériel emprunté à des groupes qui diffèrent considérablement de celui dont ils font eux-mêmes partie.

En termes pédagogiques, notre « cercle herméneutique » pourrait impliquer la mise en œuvre d'une interaction entre un individu et un ou plusieurs groupes d'appartenance ou l'introduction de matériel tiré d'une autre partie de la tradition. Parfois, lorsque du matériel venant d'ailleurs dans la tradition était utilisé dans les textes des élèves, les auteurs cherchaient à dégager un trait qui est universel, même si la façon dont cette catégorie est interprétée dans différentes parties de la tradition peut varier jusqu'à un certain point.

c) Prendre de grandes précautions pour éviter de projeter des postulats d'une tradition religieuse sur d'autres.

Les membres de l'équipe du projet se sont mis d'accord pour utiliser avec précaution des concepts comme le « numineux » ou le « spirituel » et des façons occidentales de diviser « une religion » en thèmes (festivals;

culte; rites de passage; pèlerinages; édifices sacrés, etc.)
qui ont caractérisé les approches phénoménologiques.
Nous avons plutôt résolu d'utiliser les catégories ou les
divisions utilisées dans les traditions et qui nous ont
été suggérées par nos données ethnographiques. Les
auteurs de notre équipe ont également cherché à utiliser les grandes catégories suggérées par les données pour
identifier les aires générales de recoupement entre le langage et l'expérience des élèves et ceux des enfants et des
jeunes présentés dans le matériel didactique. Il est ainsi
possible d'utiliser les comparaisons et les contrastes
comme éléments du processus de développement d'une
compréhension de l'utilisation du langage par les *insiders*
dans la description d'expériences et d'événements particuliers. Par exemple, des catégories comme le respect,
la paix et le don sont utilisées avec les jeunes enfants
pour chercher à établir des recoupements et des « ponts »
entre l'utilisation du langage et l'expérience des élèves
de la classe et le jeune bouddhiste dont l'expérience est
décrite dans le texte *The Buddha's Birthday* (Jackson,
Baratt et Everington, 1994, p. 64-74). Nous avons également tenté d'éviter de faire des généralisations sur « la
religion » à partir d'exemples de groupes d'appartenances dans des traditions religieuses particulières.

Les méthodes interprétatives

Nous avons eu deux préoccupations principales en
ce qui a trait aux méthodes par lesquelles les élèves pourraient s'engager dans le processus d'interprétation. La
première était d'encourager les enseignants et les élèves
à opérer dans le modèle à trois volets décrit plus haut.
Plutôt que de se concentrer sur les concepts-clé d'une
religion ou sur des thèmes communs à plusieurs religions, l'équipe du projet encourageait la considération
d'enfants individuels principalement dans le contexte
de leur groupe religieux d'appartenance et en référence
aux traditions religieuses plus larges. Le va-et-viens entre les individus dans le contexte de leur groupe religieux d'appartenance et les autres parties de la tradition est conçu pour contribuer au développement d'une
compréhension de la tradition religieuse cumulative. Les
responsables du développement du matériel didactique
ont choisi dans les données ethnographiques des sujets

qui impliquent des jeunes d'à peu près le même âge que les élèves qui utilisent le matériel.

La seconde préoccupation majeure que nous avons eu a été de faire ressortir les points de comparaison et les contrastes entre le langage et l'expérience des enfants décrits dans les textes et ceux de la classe. Les concepts et les expériences des *insiders* sont distingués de ceux des *outsiders*. Nous cherchons à identifier les zones de recoupement qui peuvent être utilisées comme base pour discuter des similarités et des différences. En faisant la promotion de ce que nous avons appelé la « conversation », nous avons utilisé la distinction de Geertz entre les concepts « proches de l'expérience » (utilisés dans une tradition particulière ou dans un groupe d'appartenance à l'intérieur d'une tradition) et les concepts « éloignés de l'expérience » (le vocabulaire familier aux élèves et, à l'occasion, le vocabulaire « technique » des disciplines scientifiques). Trouver un concept « distant de l'expérience » approprié n'est pas la même chose qu'une traduction mot à mot; c'est une forme « d'interprétation » provisoire où les deux sont comparés et contrastés. Il faut trouver des façons de relier les concepts « proches de l'expérience » à ceux qu'utilisent les enseignants et les élèves. Les responsables de l'élaboration du matériel didactique ont utilisé l'idée « d'expérience analogue » pour désigner des idées et des expériences avec lesquelles les élèves ont des chances d'être familiers et qui pourraient les aider à interpréter les idées connexes présentées dans le matériel pour les élèves.

Les livres

Les deux séries fournissent du matériel pour les élèves des stades 1-3 (5-14 ans). Elles ne cherchent pas à fournir une présentation complète des traditions religieuses. Elles sont toutes basées sur des études ethnographiques menées par notre équipe de recherche et elles reflètent le travail que le financement reçu nous a permis de réaliser et que nos collaborateurs ont choisi de faire. L'âge des enfants sur lesquels ont porté nos recherches ethnographiques a aussi influencé la sélection des traditions pour les stades de développements particuliers. Certains auteurs ont été associés au projet de

Warwick depuis le début tandis que d'autres s'y sont joints par la suite. Ils ont dû se familiariser avec la théorie, la méthodologie et les données recueillies sur le terrain sous différentes formes. Ils ont dû également rencontrer les familles impliquées dans la préparation des livres et, en étroite conjonction avec la coordonnatrice, ils devaient intégrer les commentaires des familles et des autres membres de l'équipe dans l'élaboration des textes.

Les livres sont essentiellement une tentative pour mettre en œuvre une approche interprétative en utilisant des données ethnographiques contemporaines comme source et en impliquant ceux qui sont décrits dans les textes dans le processus d'édition. La nature expérimentale du processus a signifié qu'il a été impossible de prévoir toutes les questions et tous les dilemmes générés en cours de route et la façon de les résoudre (Everington, 1996a, b). Néanmoins, les livres didactiques pour les élèves et les enseignants fournissent un point de départ à ceux qui voudraient pousser plus loin le développement de l'approche.

Des citations d'enfants et d'adultes et des photos prises lors de l'enquête sur le terrain sont insérées dans une narration (Barratt et Price, 1996a). Le livre du maître fournit des informations sur ces groupes religieux et sur la tradition dans laquelle ils s'insèrent, des suggestions pour la planification de l'enseignement et des tableaux présentant des idées, des sentiments et des attitudes reliés aux sujets touchés dans le texte de l'élève. On y trouve également des indications sur les points où l'expérience des élèves peut être utilisée comme point de départ pour interpréter les symboles et les expériences des enfants décrits dans les textes. Des fiches d'activité qui peuvent être photocopiées offrent aux élèves des informations additionnelles et un cadre pour les tâches d'interprétation. On fournit également au maître des idées sur la façon d'établir un pont entre les idées, les sentiments et les attitudes des jeunes décrits dans les textes et ceux des élèves de la classe, en plus de suggérer des pistes pour faire des liens avec les autres matières scolaires.

À chacun des stades de développement, les élèves sont encouragés à saisir le sens des présentations de l'expérience religieuse des jeunes qu'ils trouvent dans les textes en les reliant aux interprétations de la tradition étudiée qui proviennent d'autres sources. La compréhension du groupe d'appartenance religieuse et de la grande tradition religieuse peut être éclairée par les interprétations et les expériences de l'enfant situé « à l'intérieur ».

Le stade 1 (5-7 ans)

Au stade 1, chaque texte des manuels destinés à l'élève est centré sur l'expérience d'un enfant (parfois de sa famille) appartenant à un groupe religieux présent en Grande-Bretagne. On insiste sur les apprentissages formels et informels qui se font au sein de la famille. Les portraits de deux jeunes chrétiennes, une anglicane et une catholique ukrainienne, d'un garçon juif, d'une jeune musulmane et d'un jeune bouddhiste sont basés sur les études ethnographiques menées par notre équipe de recherche. Chaque texte est un récit raconté par l'auteur qui illustre comment, dans le contexte de la vie familiale, les enfants font des apprentissages en participant à des activités religieuses (Barratt, 1994a, b, c, d, e). Il y a deux versions de chaque texte de l'élève. L'une est imprimée dans le livre du maître (Jackson, Barratt et Everington, 1994) et est destinée à être lue par l'enseignant et utilisée pour la discussion. L'autre est un texte plus simple pour les élèves. Le processus herméneutique est également introduit dans le matériel du livre du maître qui fournit des indications sur la façon d'aider les élèves à faire des liens entre les concepts, les sentiments et les attitudes rencontrés dans le récit et leurs propres langage et expérience. Le livre du maître contient également de l'information sur les liens entre les groupes d'appartenance religieuse spécifiques présentés dans le livre de l'élève et la tradition dont ils font partie. Cette information cherche à être d'utilisation facile pour les enseignants, évitant le jargon et les discussions théoriques. On offre aux enseignants des « routes » possibles pour une utilisation du matériel qui soit en lien avec des sujets avec lesquels les enfants sont familiers ainsi que des suggestions de liens entre leur travail en éducation religieuse et dans les autres matières scolaires.

Stade 2 (7-11 ans)

Aux stades deux et trois, on présente plusieurs jeunes associés à divers groupes d'appartenance et l'accent est mis sur les apprentissages et les réflexions qui se font au-delà de la famille, dans les divers groupes d'appartenance associés avec la pratique religieuse de la famille — les églises, les écoles du dimanche, les mouvements de jeunesse et les écoles privées. Au stade deux, on examine principalement la question de l'initiation (*nurture*) formelle, le processus par lequel les enfants reçoivent l'instruction qui les initie à leur tradition religieuse.

Le livre I de *Meeting Christians*, destiné aux élèves de 7-9 ans, introduit une jeune fille appartenant à l'Église Réformée Unie et un jeune garçon dont la famille appartient à l'Armée du Salut. Le lecteur suit la jeune fille à travers ses expériences et ses activités dans l'Église des Jeunes, le club jeunesse et les Brownies[3], tandis qu'il voit le jeune garçon comme Soldat Junior, comme membre du chœur et du club jeunesse. Les enseignants sont encouragés à centrer la discussion sur des sujets qui étaient au cœur des données ethnographiques, en particulier tout ce qui a trait à la décision de se joindre au mouvement, à l'apprentissage de sa doctrine, à la croyance et au culte, à la prière et à la louange, à l'étude de la Bible, à la vie chrétienne, au partage et au souci des autres (Barratt et Price, 1996b).

Pour les élèves de 9-11 ans, on présente trois jeunes chrétiens appartenant respectivement à des familles catholique, baptiste et pentecôtiste (Everington, 1996c). Les parents du garçon catholique sont nés en Irlande, ceux de la jeune baptiste sont nés en Grande-Bretagne tandis que la mère du jeune pentecôtiste a immigré de Jamaïque. Les lecteurs rencontrent chaque jeune en train de participer à des activités dans la famille et dans leur communauté ecclésiale, ce qui inclut l'école privée dans le cas du jeune catholique. Le matériel est organisé en quatre sections : l'apprentissage, la préparation, les responsabilités et les traditions. On fait des liens avec les autres parties de la tradition chrétienne et le livre du maître donne à l'enseignant des suggestions de méthode et contient des informations qui peuvent être photocopiées pour les élèves. On y trouve aussi un éventail d'activités qui utilisent la méthodologie herméneutique

---

[3] Les Brownies font partie du mouvement Scout fondé par Baden-Powell. Elles regroupent les filles de 7 à 11 ans qui deviennent par la suite des Guides si elles persistent dans le mouvement.

et qui font des liens entre l'expérience décrite dans les textes et celle des enfants dans la classe (Everington, 1996d).

Le stade 3 (11-14 ans)

Au stade trois, on met l'accent sur les commentaires et les réflexions des jeunes qui ont des liens avec divers groupes au sein des traditions religieuses. Chaque livre présente quatre jeunes britanniques, deux filles et deux garçons. Le livre sur les chrétiens présente quatre jeunes de Coventry appartenant respectivement à l'Église d'Angleterre, l'Église Grecque Orthodoxe, la Société Religieuse des Amis et la Nouvelle Église (Robson, 1995). Le livre portant sur les musulmans est centré sur quatre jeunes de Birmingham dont les familles ont des racines au Pakistan (Mercier, 1996). Un autre livre présente quatre jeunes hindous de Leicester dans des expériences liées à divers aspects de leur tradition (Wayne, *et al.*, 1996).

Dans chacune des unités de travail, on offre aux étudiants un large éventail d'activités en montrant clairement que ces activités sont conçues pour encourager les étudiants à se familiariser avec les idées présentées dans le texte avant d'amorcer le travail d'interprétation. Les étudiants sont ensuite invités à commencer le processus d'interprétation en reliant du matériel de l'un des trois niveaux — individu, groupe d'appartenance et tradition — à du matériel pris dans un autre. Il s'agit ici de mettre les deux morceaux ensemble afin d'éclairer l'un par l'autre. On encourage ensuite les étudiants à établir des ponts entre le matériel présenté dans l'unité et leur propre expérience ou des idées qui leur sont familières. On cherche à amener les étudiants à se centrer sur les aspects de leurs connaissances et de leurs expériences personnelles qui peuvent être liées (par analogie) au matériel à l'étude. On utilise ce qui est familier pour comprendre le non familier.

Ces résumés ne reflètent pas complètement les longs processus de délibération et de consultation qui ont marqué le développement du matériel didactique pour chacun des trois stades. Il a fallu recontacter les familles et les impliquer dès le début. Pour réaliser certaines unités, il a fallu poursuivre le travail de terrain et la prises de photos. La coordonnatrice et le directeur furent également impliqués dans le processus de développement des méthodes suggérées aux enseignants pour l'utilisation du matériel, dans la négociation avec l'éditeur sur le format des unités, sur le niveau de langue et sur les photographies ainsi que dans des consultations régulières avec les membres de l'équipe.

L'édification

Jusqu'ici, nous avons été surtout préoccupés par la question de représenter et d'interpréter les données sur les traditions religieuses comme élément central d'une éducation religieuse qui cherche à développer une compréhension du langage et des symboles religieux ainsi que des sentiments et des attitudes des *insiders*. Nous visons ainsi la promotion de la compréhension interreligieuse et interculturelle. L'importance d'étudier des traditions religieuses différentes de la sienne repose également sur la possibilité pour celui qui entreprend cette étude de réexaminer et d'approfondir sa propre compréhension de la tradition à laquelle il appartient. Le travail herméneutique peut aider à développer la capacité de réflexivité qui est nécessaire pour mieux comprendre sa propre situation à la lumière de l'étude d'un autre mode de vie. C'est un point sur lequel s'entendent des auteurs de plusieurs disciplines, même s'ils y apportent des nuances importantes. Pour le philosophe Richard Rorty, une personne peut s'éduquer en étudiant sa propre culture. Le fait de s'engager dans une « conversation », c'est-à-dire dans l'herméneutique — ce qui pour Rorty signifie chercher à faire des connexions entre différentes visions du monde — peut conduire à l'édification. C'est un concept qui implique une idée de transformation. « Être édifié en ce sens, c'est être élevé au-dessus de soi-même. Le défi de comprendre une autre vision du monde peut amener quelqu'un à devenir en un sens une autre personne » (Rorty, 1980). Ceci est analogue à ce que Michael Grimmit veut dire par « apprendre de la religion » (Grimmit, 1987, p. 225) et à ce que certains auteurs entendent par « développement spirituel ».

Les auteurs qui ont rédigé notre matériel didactique ont tenté de fournir des activités susceptibles de créer les conditions permettant à l'élève de comprendre les modes de vie étudiés. Les activités de réflexion prévues dans ce matériel encouragent les élèves à l'utiliser pour stimuler leur réflexion sur des questions qui ont une signification et une importance personnelle pour eux. Le but est ici d'amener les élèves à examiner ou à réexaminer des aspects de leur propre vie et de leur propres idées à la lumière des questions ou des expériences rencontrées dans des traditions religieuses particulières, mais qui ont une signification universelle.

Une trop grande concentration sur ce processus pourrait alarmer certains individus appartenant à des groupes religieux ou culturels particuliers, spécialement s'ils se sentent eux-mêmes marginalisés ou dans une situation précaire. Rorty insiste sur l'importance d'avoir une compréhension de soi-même en relation avec sa propre situation culturelle, avant d'entrer en dialogue (*conversation*) avec d'autres. En ce sens, nous pouvons voir l'initiation (*nurture*) et l'éducation religieuse comme d'authentiques partenaires. Notre matériel didactique, bien qu'il soit basé sur une méthode interprétative, cherche le plus possible à présenter les modes de vie religieux dans les termes mêmes des croyants. Comme nous l'avons indiqué plus haut, certains éléments de notre matériel présentent les processus d'initiation dans différentes communautés religieuses. Les élèves qui sont des croyants devraient au moins pouvoir se sentir proches de ce matériel, même si, sur certains points, il diffère de leur propre expérience. En d'autres termes, notre matériel didactique devrait contribuer à l'initiation religieuse de certains enfants de l'école.

Cependant, le matériel exige que les jeunes interprètent d'autres modes de vie et voient des points de contact et des points de différence. Les élèves peuvent être changés dans ce processus qui peut les amener à approfondir la compréhension de leur propre foi et de leur propre tradition. Si cela apparaît menaçant à certains parents, il vaut peut-être la peine de considérer le fait que les enfants de tous les groupes religieux, et spécialement ceux des minorités religieuses et ethniques, doivent faire face à la juxtaposition de leur mode de vie familial et à celui de la société largement séculière. L'éducation peut offrir un forum pour l'exploration structurée de ces questions dont certaines pourront surgir à la lumière des données ethnographiques sur l'expérience des jeunes présentées dans notre matériel. Bien sûr, l'édification d'une personne qui réfléchit sur un autre mode vie demeure une question très personnelle et il est impossible de la garantir par des activités fournies dans du matériel didactique.

Conclusion

Cette revue de certains développements de la recherche sur l'éducation religieuse et sur le développement de matériel didactique voulait donner un aperçu de quelques-unes des initiatives britanniques récentes dans ces domaines. Elle est, bien sûr, incomplète et elle inclut, à la demande des directeurs du présent ouvrage, des détails sur le projet de développement de matériel didactique que nous avons mené à l'Université Warwick. Il faut espérer que certaines questions abordées auront une pertinence en dehors du contexte britannique, dans le contexte québécois en particulier où la situation présente des analogies importantes avec la situation britannique.

Références

Austerberg, M. (1992). *Jews* (Books 1-4), (2nd edition) Cheltenham, Stanley Thornes.

Barratt, M. (1994a). *An Egg for Babcha*, Bridges to Religions series, The Warwick RE Project, Oxford, Heinemann.

Barratt, M. (1994b). *Lucy's Sunday*, Bridges to Religions series, The Warwick RE Project, Oxford, Heinemann.

Barratt, M. (1994c). *Something to Share*, Bridges to Religions series, The Warwick RE Project, Oxford, Heinemann.

Barratt, M. (1994d). *The Buddha's Birthday*, Bridges to Religions series, The Warwick RE Project, Oxford, Heinemann.

Barratt, M. (1994e). *The Seventh Day is Shabbat*, Bridges to Religions series, The Warwick RE Project, Oxford, Heinemann.

Barratt, M. et Price, J. (1996a). *Meeting Christians* : Book One, Bridges to Religions series, The Warwick RE Project, Oxford, Heinemann.

Barratt, M. et Price, J. (1996b). *Teacher's Resource Book : Meeting Christians* : Book One, Bridges to Religions series, The Warwick RE Project, Oxford, Heinemann.

Best, R. (ed) (1996). *Education, Spirituality and the Whole Child*, London, Cassell.

Clifford, J. et Marcus, G. (eds) (1986). *Writing Culture : The Poetics and Politics of Ethnography*, Berkeley, University of California Press.

COOLING, T. (1994). *A Christian Vision for State Education*, London, SPCK.

COX, E. (1966). *Changing Aims in Religious Education*, London, Routledge.

DUMONT, L. (1972). *Homo Hierarchicus*, London, Paladin.

EVANS-PRITCHARD, E. (1961). *Anthropology and History*, Manchester.

EVANS-PRITCHARD, E. (1962). *Essays in Social Anthropology*, London.

EVERINGTON, J. (1993a). « Bridging Fieldwork and Classwork : The Development of Curriculum Materials within the Religious Education and Community Project », *Resource*, 16 (1), 7-10.

EVERINGTON, J. (1993b). «The Relationship Between Research and Teaching Within Teacher Education : an Account of Recent Work Within the Religious Education and Community Project », *Journal of Beliefs and Values*, 14 (2), 6-8.

EVERINGTON, J. (1996a). « A Question of Authenticity : The Relationship between Educators and Practitioners in the Representation of Religious Traditions », *British Journal of Religious Education*, 18 (2), 69-77.

EVERINGTON, J. (1996b). « Trial by Teachers : the Warwick RE Project's Experiences of Trialling Key Stages One Curriculum Materials, *Resource*, 18 (3), 13-17.

EVERINGTON, J. (1996c). *Meeting Christians* : Book Two, Bridges to Religions series, The Warwick RE Project, Oxford, Heinemann.

EVERINGTON, J. (1996d). *Teacher s Resource Book : Meeting Christians* : Book Two, Bridges to Religions series, The Warwick RE Project, Oxford, Heinemann.

FRANCIS, L. J. (1979). « School Influence and Pupil Attitude Towards Religion », *British Journal of Educational Psychology*, 49, pp. 107-123.

FRANCIS, L. J. (1983). « Anglican Voluntary Primary Schools and Child Church Attendance », *Research in Education*, No 30, November, pp 1-9.

FRANCIS, L. J. (1984). *Teenagers and the Church*, London, Collins.

FRANCIS, L. J. (1986). « Denominational Schools and Pupil Attitudes Towards Christianity », *British Educational Research Journal*, 12, pp145-152

FRANCIS, L. J. (1989a). « Drift from the Churches : Secondary School Pupils Attitudes Towards Christianity », *British Journal of Religious Education*, 11, 76-86.

FRANCIS, L. J. (1989b). « Monitoring Changing Attitudes Towards Christianity among Secondary School Pupils Between 1974 and 1986 », *British Journal of Educational Psychology*, 59, 86-91.

FRANCIS, L. J. (1992). « Monitoring Attitude Towards Christianity : the 1990 Study », *British Journal of Religious Education*, 14 (3), 178-182.

FRANCIS, L. J. (1995). « Church Schools and Pupil Attitudes towards Christianity : a Response to Mairi Levitt », *British Journal of Religious Education*, 17 (3), p. 133-139.

GATES, B. E. (1976). *Religion in the Developing World of Children and Young People*, Unpublished PhD thesis, University of Lancaster.

GATES, B. E. (1977). *Religion in the Child s Own Core Curriculum*, Learning for Living, Autumn.

GEERTZ, C. (1973). *The Interpretation of Cultures*, New York, Basic Books.

GEERTZ, C. (1983). *Local Knowledge*, New York, Basic Books.

Goldman, R. (1964). *Religious Thinking from Childhood to Adolescence*, London, Routledge and Kegan Paul.

Grimmitt, M. (1987). *Religious Education and Human Development : The Relationship Between Studying Religions and Personal, Social and Moral Education*, Great Wakering, McCrimmons.

Grimmitt, M. (1994). « Religious Education and the Ideology of Pluralism », *British Journal of Religious Education*, 16 (3), 133-147.

Grimmitt, M., Grove, J. et *al* (1991). *A Gift to the Child*, London, Simon and Shuster.

Hammond, J., Hay, D. *et al.* (1990). *New Methods in RE Teaching : an Experiential Approach*, London, Oliver and Boyd.

Hay, D. (1982a). *Teaching the Science of the Spirit*, Priestley, J G (ed) Religion, Spirituality and Schools, Perspectives, 9, University of Exeter.

Hay, D. (1982b). *Exploring Inner Space : Scientists and Religious Experience*, Harmondsworth, Penguin.

Hay, D. et Hammond, J. (1992). « When You Pray, Go to Your Private Room : a Reply to Adrian Thatcher », *British Journal of Religious Education*, 14 (3), 145-150.

Hull, J. M. (1996). « A Gift to the Child : a New Pedagogy for Teaching Religion to Young Children », *Religious Education*, 91, (2), 172-88.

Hulmes, E. (1989). *Education and Cultural Diversity* (London, Longman).

ILEA (1968). *Agreed Syllabus for Religious Instruction*, London, Inner London Education Authority.

Jackson, R. (1976). « Holi in North India and in an English City : Some Adaptations and Anomalies », *New Community*, 5 (3), 203-10.

Jackson, R. (1981). *The Shree Krishna Temple and the Gujarati Hindu Community in Coventry*. In D Bowen (ed) Hinduism in England, Bradford, Bradford College.

Jackson, R. (1987). *Religious Education - a Middle Way in A Brown (ed) The Shap Handbook on World Religions in Education*, London, Commission for Racial Equality.

Jackson, R. (1989). *Religions through Festivals : Hinduism*, London, Longman.

Jackson, R. (1990). « Children as Ethnographers » in Jackson, R and Starkings, D (eds) The Junior RE Handbook, Cheltenham, Stanley Thornes, 200-207.

Jackson, R. (1994). « Ethnography and Religious Education : a Research Report », *Panorama : International Journal of Comparative Religious Education and Values*, 6, 1, Summer 1994, 115-130.

Jackson, R. et Nesbitt, E. (1992). « The Diversity of Experience in the Religious Upbringing of Children from Christian Families in Britain », *British Journal of Religious Education*, 15,1, 19-28.

Jackson, R., Barratt, M. et Everington, J. (1994). *Bridges to Religions : Teacher s Resource Book*, The Warwick RE Project, Oxford, Heinemann.

Jackson, R. et Killingley, D. (1988). *Approaches to Hinduism*, London, John Murray.

Jackson, R. et Nesbitt, E. (1986). « Sketches of Formal Hindu Nurture, World Religions in Education », *Journal of the Shap Working Party*, 25-29.

JACKSON, R. et NESBITT, E. (1990). *Listening to Hindus*, London, Unwin Hyman (now Harper Collins).

JACKSON, R. et NESBITT, E. (1993). *Hindu Children in Britain*, Stoke on Trent, Trentham Books.

JACKSON, R. (1994). « Ethnography and Religious Education : a Research Report », *Panorama* » *International Journal of Comparative Religious Education and Values*, 6 (1), 115-130.

JACKSON, R. (1995). « Religious Education's Representation of Religions and Cultures », *British Journal of Educational Studies*, XXXXIII (3), 272-289.

JACKSON, R. (1996 forthcoming). « The Construction of Hinduism and its Impact on Religious Education in England and Wales », *Panorama : International Journal of Comparative Religious Education and Values*.

JACKSON, R. (1997 forthcoming). *Religious Education : an Interpretive Approach*, London, Hodder and Stoughton.

JACKSON, R., BARRATT, M. et EVERINGTON, J. (1994). *Bridges to Religions : Teacher s Resource Book*, The Warwick RE Project (Oxford, Heinemann).

JACKSON, R. et NESBITT, E. (1992). « The Diversity of Experience in the Religious Upbringing of Children from Christian Families in Britain », *British Journal of Religious Education*, 15, (1) 19-28.

JACKSON, R. et NESBITT, E. (1993). *Hindu Children in Britain*, Stoke on Trent, Trentham.

JONES, A. (ed) (1986). *Making RE More Affective*, University of Nottingham,

KOPF, D. (1969). *British Orientalism and the Bengal Renaissance*, Berkeley and Los Angeles, University of California Press.

VAN DER LEEUW, G. (1938). *Religion in Essence and Manifestation*, London, Allen and Unwin.

LEVITT, M. (1995). « The Church is Very Important to Me : a Consideration of the Relevance of Francis's Attitude Towards Christianity » Scale to the Aims of Church of England Aided Schools », *British Journal of Religious Education*, 17 (2), 100-107.

LOUKES, H. (1961). *Teenage Religion*, SCM Press, London.

LOUKES, H. (1965). *New Ground in Christian Education*, SCM Press, London.

MARTIN, B. and PLUCK, R. (1977). *Young People s Beliefs*, London, General Synod Board of Education.

MERCIER, C. (1996). *Muslims, Interpreting Religions series*, The Warwick RE Project (Oxford, Heinemann).

NESBITT, E. (1993). « Children and the World to Come : The Views of Children Aged Eight to Fourteen on Life After Death », *Religion Today*, 8, 3, 10-13.

NESBITT, E. (1993). « Drawing on the Ethnic Diversity of Christian Tradition in Britain », *Multicultural Teaching*, 11,2, 9-12.

NESBITT, E. (1993). « Photographing Worship : Issues Raised by Ethnographic Study of Children's Participation in Acts of Worship », *Visual Anthropology* 5 (3), 285-306.

NESBITT, E. (1993). « The Transmission of Christian Tradition in an Ethnically Diverse Society », in Barot, Rohit (ed.) Religion and Ethnicity : Minorities and Social Change in the Metropolis, Kampen (The Netherlands), Kok Pharos Publishing House, 156-169.

Nesbitt, E. et Jackson, R. (1995). « Sikh Children's Use of God : Ethnographic Fieldwork and Religious Education », *British Journal of Religious Education*, 17 (2), 108-120.

Otto, R. (1959). *The Idea of the Holy*, Harmondsworth, Pelican.

Price, L. M. (1988). *The Role of Story in the Religious Education of the First School Child*, unpublished MA thesis, University of Warwick.

Radcliffe-Brown, A. (1958). *Method in Social Anthropology*.

Read G *et al* (1992). *The Westhill Project*, Mary Glasgow (now Cheltenham, Stanley Thornes).

Read, G., Rudge, J. et Howarth, R. (1992a). *How Do I Teach RE?* (2nd edition) Cheltenham, Stanley Thornes.

Read, G., Rudge, J. et Howarth, R. (1992b). *Christians* (Books 1-4), (2nd edition) Cheltenham, Stanley Thornes.

Read, G., Rudge, J. et Hunt, D. (1992). *Muslims* (Books 1-4), (2nd edition) Cheltenham, Stanley Thornes.

Robinson, E. (1977). *The Original Vision*, Oxford, The Religious Experience Research Unit, Manchester College.

Robinson, E. (1984). *The Experience of Transfiguration*, Unpublished paper, ISREV IV, Kemptville, Ontario.

Robson, G. (1995). *Christians*, Interpreting Religions series, The Warwick RE Project (Oxford, Heinemann).

Rorty, R. (1980). *Philosophy and the Mirror of Nature*, Oxford, Blackwell.

Said, E. (1978). *Orientalism*, London, Routledge and Kegan Paul.

Schools Council (1971). « Religious Education in Secondary Schools », (*Schools Council Working Paper No 36*), London : Evans/Methuen.

Sharpe, E. J. (1975). *The Phenomenology of Religion*, Learning for Living, 15(1).

Smart, N. (1964). *The Teacher and Christian Belief*, London : James Clarke.

Smart, N. (1967). « A New Look at Religious Studies : the Lancaster Idea », *Learning for Living*, September.

Smart, N. (1968). *Secular Education and the Logic of Religion*, London : Faber and Faber.

Smart, N. (1971). *The Religious Experience of Mankind*, London : Fontana.

Smith, J. W. D. (1969). *Religious Education in a Secular Setting*, London, SCM.

Spradley, J. (1980). *Participant Observation*, New York, Holt, Rinehart and Winston.

Thatcher, A. (1991). « A Critique of Inwardness in Religious Education », *British Journal of Religious Education*, 14 (1), 22-27.

Tickner, M. F. et Webster, D. H. (eds) (1982). *Religious Education and the Imagination. Aspect of Education, 28*. Institute of Education, University of Hull.

Tylor, E. B. (1871). *Primitive Culture*, New York,

Waardenburg, J. (1973). *Classical Approaches to the Study of Religion*, The Hague, Mouton, (Vol 1).

Wayne, E., Everington, J., Kadodwala, D. et Nesbitt, E. (1996). Hindus, *Interpreting Religions series*, The Warwick RE Project (Oxford, Heinemann).

West Riding (1966) *Agreed Syllabus for Religious Instruction*, West Riding of Yorkshire Education Authority.

Wittgenstein, L. (1958) *Philosophical Investigations*, Oxford, Blackwell. Woodward 1994.

WOODWARD, P. (1992) « Jewish Children Under the Camera : An Ethnographic Study of Jewish Children in Britain », *Visual Anthropology*, 5 (3), 307-330.

WOODWARD, P. (1996) « Orthodoxy and Openness : the Experience of Muslim Children », in B. E. Gates (ed) *Freedom and Authority in Religions and Religious Education*, 155-64.

WOODWARD, P. et Jackson, R.(1993) « RECP : An Outline of an Ethnographic Study of the Religious Nurture of Jewish Children in an English City », *Australian Journal of Jewish Studies*, 7, 1, pp.153-160.

WRIGHT, A. (1996b) « Language and Experience in the Hermeneutics of Religious Understanding », *British Journal of Religious Education*, 18, (3) 166-180.

CHAPITRE 9

L'enseignement religieux culturel : une alternative valable à l'enseignement confessionnel ?

FERNAND OUELLET

Le Québec est l'une des rares sociétés démocratiques modernes où les écoles publiques sont confessionnelles et doivent offrir un enseignement religieux confessionnel. Toutefois, les pressions se sont accentuées au cours des dernières années pour que cet enseignement soit remplacé par un enseignement « culturel » de la religion dans une perspective d'éducation civique et démocratique. Mais, comme je l'ai montré brièvement dans ma première contribution à cet ouvrage et comme le montrent celles d'Aubert et de Milot, le Comité catholique, l'instance décisionnelle en matière d'enseignement religieux et moral oppose une résistance acharnée à toute initiative en ce sens.

Le Comité catholique a été amené récemment à préciser sa position suite au débat soulevé par l'intervention récente d'un leader religieux respecté, le père Julien Harvey (1992), en faveur d'une laïcité ouverte et d'une éducation religieuse à l'école visant au développement d'une « culture religieuse commune » entendue comme un patrimoine culturel que devraient posséder tous les membres d'une société comme le Québec, quelles que soient leurs options au plan religieux. Selon le président du Comité catholique, une telle approche limiterait l'école à la transmission « d'une culture purement intellectuelle, faite de connaissances et d'informations, sans faire appel à l'ordre existentiel ». Il ne croit pas qu'on puisse partager une culture « sans participer à ce qu'elle véhicule, en s'en tenant à une attitude d'observateur neutre et distant » :

> On n'est pas de culture arabe si l'on ne parle pas l'arabe. On n'a pas de culture musicale sans aimer ou pratiquer la musique, ni de culture littéraire sans être un adepte de la lecture. Un vernis

de connaissances ne donne pas nécessairement lieu à une compréhension ou à une réception commune des mêmes contenus et des mêmes significations. En somme, on peut penser qu'un simple bagage de connaissances plus ou moins communes ne fera pas une culture religieuse capable de jouer le rôle intégrateur qu'on voudrait lui attribuer (Côté, 1995, p. 16).

Il faut reconnaître que le concept de « culture religieuse commune » n'exprime pas clairement ce qui me paraît l'idée centrale du père Harvey : dans le domaine religieux, comme dans les autres domaines, l'école a la mission de transmettre un répertoire culturel commun qui permet à tous les membres d'une société d'interagir positivement, même s'ils ne partagent pas tous les mêmes traditions et les mêmes valeurs.

D'après la théorie de l'éducation démocratique élaborée par Amy Gutmann[1], c'est en fournissant à tous les élèves un espace de délibération critique et en leur permettant de réexaminer les conceptions de la bonne vie et les valeurs qu'ils apportent avec eux à l'école qu'on atteindra cet objectif. Cela suppose qu'on ne demande pas à l'école d'assurer complètement l'initiation de l'enfant à une tradition religieuse particulière. Si l'on admet que les églises et les groupes religieux ont un rôle essentiel à jouer dans ce domaine, on n'aura aucun problème à accepter de limiter le rôle de l'école à la délibération critique sur les diverses options religieuses et non religieuses en présence dans une société pluraliste. Et nous verrons que c'est tomber dans la caricature la plus absurde que de limiter cette délibération à « une simple somme de connaissances notionnelles à peu près identiques sur le phénomène religieux et les grandes religions » (*Ibid.*). On ne voit pas au nom de quelle logique un enseignement religieux culturel dispensé par un éducateur ou une éducatrice connaissant bien sa matière et sensible aux besoins des élèves ne pourrait pas les aider à effectuer une démarche de réflexion critique qui aurait pour eux des résonnances existentielles profondes.

C'est pourtant la position du Comité catholique pour qui l'enseignement culturel « ne permettrait pas d'atteindre les objectifs d'éducation intégrale du jeune » (Comité catholique, 1995, p. 11). Selon cet organisme, une formation intégrale dans ce domaine suppose non

---

[1] Voir ma première contribution à cet ouvrage.

seulement un savoir notionnel sur la religion ou sur les religions, mais une initiation à une tradition religieuse et à une expérience religieuse particulière :

> Un savoir *sur* la religion ou les religions ne vise pas à ouvrir le jeune à l'expérience de cette région de l'être et du sens que rend possible une recherche personnelle et existentielle du sens de la vie à la lumière d'une religion [...] L'expérience religieuse est toujours située, enracinée dans une histoire, une culture, une communauté de témoins [...] Au Québec, on a toujours considéré que les jeunes ont droit à un enseignement qui contribue non seulement à leur information et à leur culture, mais à leur formation spirituelle, morale et religieuse. L'orientation privilégiée par le Comité catholique vise à répondre le mieux possible à ce besoin et à ce droit, tout en tenant compte du contexte transformé qui est le nôtre. Il propose en effet une voie médiane entre l'enseignement catéchistique et l'enseignement culturel, caractérisée par une approche existentielle centrée sur la croissance humaine et spirituelle du jeune, où la référence à l'expérience chrétienne est prédominante, mais ouverte et critique (p. 11-12).

Comme l'indique bien cette citation tirée d'un document récent où le Comité catholique faisait le point sur l'école catholique, la seule approche susceptible d'apporter une réponse satisfaisante aux questions existentielles des jeunes et de satisfaire leurs besoins spirituels serait l'approche confessionnelle renouvelée que défend maintenant cet organisme. Parce qu'il se limite à une information sur la religion et les religions, l'enseignement culturel de la religion ne constituerait pas une alternative acceptable par quiconque se préoccupe vraiment de l'éducation intégrale des jeunes.

Il est difficile de comprendre pourquoi la capacité de susciter une démarche éducative comme celle que décrit le Comité catholique ne serait possible que dans le cadre d'un programme d'enseignement religieux confessionnel dispensé par des enseignantes et des enseignants qui doivent témoigner de leur engagement pour une option religieuse que plusieurs citoyens ne partagent pas ou par rapport à laquelle une bonne partie d'entre eux ont pris des distances. Cette option est d'autant plus difficilement acceptable que les enseignants se sont prononcés massivement en faveur de l'abandon de l'enseignement confessionnel. Comment un enseignement confessionnel dispensé par des enseignants qui n'y croient pas peut-il contribuer effectivement à l'éducation intégrale des jeunes mieux qu'un enseignement culturel bien conçu dispensé par des maîtres compétents, voilà qui échappe à l'entendement. En m'appuyant sur l'expérience accumulée au Québec dans le cadre des programmes d'enseignement religieux de type culturel et de l'expérience anglaise des vingt-cinq dernières années, je tenterai ici de montrer qu'il existe une alternative viable à l'enseignement religieux confessionnel et qu'il est possible de concevoir un enseignement de la religion à l'école qui viserait l'éducation intégrale des jeunes, qui serait ouvert à tous les élèves, quelles que soient leurs options religieuses, qui se préoccuperait de leurs questionnements existentiels et qui pourrait éventuellement les interpeller dans leur « cheminement spirituel » et les « édifier » au sens que Jackson donne à ce terme dans sa seconde intervention au présent ouvrage.

L'expérience québécoise en enseignement religieux de type culturel

Au début des années 1970, le programme d'enseignement religieux de type culturel avait permis d'amorcer d'une manière sérieuse la définition d'une approche de l'étude des religions dans les écoles qui s'inscrivait dans l'esprit des sciences humaines des religions et non dans celui de la théologie d'une tradition religieuse particulière[2]. Ce programme comprenait les huit modules suivants : les fonctions de la religion; l'expérience religieuse; l'hindouisme; le bouddhisme; le judaïsme, le christianisme, l'islam; la religion au Québec. Pour chacun de ces modules, on retrouvait un ensemble d'objectifs d'apprentissages soigneusement définis et on était sur le point de publier un matériel documentaire pour chacun des modules lorsque l'expérience a été interrompue.

Ce programme a été testé en classe pendant plusieurs années et il était très apprécié par les élèves, surtout les plus curieux intellectuellement. Lorsqu'il était dispensé par des enseignants qui possédaient une formation en sciences humaines des religions, on pouvait constater

---

[2] J'ai analysé cette expérience en détail dans la troisième partie de mon ouvrage sur l'étude des religions dans les écoles (Ouellet, 1985, p. 311-480).

un intérêt accru pour l'ensemble des cours d'enseignement religieux, y compris ceux d'enseignement religieux catholique, et une amélioration du statut de cet enseignement aux yeux des élèves (Viel, et Ouellet, 1984, p. 54-85).

Deux problèmes semblent toutefois avoir ralenti sa progression : le manque de préparation des enseignants et des enseignantes et l'absence de volonté politique de la part du Comité catholique et du ministère de l'Éducation de les inciter à se perfectionner. Plutôt que de favoriser le perfectionnement dans ce domaine, le Comité catholique a décidé, comme c'était logique pour un organisme confessionnel, d'investir dans le perfectionnement des enseignants chargés d'assurer l'enseignement religieux catholique. Enfin, le cours de culture religieuse n'était pas offert dans toutes les écoles et là où il l'était, la demande des élèves était souvent ralentie par leur perception d'une plus grande quantité de travail exigée par ce programme que par les programmes d'enseignement catholique ou d'enseignement moral.

D'autre part, lorsqu'il a mis sur pied le programme de culture religieuse à la fin des années soixante, le Comité catholique ne visait pas à développer une alternative à l'enseignement religieux confessionnel, mais à maintenir ce système en offrant aux élèves de la fin du secondaire qui avaient pris une distance par rapport à la foi chrétienne ou qui en avaient assez de l'enseignement confessionnel la possibilité de choisir une approche plus ouverte à la diversité des options religieuses et aux approches non théologiques des phénomènes religieux.

Le contexte confessionnel dans lequel a été élaboré le programme d'enseignement religieux de type culturel a sans doute contribué à durcir les oppositions entre les apports des disciplines plus « scientifiques » comme la sociologie, l'ethnographie ou l'histoire des religions et les disciplines plus « humanistes » comme la phénoménologie, la philosophie et la théologie. Une approche plus éclectique aurait mis en péril la spécificité de l'option « culturelle » par rapport à l'option confessionnelle. Même si cet enseignement ne se limitait pas à une transmission d'informations sur la religion et les religions lorsqu'il était dispensé par des enseignantes et des

enseignants bien formés, le souci de rigueur épistémologique qu'imposait le contexte confessionnel dans lequel il a été élaboré a sans doute contribué à créer l'impression d'un désintérêt de ce programme pour les
questions existentielles des jeunes. Mais il aurait suffit
de converser pendant quelques minutes avec des enseignants qui croyaient à cet enseignement pour se rendre
compte que cette impression était erronnée.

Les élèves avaient également la possibilité de choisir
le programme d'enseignement moral qui ne faisait
aucune référence à la dimension religieuse[3]. C'est cette
dernière option qui a finalement été retenue comme
alternative offerte à ceux et à celles qui voulaient être
exemptés de l'enseignement confessionnel lorsque le
Comité catholique a décidé de mettre un terme à l'expérimentation en 1983, parce « qu'il ne bénéficiait le
plus souvent que d'une faible fréquentation par les
élèves, et posait de sérieux problèmes de gestion, notamment dans les écoles où le nombre d'élèves n'était
pas très élevé » (Côté, 1995, p. 16). On peut s'interroger sur le bien-fondé des raisons apportées pour justifier cette décision qui a été fortement contestée à l'époque par les enseignants qui avaient investi du temps et
de l'énergie pour se donner la formation qu'exigeait l'enseignement de ce programme. Si les orientations du programme avaient été plus conformes aux visées confessionnelles du Comité catholique, les soi-disant problèmes
de gestion auraient certainement été réglés autrement
que par l'élimination du programme de la maquette
horaire. Pour ce qui est du taux de fréquentation, il n'est
pas toujours très élevé en éducation morale, mais comme
ce programme sert de soupape de sécurité pour l'enseignement confessionnel, il n'est pas question de l'éliminer.

---

[3] Cette « option » entre l'enseignement religieux confessionnel et
l'enseignement moral soulève des problèmes qu'il n'est pas possible
de discuter ici. Voir à ce sujet ma première contribution au présent
ouvrage.

La nouvelle éducation religieuse en Grande-Bretagne

Parce qu'il se limitait aux deux dernières années du secondaire, le programme d'enseignement religieux de type culturel ne permet toutefois pas de donner une réponse convaincante à ceux qui doutent de la possibilité de développer un programme de ce type pour les élèves de l'élémentaire et des premières années du secondaire. Mais la situation est différente en Grande-Bretagne où on a vu apparaître dans les années 1970 une nouvelle forme d'éducation religieuse dont les orientations étaient très proches de celles du programme d'enseignement religieux de type culturel, mais qui touchait tous les élèves de l'élémentaire et du secondaire.

Le Royaume-Uni est l'un des seuls pays occidentaux où l'enseignement religieux (*religious education*) est reconnu comme une matière scolaire légitime et occupe une place bien identifiée dans les horaires des écoles publiques. Toutefois, la mise en place de ce qu'on a appelé là-bas la « nouvelle éducation religieuse » a signifié une transformation profonde de l'enseignement religieux confessionnel. On a même parlé d'une « triple révolution » pour décrire cette transformation :

- à partir du milieu des années 1960, alors qu'il avait été jusque-là « centré sur la Bible », l'enseignement religieux est devenu de plus en plus centré sur l'enfant et sur l'adolescent;
- au début des années 1970, alors que cet enseignement avait été pendant des siècles d'orientation confessionnelle et visait explicitement à instruire les jeunes dans la foi chrétienne, l'enseignement religieux a été redéfini en fonction de sa contribution au projet éducatif de l'école;
- enfin, pendant les années 1980, l'enseignement religieux est passé d'une attention à peu près exclusive à la tradition chrétienne à une ouverture explicite à l'ensemble de l'expérience religieuse de l'humanité et même à des visions non religieuses comme celles de l'humanisme et du marxisme (Ouellet, 1981, p. 175).

Le syllabus de Birmingham

C'est la publication en 1975 du syllabus de Birmingham et du manuel qui l'accompagnait[4] qui a marqué le passage d'un enseignement religieux confessionnel à un enseignement de la religion défini par sa contribution à l'éducation intégrale des élèves et ouvert à la diversité des options dans le domaine religieux. Les principes sous-jacents à ce syllabus ont été très bien explicités par John Hull, un théologien anglican qui a joué un rôle majeur dans la réforme des orientations de l'enseignement religieux en Angleterre :

1. L'intention d'édifier (*nurture*) la foi chrétienne ou de cultiver toute autre forme d'engagement religieux est abandonnée.
2. L'enseignement religieux poursuit maintenant trois finalités fondamentales :
   - contribuer à une meilleure communication entre les groupes formant la société pluraliste;
   - permettre une meilleure compréhension de la religion;
   - permettre aux élèves de formuler leur propre vision du monde et leur propre philosophie par suite de leur rencontre avec les religions du monde[5].
3. L'exploration du champ religieux suppose qu'on étudie la religion en la plaçant dans le contexte des idéologies séculières comme le communisme et le marxisme.
4. Lorsqu'on décrit un système de croyances, qu'il soit religieux ou séculier, il faut chercher à le faire d'une manière acceptable pour ceux qui y adhèrent. Dans l'étude de ces systèmes de croyances avec les élèves, on doit se comporter comme si on était en présence de ceux dont on parle[6].

---

[4] *Living together. A teacher's handbook of suggestions for religious education*. City of Birminghan Education Committee, 1975.

[5] Les spécialistes anglais de l'éducation religieuse insistent beaucoup sur l'importance de rejoindre l'expérience personnelle de l'étudiant dans l'exploration du champ religieux. Voir par exemple Grimmitt, 1978, p. 49-87.

[6] Comme on peut le constater, le syllabus semble aborder l'étude des diverses traditions religieuses et non religieuses de l'humanité en se plaçant du point de vue de l'adepte que l'on cherche à comprendre pour ce qu'il est. Cependant, dans un document très important publié

5. Le consensus sur lequel se fonde le syllabus de Birmingham porte, non pas sur le contenu de ce qui est enseigné, mais sur sa valeur éducative dans un contexte particulier. C'est sur ce principe qu'on a reconnu la nécessité pour tous les élèves d'étudier le christianisme.

6. Ce principe a une conséquence importante sur la façon dont le professeur conçoit sa tâche. Il n'enseigne plus ce à quoi il croit, mais ce qu'il croit important d'un point de vue éducatif. L'enseignement est maintenant une activité d'une toute autre nature que la prédication.

7. Ce n'est qu'à la fin du secondaire que les élèves sont mis en contact avec des systèmes de croyances considérés comme cohérents et distincts les uns des autres. Mais dès les premières années à l'école, l'enfant est mis en contact, sous des formes adaptées à son développement cognitif et à ses intérêts, avec une pluralité d'expressions religieuses empruntées à diverses traditions.

8. Le syllabus cherche à présenter d'une manière impartiale un certain nombre de religions et d'idéologies séculières. Mais son approche n'est pas neutre : elle est engagée par rapport à la nécessité pour tout élève, quelles que soient ses options au plan religieux, de chercher à mieux comprendre la tradition à laquelle il appartient et les autres points de vue et traditions dont il est susceptible de rencontrer des représentants au cours de sa vie (1978, p. 122-132).

La publication du Syllabus de Birmingham a marqué le début d'une période d'intense activité dans le domaine de l'éducation religieuse en Angleterre. Plusieurs Commissions scolaires (Local Education Authorities) ont produit des programmes (*Agreed Syllabuses*) proposant

---

par le School Council Religious Education Committee (1977) on souligne l'importance d'initier les étudiants à une *évaluation* responsable de ces traditions en se plaçant du point de vue de l'observateur extérieur et en utilisant les outils conceptuels fournis par les diverses disciplines scientifiques. On notera qu'il existe une similarité d'intention entre la typologie adoptée par ce comité (compréhension et évaluation) et celles que j'ai développées avec quelques collaborateurs pour définir les orientations d'une formation pour enseignement non confessionnel de la religion: « auto-interpréation », « hétéro-interprétation » et « relativisation critique » (Ouellet, 1980; Lebeau, 1988/ 1990, p. 560-561).

diverses stratégies qui ont contribué à définir une approche de l'éducation religieuse adaptée aux conditions d'une société pluraliste, en distinguant mieux que par le passé la mission des groupes religieux et celle de l'école[7].

Quelques leçons pour le Québec

Dans un article écrit il y a déjà quinze ans, j'avais tenté de dégager quelques-unes de ces leçons. Il peut être intéressant d'en reproduire ici quelques extraits, car il ne me semble pas avoir perdu sa pertinence et il montre qu'il existait déjà une alternative viable à l'enseignement religieux confessionnel lorsque Comité catholique a décidé de mettre un terme à l'expérimentation du programme d'enseignement religieux de type culturel au début des années 1980 :

> À la lumière de ces principes généraux qui se dégagent de l'évolution de l'expérience anglaise au cours des quinze dernières années, il est possible de dégager des orientations qui paraissent prometteuses pour permettre à l'expérience québécoise de sortir des impasses actuelles. Je voudrais proposer ici en terminant quelques-unes de ces pistes qui me semblent adaptées à la situation pluraliste que nous vivons aujourd'hui.
>
> - L'école a une tâche importante à remplir dans le domaine de l'exploration du champ religieux.
> - Cette tâche ne doit pas consister simplement à fournir aux élèves des informations « objectives » sur la religion et les religions. L'école doit leur fournir la possibilité de parvenir à une compréhension réelle d'au moins quelques traditions religieuses dont ils sont susceptibles de rencontrer des représentants au cours de leur vie.
> - Par ailleurs, l'école ne doit pas se contenter de mettre les étudiants en contact avec la compréhension que les adeptes des diverses traditions religieuses ont de leur propre expérience. Elle doit leur fournir les moyens de parvenir à une interprétation critique responsable des croyances, des valeurs et des pratiques qu'ils rencontrent dans leur exploration du champ religieux.

---

[7] J'ai analysé les principaux aspects de la « révolution » qui a transformé l'éducation religieuse en Grande-Bretagne au cours des années 1970 (Ouellet, 1985, p. 93-261). Les deux contributions de Robert Jackson au présent ouvrage fournissent un aperçu de cette expérience très riche qui pourrait certainement fournir des leçons importantes pour préciser les contours d'un enseignement de la religion à l'école compatible avec les principes de l'éducation démocratique.

- Il s'agit là d'une tâche difficile mais réalisable si on y met le prix et si on la distingue nettement de la tâche de transmission par un groupe religieux donné, qu'il soit dominant ou majoritaire, de son héritage de croyances, de valeurs et de pratiques particulières.
- Dans le contexte québécois, cela supposerait qu'on distingue clairement les objectifs de l'enseignement religieux de ceux des services de pastorale. Selon l'optique proposée ici, tout ce qui relève de l'instruction religieuse et de l'édification (*nurture*) au sens défini par John Hull relèverait désormais de la pastorale. La tâche du professeur d'enseignement religieux se limiterait alors à chercher à développer chez l'étudiant un processus de réflexion personnelle qui tienne compte de son développement affectif et cognitif et qui lui permette de se situer d'une manière réfléchie et responsable par rapport à certaines composantes importantes de l'expérience religieuse de l'humanité.
- En précisant ainsi la portée de son intervention éducative et en la distinguant nettement de celle des instances religieuses, le professeur d'enseignement religieux pourrait éventuellement voir son statut s'améliorer tant auprès de ses collègues qu'auprès des étudiants de son école. Avec le temps, l'enseignement religieux pourrait devenir une matière scolaire aussi respectable et respectée que toutes les autres.

On notera que les changements de perspective que suppose l'adoption d'une approche éducative conséquente[8] en enseignement religieux n'exigent pas pour se réaliser qu'on abolisse la confessionnalité scolaire ou qu'on mette sur pied un réseau d'écoles « autres ». Tout ce qu'il faut, c'est que les responsables de l'enseignement religieux ainsi que les professeurs qui doivent assumer quotidiennement le poids de cet enseignement religieux perçoivent la validité d'une telle approche et acceptent de s'y engager.

Il ne faut toutefois pas minimiser l'ampleur des transformations que représente l'approche éducative adoptée en Angleterre par rapport à la façon dont on a traditionnellement abordé la

---

[8] J'employais cette expression étrange pour distinguer l'approche anglaise de celle du Comité catholique dans le document *Voies et impasses* qui utilisait également l'argument éducatif pour justifier la pertinence de l'enseignement religieux à l'école, mais sans en accepter les implications. Comme l'a bien montré Pierre Lucier (1975), toute l'argumentation de *Voies et impasses* n'était en fait qu'un écran de fumée pour maintenir les orientations confessionnelles de l'enseignement religieux à l'école.

religion à l'école. Il faudra en particulier que les parents cessent de trop attendre de l'école et de ses programmes d'enseignement religieux. C'est s'illusionner que de penser que l'école pourra transmettre des croyances et des valeurs religieuses données à des enfants dont les parents se sont éloignés de ces croyances et de ces valeurs. Par contre, il peut être possible d'intéresser ces enfants à une démarche d'exploration empathique et critique et l'expérience religieuse de divers groupes et de divers peuples.

Mais tout cela suppose une sécularisation de ce qui apparaît comme le dernier bastion auquel les églises pourraient vouloir s'accrocher, le contrôle du discours sur la religion. On peut comprendre que les groupes religieux et leurs interprètes autorisés soient réticents à laisser aux éducateurs et aux spécialistes des sciences des religions la responsabilité de définir les critères d'un discours scientifiquement et éducativement valide dans le domaine religieux. Toutefois, ces groupes ont pu s'accommoder d'un processus de sécularisation qui a profondément modifié les modalités de leur insertion dans les sociétés occidentales et on ne voit pas pourquoi ils ne pourraient pas le faire dans le domaine de l'éducation religieuse à l'école (Ouellet, 1981, p. 187-189).

Je ne changerais pas grand chose à ce texte. L'enseignement religieux culturel m'apparaît toujours comme une alternative crédible à l'enseignement religieux confessionnel. Je suis tout aussi convaincu qu'alors de la pertinence de cette forme d'enseignement religieux que dix ans de recherche et de collaboration avec des enseignants et des enseignantes de la fin du secondaire m'avait permis de commencer à définir. Si on travaillait sérieusement à le mettre en place, je n'ai pas de doute qu'il permettrait d'atteindre beaucoup mieux que le système actuel les objectifs éducatifs dont le Comité catholique se fait le défenseur.

Toutefois, je serais beaucoup moins optimiste qu'alors sur la possibilité de développer un enseignement religieux culturel dans le contexte d'une école confessionnelle. La dynamique qui a conduit à l'élimination de l'enseignement religieux de type culturel de la maquette horaire des écoles secondaires, au moment même où l'importance d'ouvrir l'école au pluralisme ethnoculturel et religieux commençait à être reconnue par les responsables des orientations du système d'éducation québécois (Ouellet, 1988), m'amène à douter de la possibilité d'effectuer les révisions qui s'imposent aux programmes d'éducation religieuse à l'école aussi longtemps que ces programmes seront sous le contrôle du Comité catholique. Ce doute est d'autant plus fort que je constate la résistance sourde de cet organisme à toute initiative visant à remettre véritablement en cause l'enseignement confessionnel. L'expérience britannique m'apparaît comme une preuve irréfutable que cette résistance s'appuie sur des arguments qui ne résistent pas à l'examen critique[9]. C'est ce que je voudrais montrer en terminant en examinant quelques-uns des débats récents sur l'éducation religieuse en Grande-Bretagne suite à l'implantation du *National Curriculum*.

Le débat national sur l'enseignement religieux en Grande-Bretagne

L'expérience britannique en éducation religieuse se poursuit toujours en dépit des perturbations engendrées par l'adoption en 1988 de l'Education Reform Act, une Loi qui a donné lieu à une remise en question fondamentale des orientations du système d'éducation britannique et qui, selon certains analystes, a affaibli l'influence des Local Education Authorities et renforcé celle des politiciens conservateurs (Tomlinson et Craft, 1995). Cette loi a maintenu la présence d'un programme d'éducation religieuse dans le curriculum des écoles primaires et secondaires et a conservé l'orientation non confessionnelle de cet enseignement. Tout en soulignant que les *Agreed Syllabuses* doivent « refléter le fait que les traditions religieuses en Grande-Bretagne sont principalement chrétiennes », l'*Education Reform Act* reconnaît qu'ils doivent tenir compte « des enseignements et des pratiques des autres *principales religions*[10] représentées en Grande-Bretagne » (DFE *Circular* 1/94, Section 8 (3)) et qu'ils « ne doivent pas être conçus pour convertir les élèves, ou pour imposer aux élèves une religion particulière ou une croyance religieuse particulière. » (Section 26 (2)).

---

[9] Pour une analyse de ces arguments, voir Ouellet, 1996 et la contribution de Milot dans le présent ouvrage.

[10] La loi de 1988 utilise l'expression « principales religions » pour désigner les traditions religieuses qui peuvent ou doivent être étudiées dans les cours d'éducation religieuse parce qu'elles ont suffisamment d'adeptes en Grande-Bretagne.

Les débats qui ont entouré la publication de la Loi sur l'éducation de 1988 (Education Reform Act) ont permis de réaffirmer son importance dans la formation intégrale des jeunes britanniques[11]. Certains intervenants dans le débat (Coombs, 1988) soutenaient que l'éducation religieuse devrait être confessionnelle, « que les enseignants devraient enseigner aux autres leur propre foi comme la vérité ». Leur argumentation, comme celle du Comité catholique s'appuyait sur les « droits » de la majorité : « L'enseignement confessionnel a l'appui de 85 % des britanniques qui se considèrent comme chrétiens » (Coombs cité par Jackson, 1989, p. 5). Jackson, un des acteurs importants dans la mise en place de la « nouvelle éducation religieuse » en Grande-Bretagne, rejette ce point de vue qui repose selon lui sur une mauvaise conception de ce qu'est une matière scolaire (*academic subject*) :

> L'essence d'une matière scolaire est que ses méthodes d'investigation sont rationnelles et critiques et que ses découvertes peuvent être supportées par des faits.... La nature des affirmations religieuses est qu'elles sont acceptées ou rejetées comme des questions de foi ou de croyance. Elles ne sont pas du même ordre que, disons, les affirmations scientifiques ou mathématiques et elles constituent un domaine d'expérience distinct et unique. Exposer les enfants à un ensemble d'affirmations religieuses particulières en postulant qu'elles sont vraies, c'est ignorer à la fois la nature essentielle de la religion et les standards académiques de vérification des faits (Jackson, 1989, p. 5).

Jackson signale que ceux qui s'objectent à la confessionnalité de l'enseignement religieux dans les écoles publiques ne sont pas seulement les non chrétiens. Beaucoup de chrétiens s'opposent à l'enseignement religieux confessionnel pour des raisons éducatives et théologiques. Selon Jackson, « ce n'est pas en s'appuyant sur des statistiques qu'une vérité de foi peut devenir une connaissance publiquement démontrable ». D'ailleurs, comme la société britannique s'est largement sécularisée, le fait que 85 % des gens se déclarent chrétiens ne signifie pas qu'ils désirent que l'école publique engage leurs enfants dans un cheminement de foi[12].

---

[11] Dans sa première contribution au présent ouvrage, Jackson décrit les principales péripéties de ce débat.

[12] Micheline Milot (1995, 1995a) avance des arguments similaires pour remettre en question l'enseignement religieux confessionnel

Le rôle-clé de l'enseignant impartial

La place de l'éducation religieuse dans les écoles de Grande-Bretagne se justifie donc toujours par des arguments académiques et elle ne dépend pas d'options religieuses particulières. Mais cela ne signifie pas qu'elle doive se limiter à la présentation objective et froide de connaissances intellectuelles et d'informations sur les religions comme le prétendent certains défenseurs de la confessionnalité scolaire au Québec. L'enseignant a ici un rôle-clé à jouer selon Jackson. Quelles que soient ses options religieuses, il doit avoir « un intérêt profond pour la religion et les questions religieuses ». L'attitude qu'il doit développer par rapport à ses propres options ou expériences religieuses et à celles des autres, qu'il s'agisse de l'expérience de personnages religieux importants du passé ou du présent ou de celle de ses élèves, n'est pas la neutralité, mais l'impartialité :

> Être impartial, cela ne signifie pas que l'enseignant ou l'enseignante doive nier sa propre option de foi mais cela exige l'intégrité professionnelle de la mettre en relation avec les points de vue des autres, de permettre une discussion ouverte des questions soulevées et de s'attendre à ce que les élèves en arrive à un large éventail de conclusions. Plusieurs enseignants d'éducation religieuse opèrent de cette manière et ne ressentent aucun conflit entre leur engagement religieux personnel et leur responsabilité professionnelle dans une approche ouverte et académiquement rigoureuse de la matière. Ceux qui ne veulent que transmettre leurs propres croyances et empêcher les enfants d'apporter leurs propres réponses et d'entrer en contact avec des positions différentes ne devraient pas devenir des enseignants d'éducation religieuse, même s'ils pourraient être des « personnes ressources » acceptables ou même admirables — comme invités en classe ou comme hôtes lors de visites à l'extérieur (Jackson, 1989, p. 5).

Après avoir établi cette distinction fondamentale entre engagement religieux personnel et compétence professionnelle pour l'enseignement d'une matière scolaire, Jackson soutient que les enseignants et les enseignantes doivent éviter de se préoccuper exclusivement du contenu, même s'ils doivent veiller à ce que l'éducation religieuse ait un contenu riche abordé avec une grande rigueur académique :

---

au Québec. Selon elle, l'école ne peut pas être « plus religieuse que l'espace social » (1995, p. 250).

> L'enseignant en éducation religieuse est tout autant concerné par la pensée, la discussion, le questionnement et la réflexion qu'il l'est par le contenu. S'il est enseigné d'une manière qui laisse une place à l'ouverture et au questionnement, le matériel en provenance du christianisme et des autres traditions religieuses — ce qui inclut des rencontres avec l'engagement religieux authentique — fera surgir chez les jeunes des questions fondamentales de religion et de moralité. L'enseignant ne devrait pas censurer leurs questions et leurs réponses ni les priver d'information; il ne devrait pas non plus prescrire ce qu'ils devraient croire (p. 6).

Cette vision équilibrée du rôle de l'enseignant montre bien que l'abandon du caractère confessionnel de l'enseignement religieux n'oblige pas à le transformer en un enseignement notionnel dont la contribution à la formation intégrale de l'élève serait problématique. Pour préciser davantage la nature de cette contribution, il peut être utile d'examiner certains aspects des débats soulevés par la clause de l'Education Reform Act qui oblige les enseignants à accorder une place prédominante à l'étude du christianisme.

La place accordée au christianisme

Plusieurs interventions dans ce débat soulignent que cette exigence de la loi de 1988 ne signifie pas qu'il faille revenir à l'enseignement confessionnel :

> Le christianisme est « enseigné » comme partie d'un programme d'enseignement religieux. Aucun des acquis des vingt-cinq dernières années n'ont été perdus dans cette partie de la législation. L'enseignement religieux demeure fermement un exercice qui se justifie d'un point de vue éducatif; il contribue au développement de l'enfant — son intelligence, son imagination et son esprit. L'enseignement religieux favorise une compréhension du monde dans sa diversité et sa richesse. Il aide à faire face à la différence, au conflit, au doute. Les finalités de l'éducation religieuse ont été exprimées de diverses manières, mais il y a un large accord sur le fait qu'elle vise à aider les enfants à croître en étant mis en contact avec les traditions religieuses de l'humanité et en apprenant progressivement à les comprendre (Doble, 1989, p. 1).

Si l'étude du christianisme se justifie pour des raisons éducatives plutôt que confessionnelles, il n'est pas nécessaire que l'enseignant soit chrétien lui-même pour être qualifié pour donner des cours sur cette tradition religieuse dans le cadre du programme d'enseignement religieux :

> Une fois qu'il est clair que le christianisme figure dans le curriculum parce qu'il est là dans le monde réel parce qu'il façonne la vie des gens, parce qu'on en parle dans les nouvelles, parce qu'il produit de la musique, de l'art et de l'architecture et pour une multitude d'autres raisons qui *exigent* exploration et compréhension, quiconque est intéressé au développement des enfants peut alors explorer librement cette tradition religieuse avec eux, non pas pour les convaincre ou pour les convertir, mais pour les aider à comprendre monde qui les entoure et pour grandir soi-même (p. 2).

Une telle conception d'une approche « éducative » du christianisme a des répercussions importantes sur la façon de concevoir la tâche de l'enseignant :

> Un enseignant qui est capable d'adopter le point de vue d'un tiers (*third-party stance*), qui peut décrire ce que les chrétiens font, sentent et disent, qui peut lui-même continuer à apprendre avec les enfants sera capable de les aider à saisir les traits fondamentaux de la réponse chrétienne à l'histoire de Jésus telle qu'elle se déploie dans la célébration. Un point de vue d'un tiers ou une approche « ouverte » libère l'enseignant et l'élève de toute insinuation qu'ils sont d'une certaine manière chrétiens; il se peut que certains enseignants soient chrétiens, mais leur tâche dans une école publique n'est pas d'édifier, mais de favoriser la compréhension d'un christianisme plus grand que celui qui se dégage de la perception de leur propre communauté. Ceux qui n'ont pas d'engagement religieux sont libérés de l'obligation de prétendre faire l'éloge du christianisme et obligés de comprendre ce que c'est que d'être croyant. Les enseignants engagés par rapport à des traditions religieuses autres que le christianisme sont invités à entrer en dialogue avec lui et à partager les progrès de leur compréhension avec ceux à qui ils enseignent (p. 3).

On pourrait citer plusieurs prises de position de ce genre qui montrent que l'importance accordée à l'étude de la tradition chrétienne dans la loi de 1988 ne signifie pas du tout un retour à l'enseignement religieux confessionnel. D'autre part, John Hull insiste sur la nécessité d'interpréter avec souplesse la prescription de la loi concernant l'importance à accorder au christianisme. Selon lui, il peut même arriver que dans certains *Agreed syllabuses*, « beaucoup plus d'espace soit accordé à une principale religion particulière qu'à toutes les autres principales religions, y compris le christianisme » (Hull, p. 2). Selon cet auteur, c'est à cette condition que la loi de 1988 continuera à recevoir le support de l'opinion publique :

> Si l'on veut que la législation continue à recevoir le support de la grande majorité des parents, des leaders religieux et des enseignants, il est essentiel que ce soit l'interprétation large et équilibrée des *Agreed syllabuses* qui prévale. C'est ce que j'ai appelé « l'approche des principales religions ». Si le sens de la législation est tordu dans la direction d'une insistance déraisonnable sur le christianisme au détriment de l'éducation des enfants et des bonnes relations entre les communautés religieuses, il est inévitable que le support pour la législation commencera à diminuer (Hull, p. 3).

Toutefois, même si l'orientation éducative a été maintenue, on peut se demander si la disposition de la loi obligeant les écoles à organiser une célébration collective quotidienne (*school worship*) ayant « un caractère largement chrétien » et « reflétant les grandes traditions de la croyance chrétienne » (Brown, 1989, p. 2) est compatible avec cette orientation. Il n'est pas possible d'entrer ici dans les débats soulevés par l'interprétation de cette disposition de la loi. Mais il peut être utile de citer l'évêque de Londres lors de la présentation de propositions d'amendement à la Chambre des Lords. Cette citation éclaire les intentions sous-jacentes aux amendements proposés et montre qu'il serait erroné d'interpréter cette disposition de la loi d'une manière étroitement confessionnelle :

> Dans tout le processus d'élaboration des amendements, nous avons cherché à maintenir cinq principes principaux. Nous avons cherché à fournir un cadre de culte qui, premièrement, maintient la tradition de célébration collective comme partie du processus d'éducation, donnant une place appropriée à la tradition chrétienne; deuxièmement, maintient la contribution de la célébration collective à l'établissement de valeurs dans la communauté scolaire; troisièmement, n'impose cependant pas des formes impropres de culte à certains groupes d'élèves; quatrièmement, ne fractionne pas l'école en des communautés basées sur les options religieuses des parents et ne fait pas que certains groupes sentent qu'ils ne font pas réellement partie de la communauté; et, enfin, est réalisable et applicable dans le contexte pratique de l'organisation scolaire (*Hansard House of Lords*, July 7, 1988, 499/158/433, cité dans Brown, 1989, p. 2).

La mise en œuvre de ces principes représente sans doute des défis très difficiles, et on peut comprendre que les éducateurs britanniques et des membres de certains groupes religieux aient exprimés des réticences à s'engager sur cette voie[13].

L'obligation d'une « célébration collective »

Après avoir tenté de montrer comment ces principes pourraient être mis en œuvre au premier cycle du secondaire (*Junior school*), un producteur d'émissions pour l'éducation religieuse à la BBC décrit ainsi ce que devrait être la célébration collective :

> La célébration collective fonctionne de la même manière que toute bonne expérience éducative. Une telle expérience doit aider les enfants à être eux-mêmes et à entrer d'une manière positive et créatrice avec les autres et avec le monde autour d'eux. Dans une atmosphère qui est ouverte et bienveillante, elle permettra un éventail de réponses intellectuelles et émotives dont la célébration peut être une partie. Celle-ci peut jouer un rôle important dans le voyage personnel de découverte de l'enfant. Cela peut conduire ou ne pas conduire en une croyance en Dieu. Quel que soit le résultat, le défi est de rendre le voyage intéressant (Marshall-Taylor, 1989, p. 5).

Tout comme l'éducation religieuse dispensée à l'école doit être nettement distinguée de l'éducation de la foi dispensée par les églises et les groupes religieux, la célébration collective de l'école doit être distinguée de celle des Églises :

> Son caractère distinct est qu'elle est une exploration des croyances. La célébration collective scolaire est une occasion de mieux comprendre les croyances religieuses et de réfléchir sur elles et non, comme dans les communautés de croyants, d'adorer Dieu comme centre de sa foi. Pour être généralement chrétienne, elle doit encourager la réflexion sur les grandes traditions de la foi chrétienne (Cooling, 1990, p. 2).

---

[13] Chez les éducateurs, cette réticence semble porter surtout sur le caractère obligatoire de cette pratique et sur sa fréquence. Pour une description très éclairante dans l'association des enseignants (Association of Teachers and Lecturers) qui regroupe 150,000 membres (voir Dainton, 1995, p. 11-16). Pour un point de vue divergeant par un musulman qui ne semble pas accepter la distinction entre « célébration scolaire » et « célébration religieuse » (voir Hewitt , 1990, p. 4-5).

Ainsi définie, la célébration collective est « dans le même spectre » que l'enseignement religieux, mais elle insiste davantage sur la réflexion, l'appréciation et la réponse des élèves. On peut toutefois se demander si une célébration collective qui met l'accent sur le christianisme ne risque pas de heurter les sentiments et les croyances des non chrétiens. Cooling croit que non et que cette activité scolaire constitue une « opportunité unique de fournir aux enfants une expérience de traitement responsable de la différence ». Mais il faut que chacun puisse y répondre selon ses convictions :

> Une célébration collective unique peut convenir à une audience mixte si on affirme qu'il existe un éventail de réponses aux croyances qui sont explorées. Chacune des personnes présentes est ainsi encouragée à répondre d'une manière appropriée à sa propre identité religieuse. Ainsi, par exemple, un élève musulman peut simplement être conscient qu'une croyance particulière est importante aux chrétiens dans un acte chrétien de culte. L'essentiel est que chacun doit montrer du respect pour les croyances que les autres trouvent importantes et qu'il doit être prêt à les écouter. Si nous ne pouvons exiger cela, il y a peu d'espoir pour notre société (p. 2).

Un « cocktail » de religions ?

Cette discussion sur la nécessité et la possibilité de prendre en compte la diversité des options religieuses dans la mise en œuvre des prescriptions de la loi de 1988 sur la célébration collective quotidienne nous amène à une autre question qui fait l'objet de nombreux débats avant la promulgation de la loi : la place des traditions religieuses autres que le christianisme. Quelques leaders religieux ont remis en question la possibilité d'introduire les enfants à plus d'une tradition religieuse. En leur enseignant un « cocktail » de religions du monde, il est possible qu'on ne réussisse pas à leur en enseigner une adéquatement. On a utilisé, sans les définir, les mots « smorgasbord » et « mishmash » pour désigner cet enseignement. Mais selon un officier du Bureau de l'Éducation de l'Église d'Angleterre, ces critiques sont largement exagérées :

> Si l'on dispense l'enseignement religieux adéquatement et avec des objectifs éducatifs clairs, celui-ci ne devrait jamais dégénérer en un « cocktail ». Peu d'enseignants cherchent à couvrir plu-

sieurs traditions religieuses car ils reconnaissent que cela les mè-
nerait à la superficialité. La répartition du temps accordé à l'étude
de chaque religion doit se faire pour des raisons *éducatives*. Il est
probable que seulement deux, au maximum trois systèmes religieux peuvent être étudiés avec une profondeur suffisante à l'intérieur de la partie de la maquette horaire normalement disponible pour l'enseignement religieux [...]

Un bon enseignant identifie les aires de consonances entre les
religions, mais il encourage aussi les élèves à identifier le caractère distinct et unique de chaque religion. Son but est tout à fait
à l'opposé de la création d'un « cocktail »; et même si elle peut
ne pas avoir été la norme pendant 20 ans, l'approche des religions du monde continue à avoir une influence grandissante sur
les développements éducatifs de l'éducation religieuse (Brown,
1989, p. 2).

Cette approche nuancée de l'étude des religions du
monde a été retenue dans un document récent de la
School Curriculum Authority, à peu près l'équivalent
de la Direction des programmes du Ministère de l'éducation du Québec. Il peut être utile d'examiner quelques-uns des débats soulevés par ce document important qui jette un éclairage récent sur les orientations
actuelles d'enseignement religieux en Grande-Bretagne
et sur la mise en œuvre concrète des orientations de la
loi de 1988 en ce qui a trait à l'exploration de la tradition chrétienne et l'étude des grandes religions.

La mise en œuvre de l'enseignement religieux : les « syllabus modèles »

En juillet 1994, la School Curriculum Education
Authority a mis sur pied un groupe de travail constitué
par des enseignants et des enseignantes ainsi que par
des représentants des principaux groupes religieux présents en Grande-Bretagne[14]. Ce groupe de travail, l'un
des « plus représentatifs d'une diversité d'options religieuses que ce pays ait jamais connu » (Wintersgill, 1985,
p. 7) devait fournir des directives pour aider les *Local
Agreed Syllabus Conferences* à élaborer des *Agreed Syllabuses*

---

[14] Six traditions religieuses étaient représentées dans le groupe de
travail: le bouddhisme, le christianisme, l'hindouisme, l'islam, le judaïsme et le sikhisme.

en éducation religieuse. Le groupe de travail a produit deux syllabus modèles. Le premier est structuré autour de la compréhension de ce que cela signifie d'être membre d'une communauté de croyants. La structure du second est centrée sur les enseignements des religions et sur la façon dont ils sont reliés à l'expérience humaine partagée (p.3). Un troisième document présente un aperçu des domaines d'étude que chacune des six traditions religieuses représentées dans le groupe de travail considère essentiels pour une compréhension de cette tradition. Un glossaire fournissant la signification de mots-clés pour chacune de ces traditions religieuses complète cette documentation destinée à servir de guide pour l'élaboration des *Agreed Syllabuses*.

Les membres du groupe de travail ont réussi à dégager un consensus sur la nature de l'éducation religieuse à l'école et sur les finalités éducatives de cet enseignement. Selon les auteurs de ces modèles, l'éducation religieuse devrait aider les élèves à :

- acquérir et développer une connaissance et une compréhension du christianisme et des autres principales religions représentées en Grande Bretagne;
- développer une compréhension de l'influence des croyances, des valeurs et des traditions sur les individus, les communautés, les sociétés et les cultures;
- développer l'habileté à faire des jugements raisonnés et informés sur les questions religieuses et morales, en référence aux principales religions représentées en Grande-Bretagne;
- favoriser leur développement spirituel, moral, culturel et social en :
  - développant leur conscience des questions fondamentales de la vie soulevées par les expériences humaines et du rapport que les enseignements religieux peuvent avoir avec elles;
  - répondant à de telles questions en référence aux enseignements et aux pratiques des religions et à leur propre compréhension et expérience;
  - réfléchissant sur leurs propres croyances, valeurs et expériences à la lumière de leur étude;
- développer une attitude positive envers les autres peuples, en respectant leur droit à avoir des croyances différentes des leurs, et envers le fait de vivre dans une société de diverses religions (SCAA, 1994, p. 4).

Les deux syllabus modèles définissent deux cibles principales que tout syllabus devrait poursuivre systématiquement :

Apprendre sur les religions

Cela inclut la capacité de :

- identifier, nommer, décrire et rendre compte afin de bâtir une image cohérente de chaque religion;
- expliquer les significations du langage, des histoires et du symbolisme religieux;
- expliquer les similarités et les différences entre les religions et dans chaque religion;

Apprendre de la religion

Cela inclut la capacité de :

- donner une réponse informée et réfléchie aux questions religieuses et morales;
- réfléchir sur ce que l'on pourrait apprendre des religions à la lumière de ses propres croyances et expériences;
- identifier les questions de sens dans les religions et y répondre (p. 7).

Le niveau d'apprentissage proposé en fonction de chacune de ces cibles devient de plus en plus complexe au fur et à mesure que l'élève progresse.

Pour chacune des six religions sélectionnées, le syllabus modèle énumère une série de sujets d'étude. On propose dans chaque cas des expériences d'apprentissage reliées à chacune des deux cibles mentionnées plus haut : apprendre sur les religions et apprendre de la religion. À chaque stade, le syllabus prévoit qu'au moins une tradition religieuse fera l'objet d'une étude approfondie, en plus du christianisme et on recommande que des références fréquentes soient faites aux traditions religieuses dont des représentants sont présents dans l'école.

L'intention des membres de ce groupe était de renforcer le contenu cognitif des *Agreed Syllabuses* pour que les élèves puissent avoir une meilleure compréhension de ce que chacune des traditions religieuses étudiées à l'école a de spécifique. La responsable du projet fournit une synthèse intéressante des principales préoccupations des membres du groupe :

> Les modèles offrent des directives visant à relever les attentes

et les standards en éducation religieuse, ils fournissent des principes d'organisation alternatifs pour structurer un *Agreed Syllabus* et visent à relever la conscience nationale de la contribution unique de l'éducation religieuse à l'éducation des élèves [...]

Le National Curriculum nous a forcé à préciser la nature des matières scolaires et leur contribution à la formation des enfants. Cette approche favorise la rigueur, des attentes claires concernant les apprentissages et l'établissement de standards. Ceux qui luttent pour un statut égal pour l'éducation religieuse doivent relever les mêmes défis que les autres matières [...] Il n'est pas suffisant de justifier une demande de 5 % de temps sur la maquette horaire pour l'éducation religieuse en soutenant qu'elle étudie les questions de souci ultime, qu'elle aide les enfants à réfléchir sur l'expérience humaine ou qu'elle les confronte à des questions morales. Cela peut être offert par d'autres matières du curriculum scolaire.

Ce que l'éducation religieuse est la *seule* à offrir c'est l'étude de la religion. Il y a eu une tendance à chercher des justifications artificielles pour l'éducation religieuse ou à la déguiser en éducation multiculturelle [...] La matière doit être présentée pour ce qu'elle est : une discipline exigeante, difficile, stimulante pour l'esprit avec une base de contenu clairement définie, qui ouvre à de nouveaux mondes, à de nouvelles possibilités et à de nouvelles idées, qui représente un défi pour l'intelligence, l'imagination et l'esprit. (Wintersgill, 1995, p. 7 et p. 10).

Le débat soulevé par l'orientation des « syllabus modèles »

La publication de ces modèles a soulevé un débat dans les milieux de l'éducation religieuse en Grande-Bretagne. Les discussions portent sur trois points principaux : l'abandon du modèle thématique qui était sous-jacent à plusieurs syllabus depuis la publication du syllabus de Birmingham, la place de « l'expérience humaine » dans un modèle structuré par l'étude de religions particulières et l'absence d'une théorie explicite de la religion dans les syllabus modèles proposés par le groupe de travail. Il peut être utile d'examiner ici quelques-uns des arguments avancés sur chacun de ces trois points.

L'utilisation de l'approche thématique comme point d'appui d'une démarche pédagogique visant à rendre l'étude de diverses traditions religieuses plus accessible aux élèves soulève plusieurs problèmes qui ne sont sans doute pas étrangers à quelques-unes des objections dont nous avons parlé concernant l'enseignement sur les grandes religions. Wintersgill distingue trois types de modèles « thématiques », selon qu'ils s'appuient sur l'un ou l'autre des trois principes suivants :

1. *Le développement spirituel et moral* des élèves qui inclut, entre autres choses, les aspects de l'expérience humaine qui font surgir les questions ultimes.
2. *Des concepts* comme celui d'autorité, de culte, de spiritualité, de révélation, etc.
3. *Des dimensions* de la religion basées en gros sur l'œuvre de Ninian Smart[15] (Wintersgill, 1995, p. 8).

Les membres du groupe de travail avaient plusieurs réserves par rapport aux diverses formes de ce modèle :

- Toutes les catégories, qu'il s'agisse de concepts ou de dimensions, tendent à émerger d'une compréhension judéo-chrétienne occidentale de l'existence qui n'accommode pas facilement les religions orientales.
- Les structures trans-religieuses cherchent à établir un terrain commun entre les religions. Mais ce qui est *distinctif* d'une religion n'est pas facilement placé dans un cadre qui exige l'uniformité. Il risque donc toujours d'être exclu.
- Lorsqu'on cherche à englober toutes les religions sous des catégories communes, on ne peut éviter de les déformer parce que les éléments des traditions religieuses sont classifiés à partir d'abstractions qui reflètent généralement le point de vue de l'analyste ou de l'observateur sur la nature de la religion.
- Ce type de catégorisation arrache la connaissance et la compréhension du contexte originel de la religion elle-même. (v.g. Étudier la fête juive de Pesah dans le contexte général de l'étude des « festivals » ou des « célébrations » c'est risquer de perdre le sens de la Pâque dans la tradition juive).
- Un autre effet de présenter l'information sur les religions en dehors de leur contexte originel est souvent de traiter séparément des éléments de la religion qui devraient être traités ensemble (*Ibid.*)

Toutefois, tout en reconnaissant la pertinence de ces

---

[15] Les dimensions doctrinale, mythologique, éthique, rituelle, expériencielle et sociale.

critiques de l'approche thématique, certains experts de l'éducation religieuse en Grande-Bretagne soutiennent que l'approche sous-jacente aux syllabus modèles est trop centrée sur l'étude des religions particulières et n'accorde pas suffisamment d'importance à l'expérience humaine :

> Les syllabus modèles publiés de l'année dernière par le SCAA propose deux cibles pour l'éducation religieuse : « apprendre sur » et « apprendre de ». Même si ces deux cibles ont été bien acceptées, nous croyons que l'éducation religieuse est plus que cela. Elle doit inclure une exploration de l'expérience humaine qui commence avec les (jeunes) êtres humains et leur vues et leurs questions, et non seulement ce qu'ils peuvent apprendre de l'étude de la religion. C'est pour cette raison que chaque section de notre syllabus modèle alternatif *A Third Perspective* commençait par ce que nous appelions « L'expérience humaine ». Il est également important de noter qu'une progression était prévue dans chaque domaine d'étude. Les enfants posent différentes sortes de questions aux différents stades de leur développement et l'éducation religieuse doit en tenir compte.
>
> La vaste majorité des enfants dans nos écoles ne sont pas des membres actifs de communautés de foi. Il y a un large groupe d'enfants qui sont agnostiques mais qui sont authentiquement intéressés aux questions religieuses. Les sciences religieuses sont une activité réservée à une minorité : l'éducation religieuse est pour tous. Si elle veut être pour tous, elle doit être pertinente et stimulante. Elle ne devrait pas exclure (Baumfield, 1995, p. 4-5).

La prise en compte de l'expérience humaine que les enfants apportent avec eux à l'école exige selon Baumfield que l'on abandonne l'étude des religions comme entités distinctes :

> En conséquence, notre contribution au syllabus modèle n'est pas basée sur des religions séparées. Elle identifie plutôt sept domaines d'investigation : le spirituel, la cosmologie, la métaphysique, l'éthique, le rituel, l'organisation sociale et la communication. Ce sont des domaines qui concerne les religions, sur lesquels elles ont des enseignements, des questions auxquelles elles apportent des réponses. Ce ne sont pas des « thèmes » dans toutes les religions, mais des aires communes d'enseignements et de pratiques religieuses qui ont selon nous une pertinence pour les enfants et leur vie.
>
> Une de nos préoccupations concernant les deux cibles du SCAA est qu'elles peuvent trop facilement conduire à une passivité des enfants, alors que nous voulons qu'ils soient impliqués dans l'éta-

blissement de l'agenda, qu'ils posent des questions et qu'ils soient stimulés par le travail qu'ils font (*Ibid.*).

Wintersgill rejette cette critique. Selon elle, c'est à l'enseignant et non au syllabus qu'il appartient de faire le lien entre les diverses matières scolaires et l'expérience de l'enfant :

> C'est certainement la tâche d'un *enseignant* de faire le lien entre ce qui est enseigné et l'expérience de l'enfant, mais ce n'est pas celle d'un syllabus. Et cela est également possible, que le syllabus utilisé soit thématique ou systématique. L'insistance sur la nécessité de partir de l'expérience de l'enfant présuppose qu'il existe une expérience commune et un désir de répondre aux questions ultimes. C'est peut-être un postulat trop facile que font des gens dont la vision du monde est essentiellement religieuse. Dans l'expérience de beaucoup d'enseignants, les « questions de sens » surgissent souvent de l'exposition à des connaissances et des idées nouvelles qui n'ont souvent pas de relation aux expériences des enfants. Les enseignants doivent relier ce qui est enseigné aux expériences des enfants et à leur cadre conceptuel préexistant, mais cela ne les oblige pas de partir de là ou de ne jamais oser en dévier (p. 9).

Pour ce qui est de la troisième critique des syllabus modèles, Wintersgill soutient qu'un Agreed Syllabus ne peut pas imposer une théorie particulière sur la nature de la religion :

> On prétend d'autre part que les modèles ne s'intéressent pas à la nature de la religion. On utilise parfois des théories sur la nature de la religion pour structurer les Agreed Syllabuses. Mais quelle est la nature de la religion ? La religion telle qu'elle est définie par les phénoménologues, par les psychologues, par les sociologues, par les philosophes ? La compréhension de la nature de la religion se développera graduellement au fur et à mesure que leur champ d'investigation s'élargit au fil des années. Mais l'authenticité de cette découverte serait minée par un syllabus qui informerait au point de départ que la religion est une question de célébrations, de souci ultime, etc…Pour un syllabus imposer un compréhension de la nature de la religion, c'est conduire tous les élèves, sauf les plus critiques et les plus éveillés, à une conclusion prédéterminée. Les modèles laissent la quête pour une compréhension de la nature de la religion aux enseignants et à leurs élèves comme un processus de découverte personnelle (p. 9)

Sur ce point, la position de Wintersgill semble rejoindre celle de Baumfield :

> L'éducation religieuse concerne la poursuite de la vérité et l'acquisition de la sagesse; l'incertitude et les questions, les doutes et le dialogue sont des éléments essentiels dans une telle quête et les Agreed Syllabuses doivent rendre cela absolument clair dans leur philosophie et dans leur organisation du curriculum (1995, p. 56).

À la lumière de cette brève présentation de quelques-uns des éléments du débat qui a marqué la réforme du système d'éducation britannique en 1988, il apparaît clairement que le gouvernement a opté pour le maintien de l'éducation religieuse dans les écoles et que le caractère non confessionnel de cet enseignement a été préservé. Il est également clair que cet enseignement est susceptible d'apporter une contribution significative à l'éducation intégrale des jeunes et se préoccupe de leurs « questions existentielles ».

La situation québécoise

Nous avons vu que le Comité catholique et les défenseurs québécois de la confessionnalité scolaire ne croient pas qu'il soit possible d'aborder l'enseignement de la religion d'un point de vue simplement culturel et comme composante de la formation civique et démocratique. Ils présentent cet enseignement comme un ensemble de notions abstraites sur la religion et les religions qui n'auraient aucun intérêt pour les élèves. Selon eux, l'enseignement de la religion doit nécessairement passer par l'initiation à une tradition religieuse spécifique. Comme l'écrit Paul Tremblay dans sa prose imagée[16] :

> Mais il n'est pas évident qu'une approche culturelle de toutes les religions serait, pour les élèves de six à dix-sept ans, forcément plus éclairante et plus utile qu'une appropriation intelligente et chaleureuse de leur propre tradition spirituelle ou morale, dans un esprit d'ouverture et de dialogue. Entre les multiples plats du buffet froid des religions et le plat maison servi chaud, il est possible que ce dernier se révèle, à la longue, le plus nourrissant et peut-être le plus appétissant (1995, p. 202-203) .

Lorsqu'on l'examine à la lumière de l'expérience bri-

---

[16] Il fut sous-ministre associé de foi catholique du ministère de l'Éducation de 1989 à 1994.

tannique des vingt-cinq dernières années, cette prise de position apparaît nettement pour ce quelle est : une stratégie pour maintenir le statut quo confessionnel en niant l'existence d'alternatives viables et en présentant une vision caricaturale de ces alternatives. Il devient ainsi de plus en plus clair que si la situation est bloquée, ce n'est pas d'abord à cause du verrou constitutionnel, mais parce que les autorités religieuses refusent de laisser à des instances laïques le pouvoir de définir les orientations de l'enseignement de la religion à l'école, pouvoir qu'elles possèdent depuis la création du ministère de l'Éducation au début des années 1960. La position de l'Assemblée des évêques en faveur du maintien de l'éducation religieuse à l'école serait défendable dans la mesure où elle consisterait à veiller à ce que les attentes des parents soient respectées. Mais si l'État fournissait des garanties claires que l'enseignement de la religion sera considéré comme une composante importante de la formation des futurs citoyens, que l'étude du christianisme y occupera une place importante et que cet enseignement continuera d'occuper une place dans la maquette horaire une fois que le système scolaire aura été déconfessionnalisé, l'Assemblée des évêques serait beaucoup moins justifiée de défendre à tout prix le caractère confessionnel de cet enseignement.

Je crois pour ma part qu'il serait possible de répondre aux attentes légitimes des parents et des leaders religieux en remplaçant l'enseignement religieux confessionnel par un programme d'étude de la religion à visée éducative comme celui qui a été expérimenté avec succès en Angleterre au cours des vingt-cinq dernières années. Ce programme accorderait une place centrale à l'exploration de la tradition chrétienne et comporterait une ouverture significative sur les diverses traditions religieuses de l'humanité et sur les visions non religieuses. Il ne serait plus offert en option à l'enseignement moral, car les deux programmes ont une contribution importante à apporter à la formation civique et démocratique de tous les élèves.

La mise en place d'un tel programme ne se fera pas en un jour. Il faudra remplacer la structure actuelle de pouvoir dans le domaine de l'enseignement religieux par une structure reflétant la visée éducative de l'enseignement de la religion à l'école et la diversité des options religieuses des élèves et de leurs parents. Il faudra mettre sur pied un groupe de travail pour bâtir un programme expérimental et investir dans l'expérimentation pédagogique et dans le perfectionnement et la formation des enseignants. En fournissant aux parents des garanties que les montants qui sont actuellement consacrés à maintenir la confessionnalité scolaire seront affectés à une redéfinition des objectifs et du contenu de l'enseignement religieux pour tenir compte des conditions nouvelles de notre époque, on pourra s'assurer de leur support et de celui de la majorité des citoyens pour entreprendre cette tâche difficile mais nécessaire pour que l'école reflète mieux l'évolution récente de la société québécoise et pour que les jeunes ne soient pas coupés de toute référence religieuse ou enfermés dans des perspectives confessionnelles étroites et génératrices de divisions.

Références

BARIL, D. (1995). *Les mensonges de l'école catholique*, Montréal, VLB éditeur,

BAUMFIELD, V. *et al.* (1994). *A Third Perspective*, School of Education, University of Exeter,

BAUMFIELD, V. *et al.* (automne 1995). « Model Syllabuses : The Debate Continues », *Ressource*, Vol.18, no.1, p. 3-6.

BROWN, A. (automne 1989). « Religious Education and Worship in Schools », *Ressource*, Vol. 12, No.1, p. 1-3.

Centrale de l'Enseignement du Québec (janvier-février 1995). « Le débat est lancé. L'école doit-elle être laïque ? », *Nouvelles CEQ*, p. 21-26.

CHARRON, A. (1995). dir., *École et religion, Le débat*, Montréal, Fides,

COOLING, T. (automne 1990). « Collective Worship. One Christian Perspective », *Ressource*, Vol. 13, No.1, p. 2-3.

Comité Catholique (avril 1995). *Le point sur l'école catholique*, Gouvernement du Québec,

COOMBS, A. (August 1988). « Diluting Faith », *Education 26*,

CÔTÉ, G. (1995). « L'enseignement religieux et la pastorale à l'école », dans *L'Église canadienne*, vol. 28, no. 1-3, p. 13-16; 52-54; 78-80.

DAINTON, S. (automne 1995). « Collective Worship : reaching a Consensus », *Ressource*, Vol. 18, No.1 p. 11-16.

DOBLE, p. (été 1989). « Approaching Christianity in the Classroom », *Ressource*, Vol. 11, No.3, p. 1-3.

GRIMMITT, M. (1978). *What can I do in R.E. ?* Mayhew-McCrimmon, Great Working,

HARVEY, J. (septembre 1992). « Une laïcité scolaire pour le Québec », *Relations*, p. 213-217.

HEWITT, I. B. (automne 1990). « Muslim & the ERA : the After-Effects », *Ressource*, Vol. 13, No 1, p. 4-5.

HULL, J. (automne 1991). « Agreed Syllabuses and the Law », *Ressource*, Vol. 14, No.1, p. 1-3.

HULL, J. (1978). « Keynote Address : From Christian Nurture to Religious Education : The British Experience », *Religious Education* 73/2, p. 127.

JACKSON, R. (été 1989). « Fortifying Religions Education », *Ressource*, Vol. 11, No.3, p. 5-6.

MARSHALL-TAYLOR, G. (automne 1989). « Worship in the Junior School », *Ressource*, Vol. 12, No.1, p. 3-5.

MILOT, M. (1995a). « École et religion : enjeux sociaux, culturels et éducatifs » dans F. Ouellet, dir., *Les institutions face aux défis du pluralisme ethnoculturel*, Québec, IQRC, p. 237-254.

MILOT, M. (juin 1995). « L'école confessionnelle », *Revue Notre-Dame*, Québec, 6, p. 1-13.

OUELLET, F. (1985). *L'étude des religions dans les écoles : l'expérience américaine, anglaise et canadienne*. Éditions SR, Wilfrid Laurier University Press, 672 p.

OUELLET, F. (1996). « L'enseignement religieux à l'école face aux défis du pluralisme ethnoculturel », dans K. Fall, R. Hadj-Moussa et D. Simeoni dir., *Actes du Colloque « Les convergences culturelles dans les sociétés pluriethniques »*, Montréal, PUQ, p. 212-237.

OUELLET, F. (mars 1996). « L'enseignement de la religion a-t-il encore sa place à l'école ? », *Relation*, no.618, p. 56-57.

OUELLET, F. (1981). « L'étude des religions et l'éducation religieuse à l'école : l'expérience anglaise et sa pertinence pour le Québec », dans F. Ouellet et B. Denault, *Confessionnalité et pluralisme dans les écoles du Québec : les principaux enjeux du débat*, Cahiers de l'ACFAS, 15, p. 175-190.

ROBILLARD, D. (1995). « L'école confessionnelle », dans *L'Église canadienne*, vol. 28, no. 1-3, p. 7-12; 44-51; 71-77.

SCAA (1994). *Model Syllabuses*, School Curriculum and Assessment Authority, London.

School Council Religious Education Committee (1977). « A groundplan for the study of religion ».

TOMLINSON, S. et M. Craft (1995). *Ethnic relations and schooling. Policy and practice in the 1990s*, London, Athlone.

TREMBLAY, p. (1995). « Au-delà des idées reçues et des situations bloquées », *École et religion. Le débat*, A. Charron (dir.). Fides, p.189-214.

VIEL, A. et OUELLET, F. (hiver 1984). « Intérêt, motivation et attitudes des étudiants du secondaire face à l'étude des religions », dans *Studies in Religion/Sciences religieuses*, 13/1, p. 64-85.

Postface

Les relations qui s'établissent entre l'enseignement de la religion et le monde scolaire sont très dépendantes de deux variables: d'une part, les transactions historiques établies entre les institutions religieuses et l'État et, d'autre part, la façon dont l'État définit l'intérêt éducatif de l'école à l'égard des cultures religieuses. Cet ouvrage a voulu mettre en perspective les voies possibles d'une redéfinition des rapports entre éducation, religion, institutions religieuses et État. L'étude de la religion à l'école se justifie pour des raisons éducatives, culturelles et sociales. Toutefois, une redéfinition du projet éducatif en matière de religion doit tendre à harmoniser les rapports entre religion, institution scolaire et société civile, en différenciant l'entreprise éducative de l'État de celle de l'Église, mais en reconnaissant l'importance de la dimension religieuse des cultures.

Une conclusion se dégage clairement des réflexions contenues dans cet ouvrage. L'abandon du statut confessionnel de l'enseignement de la religion à l'école ne signifie pas « sortir la religion des écoles », comme l'ont prétendu les tenants de la confessionnalité scolaire à la suite des recommandations des États généraux. Toutefois, la mise en œuvre concrète d'un réaménagement des rapports entre l'école et les religions suppose au moins deux conditions structurelles impliquant des transactions entre l'État, les instances religieuses et les institutions éducatives: la laïcisation des structures de pouvoir et la mise sur pied d'initiatives dans les domaines de la recherche, de la formation des maîtres et dans le développement de matériel pédagogique.

Un tel changement exige donc en premier lieu que les Comités confessionnels du Conseil supérieur de l'éducation soient remplacés par un seul comité, non confessionnel. Celui-ci pourrait être conçu, à l'instar de l'expérience britannique, comme un comité consultatif permanent sur l'enseignement de la religion. Ce comité serait composé de représentants provenant du Conseil supérieur de l'éducation et d'associations d'enseignants;

il regrouperait également des professionnels de l'enseignement de la religion et des représentants des principaux groupes religieux présents au Québec. Le mandat de ce comité serait de conseiller le ministre de l'Éducation sur toutes les questions qui touchent les orientations et l'élaboration d'un « programme-cadre » en enseignement des religions, de même que la formation et le perfectionnement des maîtres dans ce domaine. Le ministre de l'Éducation ne pourrait prendre aucune décision importante sur ces questions sans tenir compte de l'avis majoritaire de ce comité. La Loi sur l'éducation pourrait également prévoir la mise sur pied d'un comité consultatif dans chacune des commissions scolaires, afin d'adapter le programme-cadre en tenant compte des conditions particulières des populations desservies par les commissions scolaires.

Ce réaménagement des relations entre les Églises et l'État s'avèrera sans nul doute fort difficile, tant que les confessions religieuses dominantes chercheront à maintenir leurs privilèges acquis en vertu des compromis historiques dont elles jouissent. Leur ouverture récente à l'instauration d'autres types d'écoles représente moins une volonté de réaménagement réel des relations en Église et État que le pari du statu quo. En effet, le maintien, sur un même territoire, du réseau actuel d'écoles confessionnelles, auquel s'ajouteraient d'autres types d'écoles, s'avère une adaptation invraisemblable du système scolaire. Il supposerait la multiplication, dans un même quartier, d'écoles de confessions différentes ou laïques. Mais il y a risque que le statu quo confessionnel puisse sembler au gouvernement la solution la plus économique, compte tenu des restrictions budgétaires sans précédent dans le système scolaire. Dans ce contexte, la mobilisation de chrétiens progressistes en faveur d'une redéfinition des rapports entre religions et enseignement nous apparaît comme une condition importante afin que le gouvernement ait le courage politique de s'engager dans la voie du réaménagement des orientations de l'enseignement religieux.

Un autre frein structurel est celui de la formation et du perfectionnement des enseignants. Le développement du champ de l'enseignement non confessionnel des religions dans les écoles en est resté à une portion très congrue dans les milieux universitaires au Québec. Seuls quelques rares spécialistes des sciences humaines des religions maintiennent, depuis des années, une production de recherche et d'analyse dans ce domaine. Toute volonté de l'État en matière de développement d'un enseignement non confessionnel des religions devra s'accompagner d'un investissement significatif de recherche et d'expérimentation de la part des universitaires responsables de la formation des maîtres.

Les enseignants, quant à eux, témoignent souvent de leur malaise d'assumer des enseignements confessionnels. Même si la Loi prévoit pour l'enseignant une possibilité d'exemption de cet enseignement, les difficultés administratives de réaménagement de la tâche représentent bien souvent un frein suffisant pour convaincre l'enseignant de continuer à assumer malgré tout l'enseignement religieux confessionnel. L'instauration d'un programme d'études sur les religions qui ne suppose pas les implications d'une perspective croyante aurait plus de chances d'être favorablement accueilli.

Reste à savoir s'il y aura une véritable volonté politique de l'État pour donner suite aux recommandations des États généraux de l'éducation concernant la déconfessionnalisation ou si les stratégies du pour et du contre, polarisant les tenants de la confessionnalité et les laïcistes radicaux, se soldera encore une fois par... « l'urgence d'attendre ».